黑龙江省哲学社会科学研究规划项目（11B047）

渤海人社会生活研究

A STUDY ON THE SOCIAL LIFE OF BOHAI PEOPLE

郝庆云　周　赫　著

社会科学文献出版社
SOCIAL SCIENCES ACADEMIC PRESS (CHINA)

郝庆云　女，1963 年生，黑龙江省哈尔滨市人，东北大学中国满学研究院教授，历史学博士。主要从事东北民族史、渤海国史、满学、东北考古学的教学与研究工作。主持完成国家社科基金项目"赫哲族社会历史文化变迁研究"，黑龙江省社科规划项目"渤海人的社会生活研究"等；参与完成国家社科基金项目"渤海史研究"，黑龙江省社科基金重大委托项目"渤海国历史文化大系"等。主要著述有《渤海人的社会生活》、《赫哲族社会文化变迁研究》、《渤海国历史文化研究》（合著）和《渤海国史》（合著）等。在《中国边疆史地研究》《黑龙江民族丛刊》《北方论丛》《俄罗斯与太平洋区域研究》等刊物上发表学术论文 50 余篇。

周　赫　女，1990 年生，黑龙江省哈尔滨市人，东北师范大学历史文化学院博士研究生。主要从事东北民族史和渤海国历史的研究工作。参与完成国家社科基金项目"渤海史研究"，黑龙江省社科基金重大委托项目"渤海国历史文化大系"，黑龙江省社科规划项目"渤海人的社会生活研究"。参与著述有《渤海国历史文化研究》《渤海人的社会生活》。在《满族研究》《东北史地》《齐齐哈尔大学学报》等刊物上发表学术论文多篇。

目　录

图片目录

序　言

　　渤海人是对唐五代时期生活在渤海国境内各族民众的总称。渤海国是唐五代时期东北地区以粟末靺鞨族为主体建立的地方政权，传15世，立国229年（698~926），是唐王朝的藩属国。渤海国始终"恪守藩礼，远慕华风，宪象中原"，形成了与唐朝"车书本一家"的局面，其国强盛之时，"地方五千里，户十余万"，设有五京、十五府、六十二州、一百三十余县，包括今中国东北地区大部、朝鲜半岛北部、俄罗斯滨海地区南部，被称为"海东盛国"。将渤海国历史问题作为学术研究对象进行探讨始于20世纪初，至今已有百年。大体历经四次热潮。[①] 第一次热潮发生在清末民初，主要是对渤海文献的梳理，代表性成果为纪传体文献《渤海国志三种》，其中影响最大的是金毓黻先生所著《渤海国志长编》。第二次热潮发生在新中国成立后至"文革"前，基于六顶山贞惠公主墓和渤海镇的考古发现，学界掀起又一次渤海史研究热潮。代表性成果为贞惠公主墓志的研究和六顶山渤海王室贵族墓地及渤海上京城遗址收获的整理。第三次热潮发生在20世纪80年代，王承礼《渤海简史》、朱国忱《渤海史稿》等以文献史料为中心的断代史问世。第四次热潮自20世纪90年代起至今，渤海国历史与考古研究得到前所未有的重视，对已知的渤海国遗存进行再次发掘，同时又发现了一系列新的渤海遗迹，推动了渤海史研究日趋成熟。《六顶山与渤海镇》《宁安虹鳟鱼场》《六顶山渤海国墓葬》等大型考古专题报告相继发表，标志渤海史研究新时代的到来。魏存成所著《渤海考古》率先走出了以文献史料为中心的渤海史研究体系，代表了当前渤海史研究的新趋势。

---

　　① 　刘晓东：《中国渤海史研究的四次热潮及其代表性成果》，《北方文物》2003年第3期。

据不完全统计，到目前为止，出版渤海国历史文化研究学术专著35部，发表学术论文1000篇左右。总之，这些成果主要从历史学和考古学的角度阐释渤海国政治与外交、经济与物业、文化与宗教，其中焦点在渤海国历史归属、渤海国主体民族族属、大祚荣族属、渤海国社会性质等问题上。

关于渤海人社会生活的相关研究大多散见于上述著作对渤海文化或风俗习惯的介绍中。例如王承礼《中国东北的渤海国与东北亚》①一书，关于渤海人社会生活的内容体现在"渤海文化"一章中，有"婚姻和家庭""埋葬方式和丧葬礼仪""衣食住行"，比较简略，大约5000字。魏国忠等人合著的《渤海国史》②一书中关于渤海人社会生活方面的内容有所充实，以"衣食住行和风俗习惯"为名列为一节，但是，"骑射"、"打马球"、"围棋投壶"以及"滑雪"完全可以列到该节中，却分列至"文艺与体育"一节中，加上"饮食"、"服饰装束'、"化妆"、"团扇"、"养花"、"婚姻家庭"、"丧葬"、"节庆"以及"其它"等，共计13个方面，类别不清，条理较乱，比较繁杂。可见，以上两书皆有缺欠：一是材料太少，缺少必要的内容；二是选材太多，取材不当，繁杂而混乱，分类不清。而从社会史的角度探讨渤海人社会生活的专著未见一部，文章也寥若晨星，如尚咏黎《渤海社会生活浅论》（《黑龙江教育学院学报》2000年第6期）。尚咏黎的论文虽以渤海社会生活立题，但限于篇幅，简述了衣食住行、婚姻丧葬和节日庆典，既不全面，也不完整、不深入。另外，与此内容相类似的文章仅有庞丽娟、姜华昌著《渤海国婚俗及妇女地位》（《牡丹江师范学院学报》2006年第4期），刘振华著《渤海人的丧葬礼俗和生活风习》（《博物馆研究》1992年第1期），宋德胤著《渤海民俗论》（《社会科学战线》1985年第1期），可见渤海人的社会生活史研究是渤海史研究中十分薄弱的环节。社会生活研究实际就是民生问题研究，民生问题是政权巩固、建设的核心问题，是揭示"海东盛国"长治久安的渊薮。

20世纪80年代至今，基于考古资料的渤海国都城、城址、城市研究取得了丰硕成果。文物考古工作者对发现的渤海古城进行复查、确认、分类、实测和发掘，并有大量介绍、研究渤海古城的成果问世。黑龙江省文物考古研究所编著《渤海上京城——1998~2007年度考古发掘调查报告》（上下册）（文

---

①　王承礼：《中国东北的渤海国与东北亚》，吉林文史出版社，2000。

②　魏国忠、朱国忱、郝庆云：《渤海国史》，中国社会科学出版社，2006。

物出版社，2009），吉林省文物考古研究所等编著《西古城——2000~2005
年度渤海国中京显德府故址田野考古报告》（文物出版社，2007）、《八
连城——2004~2009年度渤海国东京城址田野考古报告》（文物出版社，
2014），王禹浪、王宏北编著《高句丽渤海古城址研究汇编》（哈尔滨出版
社，2007）。另外，整理出版的《高句丽渤海研究集成》和《中国考古集
成·东北卷》，收集了众多关于渤海史研究的文章，为渤海古城的研究提供
了翔实的基础性资料。学者或实地考察或利用这些考古资料在《考古》《文
物》《历史与考古信息·东北亚》《北方文物》等学术杂志上发表有关渤海古
城方面研究的论文有百余篇。

关于渤海古城的分布、类型与分期、都城认定与形制等考古学方面的研究
成为渤海史研究的主流。如吉林大学魏存成的《渤海城址的发现与分期》（《东
北考古与历史》1982年1期）和《渤海的建筑》（《黑龙江文物丛刊》1984年
第4期），根据渤海城址的分布和规划布局将其分为山城、平原城，而且以平
原城为主；以唐玄宗天宝末年渤海政权迁都上京城为线，将渤海城址分为两期：
敖东城、城山子山城等属于渤海初期的城址，上京城、八连城、西古城、大城
子等属于渤海中期的城址。其中渤海中晚期城址体现了隋唐都城长安城规划布
局的风格，这无疑是隋唐中原制度和文化对渤海国影响的一个重要方面。黑龙
江省博物馆刘晓东的《渤海上京城"三朝制"建制的探索》（《北方文物》2006
年第2期）对渤海都城进行了深入研究，提出渤海国早期都城、中晚期都城遗
址的认定标准，认为西古城、八连城是文王大钦茂时期的都城建制，是内外二
重城制，现存上京城遗址是历经大钦茂、大仁秀、大彝震不断完善的最终形
式，是三重城制。吉林大学宋玉彬在《渤海都城故址研究》（《考古》2009年第
6期）一文中，提出了渤海都城的辨识标准，认为渤海都城与渤海五京在城市
建置方面存在质的区别。吉林省延边朝鲜族自治州文物保护中心李强的《西古
城性质研究》（《北方文物》2014年第4期）以考古发现获取的城址形制和功能
为切入点，认为西古城为单城形制，其性质分为两个时段，唐天宝年间是第三
代王大钦茂的王城，天宝之后至渤海灭亡是渤海诸王的陪都。

另外，渤海国中小城址的研究也取得了一定成绩。代表性成果有黑龙江省
文物考古研究所赵永军的《渤海中小城址的初步考察》（《北方文物》2000年
第3期），根据城址面积和周长将其划分为府、州、县城，以唐代"天宝末，
文王大钦茂徙上京"为界，将渤海城址分为前后两期。有些成果是在实地踏查

和考古工作的基础上，结合文献记载从渤海古城入手来考证渤海国京府州县建置、疆域、人口、经济以及交通等，如吉林省社会科学院王承礼的《渤海的疆域和地理》（《黑龙江文物丛刊》1983 年第 4 期），黑龙江省社会科学院魏国忠和朱国忱的《渤海人口考略》（《求是学刊》1983 年第 6 期）。延边大学方学凤的《渤海城镇浅议》（《延边大学学报》1985 年第 1 期）认为渤海国城镇是随着其经济发展和政权巩固、军事防御的需要而逐渐产生和发展起来的，地方的府、州、县的城邑也随着地方经济的发展而兴盛起来，成为各地的经济、政治、文化、军事的中心，但其城镇的分布不平衡。吉林省社会科学院杨雨舒的《简论唐代渤海国五京》（《东北史地》2009 年第 3 期）提出了以五京为核心的渤海国城市体系形成与发展的规律性，认为五京对唐代东北地区城市的发展，乃至对辽、金两朝城市的发展和布局都产生了重大而深远的影响。大连大学王禹浪等的《黑龙江流域渤海古城的初步研究》（《哈尔滨学院学报》2007 年第 12 期）认为渤海古城址不仅分布在河谷平原和江河两岸，且在原始森林中也有众多分布。朱国忱等合著的《渤海故都》（黑龙江人民出版社，1996）详细介绍了作为著名古都的上京龙泉府遗址的概况及遗迹遗物，探讨了上京龙泉府的兴衰历程。这些古城址的发现，不仅揭示了当时渤海国行政建制的规模、疆域四至，也为了解渤海国东北地区的城镇化过程提供了大量资料。

国外研究渤海国史的主要国家是日本、俄罗斯、朝鲜和韩国。俄罗斯和日本学者对渤海古城址的调查与挖掘次数多，成果丰富。20 世纪初，日本成立了东亚考古学会，在东北地区进行掠夺式考古。1933 年 6 月，以原田淑人、池内宏等为首的日本东亚考古学会发掘队开始发掘渤海国上京龙泉府遗址，对大量的宫殿、寺庙、陵墓、外城墙遗址进行了发掘，出土了一些金属制品，如铁户枢、忍冬纹铁制门饰，以及其他手工工具等，并发现一枚日本古代铜钱。关于此次发掘出版了《东京城——渤海上京龙泉府址的调查发掘》（简称《东京城》，1939）。二战后，日本的渤海史研究一度沉寂。自 20 世纪七八十年代开始，日本的渤海史研究再度活跃。如鸟山喜一的《渤海史的诸问题》（1978）认为，渤海五京模仿唐朝五都又从高句丽五部那里得到启示，并对渤海五京及主要府州位置进行了考证。酒寄雅致、小岛芳孝等也分别从日本与渤海的关系、渤海都城建制及东北亚地域古代文化交流的角度对渤海早期王都、城址进行了研究。2013 年，日本渤海文化研究学术带头人田村晃一通过《近期渤海都城研究的动向与课题》一文，对中国学者关于渤海都城方面的研究进行了学术评述并提出一些质疑。

俄国学者在渤海考古方面成就突出。自20世纪60年代以来，苏联史学界加强了对西伯利亚和远东地区的考古和历史的研究工作，发现并发掘了大量渤海的城址和建筑遗址，同时发表了大量论文和专著，其中不乏学术水平颇高的成果。1994年，出版了Э.В.沙弗库诺夫等著的《渤海国及其俄罗斯远东部落》，书中对20世纪90年代以前开展的渤海文化研究进行了全面总结。苏联解体后，俄罗斯境内渤海考古走上了对外开放的国际化合作道路，俄韩、俄日、俄中合作开展渤海考古发掘工作，取得了前所未有的成绩。俄韩合作对克拉斯基诺古城进行了持续发掘，出版了11份年度考古报告。克拉斯基诺城址已成为滨海地区渤海文化研究的标尺，城内各时期的渤海文化堆积层揭示了城内佛教寺院建筑的沿革以及按照道路区分的城市区划。《康斯坦丁诺夫卡1号村落址》明晰了滨海地区渤海遗存的分期和相对年代，也充分展示了渤海国发达的综合性经济，即耕作、畜牧、狩猎、渔猎及各种手工业。俄罗斯著名渤海考古学者А.Л.伊夫利耶夫在其著作《滨海边疆区克拉斯基诺古城与渤海史研究》（2005）中，认为克拉斯基诺古城是渤海国的盐州城，存在于8世纪上半叶到10世纪，后被契丹人遗弃。俄罗斯科学院远东分院历史考古民族研究所与日本青山大学针对滨海边疆区的渤海古城进行了一系列的调查和发掘，并取得了较大的进展。俄罗斯境内先后发现了40余座渤海古城，如科罗沙罗夫卡1号城址、尼古拉耶夫斯克2号城址、马里亚诺夫斯科耶城址等，从古城收集到的文物揭示了渤海人经济和文化的特点。

朝鲜学界从20世纪60年代开始重视研究渤海国史。1962年，朝鲜科学院院士朴时亨在《历史科学》杂志上发表了《为了渤海史的研究》，认为"渤海是高句丽人创造的国家"。近年来，在咸镜南北道会宁郡、富居里、北青郡等地发现了30余座渤海古城址。韩国东国大学李龙范在《渤海的成立及其文化》（1981）中，主张把渤海史作为韩国史来处理，认为上京城格局以唐都长安城为模型。韩国釜山大学韩圭哲、汉城大学宋基豪从渤海的政治制度入手分别对渤海古城的规模、分布等都有所研究。

纵观国内外关于渤海国史研究的成果主要集中在渤海国的政治、经济、考古文化等方面，研究的角度也是历史学和考古学。显然，渤海人的社会生活史研究比较薄弱，进行系统的研究十分必要。

渤海人社会生活史研究具有重要的理论意义与现实意义。渤海人社会生活研究拓宽了渤海史的研究范围，丰富完善了渤海史的研究内容和学科体系。渤海人社会生活研究从社会史的角度诠释渤海与唐朝"车书本一家""人文同源"的历史事实，进一步捍卫了我国学者"渤海国是唐朝藩属国"的史观。中国学者在渤海国学术研究方面推出《渤海人社会生活研究》具有一定的前瞻性，将进一步凸显中国学术界在渤海研究方面的引领作用和地位。

郝庆云

2017 年 8 月 20 日

渤海人的源流

渤海人是对生活在渤海国境内各族民众的总称。渤海人的构成在 7 世纪末至 8 世纪中期，包括靺鞨诸部、高句丽人、扶余遗人、契丹人等；8 世纪末至 10 世纪，包括渤海族、契丹人、九姓杂胡等。渤海族是渤海国的主体居民，其主要来源是靺鞨诸族。渤海国的建立是靺鞨族发展变迁的历史结果。

第一节　渤海人的先世

一　靺鞨渊源

渤海国是 7 世纪末至 10 世纪中期东北地区靺鞨人建立的地方政权，其国"地方五千里，户十余万，胜兵数万"①，是一个多民族的地方自治政权。渤海国前期以靺鞨族为主，后期以渤海族为主，渤海族的主要来源是以粟末靺鞨为主的靺鞨诸部。因此，探讨渤海人的先世，应以靺鞨族的先世为主。靺鞨族是隋唐时期生息在东北地区的古老居民，其先世周秦时称肃慎，汉魏时称挹娄，两晋北朝时称勿吉，隋唐时称靺鞨。成书于唐德宗贞元十七年（801）的《通典》载："古之肃慎，宜即魏时挹娄……后魏以后曰勿吉国，今则曰靺鞨焉。"②早在传说的唐虞时代，肃慎就与中原地区进行交往，《竹书纪年·五帝纪》记载："（帝舜有虞氏）二十五年，息慎氏来朝，贡弓矢。"弓矢即"楛矢石砮"，是肃慎人狩猎的主要工具。周秦时，

---

① 《新唐书》卷 219，中华书局，2013，第 6180 页。
② 杜佑：《通典》卷 185，中华书局，1988，第 4985 页。

肃慎人分布在白山黑水之地，《左传·鲁昭公九年》载："及武王克商，……肃慎、燕、亳，吾北土也。"《山海经·大荒北经》则谓："大荒之中有山，名曰不咸，有肃慎氏之国。""不咸山"即今长白山地区以北或东北的广袤地带，相当于今天的吉林、黑龙江两省东部及其以北以东地带。

《后汉书》载："挹娄，古肃慎之国也。在夫余东北千余里，东滨大海，南与北沃沮接，不知其北所极。"[①]即挹娄活动地域大体与肃慎相当，在今黑龙江省三江平原东部及其以南以北的广袤地带。挹娄与肃慎之间的关系，"挹娄，一名肃慎氏"[②]。挹娄人以渔猎为主，兼事农业、饲养业和手工业。狩猎工具有"弓长四尺，力如弩，矢用楛，长一尺八寸，青石为镞"的射程较远、击发力强的大型弓箭，并且"镞皆施毒，中人即死"。挹娄人有"五谷、牛、马、麻布……好养猪……出赤玉、好貂"[③]。挹娄人的社会已出现了分层，"邑落各有大人，处于山林之间，土气极寒，常为穴居，以深为贵，大家至接九梯"[④]，另"葬则交木作椁，杀猪积椁上，富者至数百，贫者数十，以为死者之粮"[⑤]的记载，进一步证实挹娄人社会已产生了不同的阶层及贫富差异。而且出现了保护私有财产的法律，即"相盗窃，无多少皆杀之，虽野处而不相犯"[⑥]。同时，又"便乘船寇盗，邻国患之"[⑦]，即习惯于对周邻进行大规模的掠夺。

挹娄人已能修筑防御和居住设施——城堡栅寨、聚落。在以七星河流域为中心的三江平原一带发现了两汉至魏晋北朝时期的古代城堡栅寨址426座，[⑧]其中尤其以黑龙江省双鸭山市友谊、宝清两县之间的七星河流域一带最为密集，有300余处，而且有的城堡规模很大。如坐落在七星河左岸友谊县境内的凤林古城，城址总体呈不规则形，外垣周长6300余米，总面积约114平方千米。全城以七城区为中心，共分为9个城区，似"九曲连环城"。城址掘土为壕、堆土为垣，曾先后出土了陶器、骨器、石器、玉器、铁器等大量遗物。虽然，这些遗迹并非属于同一时期，从时间跨度上看前后似延续或间隔了数百年之久，

---

① 《后汉书》卷85《东夷列传·挹娄》，中华书局，2012，第2259页。
② 张鹏一辑《魏略辑本》卷21《挹娄》，转引自《东北古史资料丛编》第1卷，第371页。
③ 《三国志》卷30《魏书·挹娄传》，中华书局，1982。
④ 《后汉书》卷85《东夷列传·挹娄》。
⑤ 李泰著、贺次君辑校《括地志辑校》卷4，中华书局，1980，第251页。
⑥ 杜佑：《通典》卷186《边防典2》，挹娄条。
⑦ 《三国志》卷30《魏书·挹娄传》。
⑧ 黑龙江省文物考古研究所编著《七星河——三江平原古代遗址调查与勘测报告》，科学出版社，2004，第32页。

但无论如何，其中必有相当多的数量出现于两汉和魏晋之际。至于这些遗迹的主人，目前学术界仍在探讨，已有人提出应是挹娄人，而七星河流域则应是挹娄人分布的中心之地。① 若真如此，这就为挹娄人跨入文明时代提供了重要的物证。

肃慎—挹娄的后裔在两晋北朝时称"勿吉"。"勿吉国，在高丽北，旧肃慎国也……去洛五千里。"② 其分布地区东达日本海，西越张广才岭进入松辽平原，北至黑龙江，南达长白山区一带。史称勿吉"部类凡有七种：其一号粟末部，与高丽接，胜兵数千，多骁武，每寇高丽；其二伯咄部，在粟末北，胜兵七千；其三安车骨部，在伯咄东北；其四拂涅部，在伯咄东；其五号室部，在拂涅东；其六黑水部，在安车骨西北；其七白山部，在粟末东南，胜兵并不过三千"③。勿吉人与挹娄人的社会状况接近，仍是"邑落各自有长，不相总一"。所谓的"邑落"大体上是以一个城栅为中心组成的人们共同体，邑落不能等同于部落，因为一个部落内往往存在着几个"邑落"。因此，勿吉部落大联盟实际上是由七"部"组成的庞大而松散的部落联合体。为了对抗外部威胁，邻近邑落之间的联合程度较挹娄时期大大强化，并分别形成了粟末、白山、黑水、安车骨、伯咄、拂涅、号室七部。勿吉的社会组织发生了重大变化，这也是勿吉与挹娄社会之间最大的区别。

勿吉人与中原王朝往来频繁。北魏孝文帝延兴五年（475），勿吉派遣使节乙力支等到洛阳朝贡。据《魏书》记载，乙力支等沿那河（今第一松花江上游段和嫩江东流段）西行，进入太鲁水（洮儿河）水域后，沉舟陆行，渡过洛孤水（西拉木沦河），途经契丹西境，至和龙（今辽宁省朝阳），再辗转西入中原地区，最终到达洛阳。此后，近百年勿吉遣使到中原地区朝献 30 余次，而且规模很大，最多一次的人数竟达 500 人之多，一次进贡的良马也达 500 匹之多④。勿吉的势力乘机发展强大起来，并于 5 世纪末吞并了扶余国。

勿吉内部分为若干部落和部落群，诸部间的经济和文化发展不平衡，但同挹娄时期相比，均取得了不同程度的发展和进步。就其整体而言，农业已是当

---

① 贾伟民、魏国忠：《论挹娄的考古学文化》，《北方文物》1989 年第 3 期。

② 《魏书》卷 100《勿吉传》，中华书局，1974。高丽，是西汉至隋唐时期我国东北地区高句丽王国的简称，历史上"高句丽"又写作"高句骊""句骊""句丽""高丽"。北齐乾明元年（560），高句丽改称高丽，其后中原史家大都习惯称"高句丽"为"高丽"，但与后世王建所建的高丽政权截然不同。本书根据历史语境和叙事的需要对其采用相应称呼。

③ 《北史》卷 94《勿吉传》，新疆青少年出版社，1999。

④ 《魏书》卷 100《勿吉传》。

时重要的经济部门。据《魏书》《北史》等记载，勿吉地"有粟及麦穄，菜则有葵"，当然也耕种菽类作物，故从品种上看，较挹娄时期的"五谷"有所增多。耕作方式则是"偶耕"或"相与耦耕"。分布于黑龙江中下游地区的同仁文化遗址中出土了镞、刀、矛、带卡、甲片等，石器和骨器多为生产工具，学界认为其是中原南北朝时期靺鞨系统的文化遗存。[①] 可见，勿吉人已经进入了相当发达的铁器时代。

勿吉"筑城穴居"，绥滨县同仁遗址发现的居住址均为方形半地穴建筑。建筑方式是沿穴壁四周底部挖出一道沟槽以竖立木板，从而构成板壁。城栅的修筑在挹娄人的基础上又有了新的发展，防御功能似更为完善，大都傍山临水，顺自然地势走向修筑，因而形制多不规则，规模一般较小。勿吉社会的两极分化已十分严重，财富越来越多地集中在少数人的手中，而且越来越习惯于抢夺周邻的财富，即所谓"其人劲悍，于东夷最强……常轻豆莫娄等国，诸国亦患之"[②]。正因掠夺性的军事活动的频繁出现，大大小小酋长和军事首领们手中拥有的权势也越来越大，他们已逐渐凌驾于普通部落成员之上。

二　隋唐时期的靺鞨族

6世纪中期，"勿吉"被中原史家记为"靺羯"（mojie），唐代及以后多记为"靺鞨"[③]。目前所见"靺羯"一词的最早记载是成书于唐贞观年间的《北齐书》，该书第七卷，"是岁（河清二年，即563年），室韦、库莫奚、靺羯、契丹并遣使朝贡"[④]；但该书卷八却出现了"是岁（天统元年，即565年）高丽、契丹、靺鞨并遣使朝贡"的记录，此处"靺羯"被改写为"靺鞨"。此后，史书上凡提到该族时多记作"靺鞨"而罕见"靺羯"的称呼。[⑤] 靺鞨曾有一段时间被称为"靺羯"，大约唐开元年间崔忻黄金山刻石以后"靺羯"不再见于各类历史材料。《北史·勿吉传》："勿吉国，在高丽北，一曰靺鞨。"同书所记载的勿吉"部类凡有七种"，也与《隋书·靺鞨传》所谓的靺鞨七部完全一致。

---

①　黑龙江省文物考古研究所编《考古黑龙江》，文物出版社，2011，第147页。

②　《魏书》卷100《勿吉传》。

③　郝庆云、魏国忠：《渤海靺鞨说再厘正》，《北方论丛》2013年第1期；胡梧挺：《关于北宋版〈通典〉所见之"靺羯"》，《中国古籍与文化》2016年第2期。

④　《北齐书》卷7《帝纪第七》、卷8《帝纪第八》。

⑤　李玲、东青：《也谈"靺鞨"名称之始见》，《北方文物》1997年第2期。

《通典·边防二》的勿吉条，不仅在条名"勿吉"二字之下注有"又曰靺鞨"的字样，而且在文中又记载："隋文帝初，靺鞨国有使来献，谓即勿吉也。"[①]

《旧唐书·靺鞨传》记载，靺鞨族的地域"在京师（长安城）东北六千余里。东至于海，西接突厥，南界高丽，北邻室韦"。其他官修史书《新唐书》《隋书》等记载与此类同。据此可知，今松花江、牡丹江、乌苏里江流域及黑龙江中下游的广大地区是其生息之地。由于文献记载缺失，尚不能详知靺鞨共同体的构成情况，但可知靺鞨族是由若干部落集团组成的部落共同体。如《隋书·靺鞨传》载："靺鞨在高丽之北，邑落俱有酋长，不相总一。凡有七种，其一号粟末部，与高句丽相接，胜兵数千，多骁武，每寇高丽中；其二曰伯咄部，在粟末之北，胜兵七千；其三曰安车骨部，在伯咄东北；其四曰拂涅部，在伯咄东；其五曰号室部，在拂涅东；其六曰黑水部，在安车骨西北；其七曰白山部，在粟末东南，胜兵并不过三千，而黑水部尤为劲健。自拂涅以东，矢皆石镞，即古之肃慎氏也。"（见图1-1）纵观古代典籍，靺鞨族不止有七部。粟末靺鞨分八部，即厥稽部、忽使来部、窟突始部、悦稽蒙部、越羽部、步护赖部、破奚部、步步括利部；黑水靺鞨"分为十六部，部又以南北为栅"。此十六部据记载只知八部，即思慕部、郡利部、窟说部、莫曳皆部、拂涅部、虞娄部、越喜部、铁利部。靺鞨各部均有各自的活动区域，各有自己的酋长和武装力量，互不统属。各部落间的距离，"远者三四百里，近者二百里"[②]。《旧唐书》明确记载靺鞨"其国凡数十部，各有酋帅，或附高丽、或臣突厥"。文献虽记载靺鞨分为七大部落集团，但只对粟末靺鞨和黑水靺鞨记载较多，其余都记载很少，甚至只有几十个字。

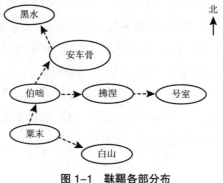

图1-1　靺鞨各部分布

---

①　杜佑:《通典》卷186，第5023页。

②　《新唐书》卷219《黑水靺鞨传》。

靺鞨遗存广泛地分布在中俄两国境内，集中在中国黑龙江、吉林两省的东部及俄罗斯哈巴罗夫斯克边疆区和滨海边疆区南部，主要有黑龙江省的海林河口四期、海林振兴四期、绥滨同仁遗址一期早段和晚段遗存、绥滨四十连、萝北团结、宁安虹鳟鱼场、东宁大城子、东宁砖厂，吉林省的榆树老河深上层、永吉杨屯三期、各查里巴、舒兰黄鱼圈二层，俄罗斯境内的奈费尔德、特罗伊茨基、科奇科瓦特卡、乌斯季—塔拉坎、诺沃彼得罗夫卡、奥西诺湖等遗址。

吉林省永吉县杨屯东南的大海猛遗址，就是粟末靺鞨人的著名文化遗存，有学者即以"大海猛——粟末靺鞨人的家乡"为题进行论述。粟末靺鞨墓葬中出土文物 2800 多件，其中渤海先世文化遗物 1000 多件。文物种类多，包括生产工具、生活用具、兵器、马具和装饰品等。生产工具有铁斧、铁镰等；生活用具的陶器以夹砂和泥质陶为主，有罐、壶、甑、碗等，其中口沿带一圈锯凿形附加堆纹筒形罐和腹部饰弦纹、篦点纹、水波纹的鼓腹罐最有代表性；兵器有铁矛、铁刀、铁镞等；马具有马衔、马镳、马镫等；装饰品有铜、铁带钩、带卡、带銙、铊尾、牌饰，以及耳环、银钗、玉璧、玛珠、绿松石等。[①]20 世纪 60 年代末，苏联考古学家 А.П. 奥克德拉尼科夫以黑水靺鞨的若干遗址为依据提出"靺鞨文化"概念。如特罗伊茨基墓地[②]，出土陶器，以壶、罐、碗为主，手制，部分口沿经慢轮修整，有盘口罐、重唇罐、斜颈折腹壶、器壁呈弧形的碗、直颈圆腹壶，以方格纹和带缺口的附加堆纹为特点。黑水靺鞨的遗址中还出土有兵器、带饰、马具等，如铁柄短剑、无柄首长铁刀、大型铁战刀、饰于腰带上的铜铃等。[③]黑水靺鞨和粟末靺鞨等靺鞨遗存，基本上大同小异，标志性器物靺鞨陶罐，为泥质或夹砂陶，手制和轮制并存，火候中等，多呈灰褐、黄褐、黑褐和红褐色，是靺鞨各部广泛使用的一种炊具。此外，在埋葬习俗、墓葬形制等方面，也都属于同一系统，但由于各部社会文化发展水平不同，以及受中原以及周边邻国部落的影响不同，各部在文化内涵上也存在一定差异。靺鞨文化遗存的面貌及分布的特点与靺鞨族分散的社会形态相吻合，是靺鞨族历史发展的反映。

---

① 董学增：《吉林史迹》，吉林人民出版社，1984，第 20~21 页。

② Е.И. 杰列维扬科：《黑龙江沿岸的部落》，林树山、姚凤译，吉林文史出版社，1987。

③ 王承礼：《中国东北的渤海国与东北亚》，第 12 页。

三 粟末靺鞨的发展与渤海国的建立

粟末靺鞨是北魏时勿吉使者乙力支所在的部族，在靺鞨七部中居地最南，与高句丽接壤，是离中原内地最近的部落。粟末靺鞨在中原内地高度发达的封建文化和高句丽文化的熏陶下，加速了社会的发展。《北蕃风俗记》记载："开皇中，粟末靺鞨与高丽战，不胜。"粟末靺鞨"与边人来往，悦中国风俗"，故其首领突地稽在战败之后率忽使来部、越羽部、破奚部、窟突始部、悦稽蒙部、步步括利部、步护赖部，凡八部，胜兵数千人，自扶余城（今吉林省农安）西北举族内附。隋炀帝处之柳城（今辽宁省朝阳），授突地稽金紫光禄大夫、辽西太守。隋唐时期的营州（今辽宁朝阳）聚居着汉族、契丹人、靺鞨人和高句丽人，是东北地区的政治、经济、文化中心。隋炀帝进攻高句丽，突地稽率领他的部落参加作战，因战功受到优厚的赏赐，于617年跟随炀帝巡幸江都，之后又回到营州。因刘黑闼起兵反唐事件，突地稽以战功封著国公，安置在幽州（今北京）之昌平城，后来高开道引突厥攻打幽州，突地稽率兵大破高开道，唐太宗封为右卫将军，赐姓李。唐朝著名番将李谨行是突地稽的儿子，武力绝人，历任营州都督，"家僮数千人，以财力雄边，为夷人所惮"[①]，完全汉化为朝廷的边关大将军，屡立功勋，授予镇军大将军、行右卫大将军，封燕国公。永淳元年（682）卒，赠幽州都督，陪葬乾陵。陕西省乾县乾陵发现的《大唐故右卫员外大将军燕国公李谨行墓志铭》，即李谨行墓志，志文"公讳谨行，字谨行，其先盖肃慎之苗裔，涑沫之后也"。涑沫即粟末，碑文明确地指出突地稽父子和他的部落是肃慎的苗裔，粟末靺鞨的后代。突地稽和李谨行的经历昭示了粟末靺鞨社会发展的原因和水平，及其与隋唐王朝的关系。

纵观肃慎系部族的发展，各部尽管在历史发展的长河中不断分化、融合、重组，社会面貌不完全相同，但他们有着共同的文化特点，如穴居生活，不洁风习，使用毒矢的习惯，编发，好养猪、捕貂等，是一支自成系统不断前进的人们共同体。可以说肃慎—挹娄—勿吉—靺鞨—渤海，一脉相承。唐代杜佑在《通典》里感慨道："大唐圣化远被，靺鞨国频使贡献。详考传记，挹娄、勿吉、

---

① 《旧唐书》卷199下《靺鞨传》。

靺鞨，俱肃慎之后裔。"①

则天女皇万岁通天元年（696）夏五月，由于营州都督赵翙（一作文翙）的骄横和刚愎自用，不但"数侵侮"②契丹，视其酋长"如奴仆"，而且在当地出现饥荒后，营州官府又"不加赈给"③。契丹人李尽忠、孙万荣振臂一呼，"举兵杀翙，据营州作乱"④。一时间声势很大，引起了唐廷的震动。营州地区的靺鞨酋长乞四比羽、乞乞仲象率领靺鞨之众和高句丽遗民，乘唐王朝势力削弱，营州被契丹人攻占，靺鞨故地空虚的有利时机，离开营州一带，东渡辽水（辽河）。契丹降将李楷固奉武则天之命率兵追击，杀乞四比羽，乞乞仲象亡故。乞乞仲象的儿子大祚荣组织靺鞨人和高句丽人与李楷固大战于天门岭，李楷固失败而回。圣历元年（698），突厥再度犯唐朝北边，契丹重新依附突厥，阻断了中原到东北的道路。于是，大祚荣乘机率领靺鞨人和高句丽人向东进军，回到太白山（今长白山）东坡奥娄河上游一带的挹娄故地，据东牟山，筑城以居之。698 年，大祚荣自立为震国王，号靺鞨国。⑤

第二节　渤海人的构成

一　靺鞨族

渤海人是对渤海国境内各族的总称。随着其疆域的扩大，"海东盛国"局面的形成，旧的部族消失，新的族体融合凝聚，民族构成亦呈现显著变化。渤海前期以靺鞨族为主，高句丽人是重要的成员；后期以渤海族为主，其构成主要是靺鞨人。

靺鞨族包括粟末部、白山部、黑水部等各部靺鞨人，是渤海国前期的主体民族且处于统治地位，其他的部族皆处于被统治的地位。渤海国在接受唐朝册封之前，大祚荣虽自称"震国王"，但仍以"靺鞨"为国号。"靺鞨"或"靺鞨国"，既是包括唐人、新罗人和日本人在内的周围邻人对渤海国的他称，周邻均把初建

---

① 　杜佑:《通典》卷 186，第 5023 页。

② 　《新唐书》卷 219《契丹传》。

③ 　《资治通鉴》卷 205《唐纪 21》，则天后万岁通天元年五月壬子条。

④ 　《新唐书》卷 219《契丹传》。

⑤ 　纪胜利、郝庆云:《渤海国初建之际国号考》，《中国边疆史地研究》2004 年第 2 期。

之际的大祚荣政权即渤海国的前身称之为"靺鞨国";又是渤海王室及其统治集团对本国或本族的自称。渤海国自然就是靺鞨人建立的国家了,其主体民族也就必为靺鞨人,从而形成了"处处有村里,皆靺鞨部落。其百姓者靺鞨多"①的局面。

据考察,靺鞨族是由若干部族组成的民族混合体,其中北系黑水靺鞨诸部同南系的粟末、白山诸部之间,无论是族源、血统,还是文化形态等,除了共同之处,显然存在着一定的差别。②所以,说他们属于一个人们共同体就未免失于笼统,正如有学者所指出:在唐代靺鞨这一泛称之下,不仅包括秽貊、肃慎两系,还包括了其他一些族系。如《新唐书·黑水靺鞨传》把郡利、窟说都列入黑水靺鞨传之中,但郡利即金元时的吉利迷、乞列迷,明清时费雅喀,今俄罗斯境内尼夫赫;窟说为元明时苦兀,清时库页,又有"库野""库叶"等不同写法,他们都属古亚细亚语系,与肃慎系统通古斯语族不同。因此,靺鞨是若干族群的统称,并不是一个民族。③

渤海建国后,接纳和收容了大量的靺鞨诸部之人和高句丽遗民,史称:"汩(伯)咄、安居骨、号室等部,亦因高丽破后奔散微弱,后无闻焉,纵有遗人,并为渤海编户。"④在不断的"斥大土宇""开大境宇"的过程中,又陆陆续续兼并了其他靺鞨部落并招纳了其他民族的成员,史载有拂涅、虞娄、铁利、越喜、率宾、"达姑"诸部族之人。其中拂涅部,应该是分布于今三江平原南部一带的勿吉本部;虞娄部,分布于今三江平原北部一带;率宾部,其先世很可能是原北沃沮人中的一个分支,后逐渐同挹娄人以及勿吉——靺鞨相互融合而形成新的人们共同体;而"达姑"或作"达姤",系室韦诸部中的一支,属于东胡——鲜卑系统。

从渤海人姓名上分析,可看到在目前已知的90个姓氏和大量的名字中,多数姓氏是靺鞨人的,如大、葱、德、贺、智、慎、翰、慕、舍、菘、谒、合、先、挞。俄罗斯著名渤海史专家Э.В.沙弗库诺夫曾指出,用于书写姓氏的汉字,多半是渤海靺鞨氏族部落人名的一个组成部分。例如汉字"高",见于727年渤海国赴日使者高斋德一名,该名的另一种写法——高吉德见于1029年。该名

---

① 菅原道真:《类聚国史》卷193《殊俗部·渤海》,转引自孙玉良编著《渤海史料全编》,吉林文史出版社,1992,第273页。

② 梁玉多:《肃慎族系诸称谓关系及勿吉来源》,《满族研究》2010年第3期。

③ 孙进己:《东北民族源流》,黑龙江人民出版社,1987,第184页。

④ 《旧唐书》卷199下《靺鞨传》。

的古汉语标音近似于"科基德"（кокидэ），这就同满洲氏族部落的人名科基里（кокири）、基德里（кидэли）找到了相似之处。这里的附加成分"里"（—ри）显然来源于晚期。至于附加成分"德"（—дэ），在一系列渤海靺鞨的人名中都可以见到，如谒德、慕感德、萨五德、申德等。汉字"乌"，见于渤海国一些使臣名字的开头：乌那达利、乌舍利、乌施可蒙、乌素可蒙、乌借芝蒙、乌焰度、乌斯多等。[①] 据《松漠纪闻》载，渤海王以大为姓，右姓望族多以高、张、杨、窦、乌、李为姓。

二　高句丽遗族

　　渤海国境内的高句丽人或高句丽遗族是汉唐时期东北地区高句丽政权的遗裔。该政权由汉唐时期我国东北地区南部的古老民族高句丽人所建，是这一时期中原王朝的藩封国。据文献记载，高句丽"有城百七十六，户六十九万七千"[②]，胜兵三十余万。唐总章元年（668），唐王朝讨灭高句丽政权，完成统一大业。其遗民大部分被迁入中原，小部分亡入靺鞨、新罗、突厥，当然还有相当一部分留在了故地。迁入中原的和亡入靺鞨的，以及留在原地的高句丽遗民先后成为渤海国民众。因此，渤海国建立后，高句丽遗民成为渤海国境内一支重要的群体。张国钟认为其人"占绝对多数"[③]；朴时亨认为"大约占十分之三四"的程度。[④] 从现有文献考察，大约占二三成是比较接近实际情况的。成为渤海国编户的高句丽遗民，其民族特征渐渐消失，逐渐融合到正在形成的渤海族中去了，不再以高句丽族见之于史。

三　汉族、契丹、九姓杂胡

　　唐朝东北重镇营州，是汉朝辽西郡故地，隋朝称柳城，唐朝，营州地区已

① Э.В. 沙弗库诺夫：《渤海国及其在滨海边区的文化遗存》，载中国社会科学院民族研究所历史研究室资料组编译《民族史译文集13》，中国社会科学院民族研究所历史研究室资料组，1985，第55页。
② 《旧唐书》卷199上《东夷·高丽传》。
③ 张国钟：《渤海本土的居民构成》，文一介译，载《历史与考古信息·东北亚》，1993年第1、2期合刊。
④ 朴时亨：《为了渤海史的研究》，载李东源译，刘凤翥校《渤海史译文集》，黑龙江省社会科学院历史研究所，1986，第9页。

有众多的汉、契丹、奚、高句丽、靺鞨等族居住，是多民族杂居区。唐朝诗人高适的《营州歌》对营州的民族风貌做了描述："营州少年厌原野，狐裘蒙茸猎城下。虏酒千钟不醉人，胡儿十岁能骑马。"① 隋唐两朝大体上能够"顺其土俗"，予以善待，对其上层人物尽力笼络，分别授予包括都督、刺史在内的各种官职，并为此建置了一系列的羁縻州、府。当地的官长也大都注意调解处理民族关系，"怀抚靺鞨、契丹"，隋唐两朝曾一再"悉发（契丹）酋长与奚部首领从军"②，包括契丹、靺鞨、奚人等在内的营州"胡兵"曾为讨伐高句丽的主力部队之一，并屡屡立有军功，而统率这支部队的边帅如韦冲、程名振、张俭等人则一时俱号称为"名将"。

营州地区很早就有汉民居住，汉末乌桓乘天下大乱，掠有汉民十余万户。曹操破乌桓蹋顿，胡汉降者二十余万口。十六国时北方战乱频仍，慕容氏都龙城（今辽宁朝阳），流民纷纷徙至。唐代，营州作为中央王朝经营东北的前沿阵地，周围散布着多个蕃族部落。《通典》卷178《州郡八》柳城县条云："有龙山、鲜卑山，在县东南二百里；棘城之东塞外亦有鲜卑山，在辽西之北一百里，未详孰是……其龙山，即慕容皝祭龙所也。有饶乐水、汉故徒河县城和龙城。室韦、靺鞨诸部并在东北，远者六千里，近者二千余里，西北与奚接，北与契丹相接。"又柳城郡条："东至辽河四百八十里。南至海二百六十里。西至北平郡七百里。北至契丹界五十里。东南到安东府二百七十里。西南到北平郡七百里。西北到契丹界七十里。东北到契丹界九十里，契丹衙帐四百里。"

武德四年（621），契丹酋帅孙敖曹内附，唐诏令于营州城旁安置。孙敖曹行辽州总管，至其孙为归城州刺史，这是契丹人大批迁入营州的最早记录。③贞观二十二年（648），契丹辱纥主曲据率众内附。以其地置玄州，以曲据为刺史，隶营州都督府。④武则天载初年间，由于社会稳定，人口滋生，又设立沃州等处置契丹人。人口数量的增加为番族的活动提供了人员基础，数年之后，契丹据营州之地叛乱。

696年发生的营州之乱有异于其他叛乱，本质上属于饥民暴动性质，参加

---

① 彭定求、杨中讷等：《全唐诗》卷 242，中华书局，1960，第 2242 页。

② 《新唐书》卷 219《北狄·契丹传》；彭定求、杨中讷等：《全唐诗》卷 242，第 2242 页。

③ 《旧唐书》卷 199 下《契丹传》，第 5350 页。

④ 《资治通鉴》卷 199，唐太宗贞观二十二年四月条，第 6258 页；薛宗正：《突厥史》，中国社会科学出版社，1992，第 469 页。

者未必局限于契丹。薛宗正著《突厥史》中援引《资治通鉴》卷205《唐纪21》万岁通天元年八月条的如下记载："先是,契丹破营州,获唐俘数百,囚之地牢。……伺以糠粥,慰劳之曰:'吾养汝则无食,杀汝又不忍,今纵汝去',遂释之。"并推论"饥饿的汉族灾民自然也支持这场暴动"[1]。加之武懿宗"所至残酷,民有为契丹所胁从复来归者,懿宗皆以为反,生剐取其胆",并欲将"河北百姓从贼者""尽族之"[2]。这就迫使当地汉人、契丹人等参与了东奔。两唐书《渤海传》分别称,渤海"风俗与高丽及契丹同","余俗与高丽、契丹略等",考其原因虽多,如靺鞨人与契丹在历史上长时间接触,尤其是在营州地区的长期共处,建国后又长期为邻等,但其居民中自始至终有一些契丹人在内,显然也是个重要的因素,这也就表明当时可能有不少契丹人跟随祚荣东奔。契丹人如此,当地的奚人以及九姓杂胡等在唐军的讨伐和屠戮下,也可能做出了同样的选择。

　　粟特人在渤海国境内不仅人数多,而且具有一定社会地位。粟特人又称昭武九姓胡、九姓胡,在营州柳城一带有大量聚落。柳城素为突厥、高句丽等诸番交易之地,而诸番贸易经常少不了中亚商业民族粟特人的参与,粟特人能够不远万里辗转来到营州,原因也许就在于此。武德四年(621)六月,"营州人石世则执总管晋文衍,举州叛"[3]。石为昭武九姓之一,可见唐初粟特人在营州就有一定的势力。开元五年(717),营州的许多粟特胡人仍以经商为业。"营州杂种胡"安禄山、史思明就曾为"互市牙郎",两人实际是流寓营州的粟特部酋。安史之乱时,粟特人对渤海国王大钦茂提出"保守中立"的建议并被采纳,足以说明粟特人在渤海国中的地位,可以左右朝政。[4] 近年在黑龙江省的渤海墓葬中发现有蓝绿色眼睛的陶俑(现藏于黑龙江省文物考古研究所),或许就提供了九姓杂胡之人参加东奔并成为后来渤海居民的"物证",只是其具体的数量似又较汉人和契丹为少。不过,这几部分人加起来数量也是相当可观的,总数可能有几千人。

　　因此,渤海国的民族构成是靺鞨、高句丽、汉人、契丹、奚人、九姓杂胡、达姑以及扶余、沃沮、秽貊人的后裔等,其中靺鞨是主体民族。此外,据

①　薛宗正:《突厥史》,第469页。
②　《资治通鉴》卷206,则天后神功元年七月庚午条,第6522页。
③　《资治通鉴》卷189,唐太祖武德四年六月条,第5920页。
④　孙再、苗威:《粟特人在渤海国的政治影响力探析》,《中国边疆史地研究》2014年第9期。

俄罗斯学者的研究，9世纪中叶回纥国灭亡后，"大量的回纥部落迁移到渤海国的领土上"[①]。而从族系上说，其中的靺鞨人属于肃慎族系，扶余、高句丽、沃沮、秽貊等属于扶余—秽貊族系，契丹、奚人及达姑部人属于东胡—鲜卑族系，汉人属于华夏系，回纥人则属于古突厥系。因此，渤海国的民族构成可谓复杂多样，绝非单一的民族构成。

第三节　渤海族的形成

一　渤海族族称与族源

渤海族族称源于第一代国王高王大祚荣接受唐王朝册封，《新唐书》卷219《渤海传》明确记载："睿宗先天中，遣使拜祚荣为左骁卫大将军、忽汗州都督、渤海郡王，以所统为忽汗州，领忽汗州都督，自是始去靺鞨号，专称渤海。"渤海国的主体民族是靺鞨族，故文献中又有"渤海靺鞨"和"渤海靺鞨大祚荣者"的说法。从开元十二年至二十九年（724~741），常有"渤海靺鞨"之名见于史册，《旧唐书》将卷199专列为《渤海靺鞨传》。自大历八年（773）起，即唐代宗李豫以后，文献中不再见"渤海靺鞨"，取而代之的是"渤海"一称。"渤海"既是地方政权的名称，又是靺鞨人的自称。"渤海"一称随着渤海国疆域的扩大，靺鞨各部的交融统一，成为共同认可的称谓。

渤海国境内以粟末靺鞨为主体，并靺鞨余部、高句丽遗民、扶余、契丹等部族，历经200余年的文化交融和种族融合形成了一个新的人们共同体，即渤海族。[②]突地稽和大祚荣是粟末靺鞨不同历史时期的领袖和代表人物。隋初，突地稽率粟末靺鞨部众及军士，自扶余城西北移居营州地区，被授予金紫光禄大夫、辽西太守，居住营州。唐朝建立后，突地稽遣使朝贡，唐高祖以其部置燕州，仍以突地稽为总管。贞观初，唐太宗拜突地稽为右卫将军，赐姓李。其子李谨行，武力绝人，历迁营州都督，其部落家僮数千人，以财力雄边，为夷人所惮。唐总章元年，灭高句丽政权，白山靺鞨"素附高丽，因收平壤之后，

① Ａ·Ｉ·克鲁沙诺夫主编《苏联远东史》，成于众译，哈尔滨出版社，1993，第233页。
② 孙秀仁、干志耿：《论渤海族的形成与归向》，《学习与探索》1982年第8期。

部众多入中国"①，粟末靺鞨"徙居营州"，与突地稽所率粟末靺鞨大体居于同一地域。在营州中原文化的熏陶下，历经 30 余年的交融，两部粟末靺鞨之众形成了新的文化认知。因此，在营州叛乱之际，靺鞨首领乞乞仲象与乞四比羽才能实现率部族及部分高句丽遗民"东走渡辽水，保太白山之东北，阻奥娄河树壁自固"。这支东归队伍在渤海国开国和政权确立过程中发挥着主导作用，构成了渤海族的核心部分。

渤海国存世的二百余年间，第一代王高王大祚荣建国，第二代王武王大武艺雄才大略，既巩固了已有的疆域，并且"斥大土宇"，开疆拓土，迫使"东北诸夷畏臣之"。"东北诸夷"即黑水靺鞨所属的拂涅、越喜、虞娄、铁利诸部。第十代王宣王大仁秀时，"役属海北诸部，拓大境宇"，渤海国疆域包括了除黑水部以外的靺鞨六部居地和扶余、秽貊、沃沮、挹娄、高句丽等部族的故地。因此，在渤海国统治期间，上述地区的六部靺鞨及各族遗裔又相当多地加入了渤海族的行列。渤海国地方行政管理体系设有 15 府，其中在高丽故地置 2 府，在扶余故地置 2 府，在沃沮故地置南京南海府，在秽貊故地置东京龙原府，共 6 个府，占 2/5。既然称之为故地，显然故地的主人已不复存在。在渤海国军事、政治、经济、文化强制力量的作用下，各部族日益渤海化，按照渤海国确立的规范交融凝聚，形成了共同的心理意识、共同的经济利益和道德信仰。渤海国第十一代王大彝震以后至辽金时期，渤海族曾作为一个人数众多的强大部族而存在，乃至在辽金社会生活中依然发挥着重要作用。

二　渤海族的基本特征

渤海族的形成未经历氏族、部落、部族、民族的过程，而是以靺鞨为主导的若干个部族共生共融形成共同的名称和意识，是民族形成中的多元一体模式。"多元"是指各族具有各自的起源、历史文化；"一体"是指各族间长久地（百年以上）发生联系，相互补充，相互依存，形成了共同的利益和统一的整体，是民族体分化后的重新组合。从这个意义上讲，渤海族是复合民族，即在

---

① 《旧唐书》卷 199 下《渤海靺鞨传》。

某些方面具有共同性和不可分割的相互联系的众多单一民族的集合体。[①] 渤海族初始之时正值中华民族进入盛唐之际，高度发达的中原封建经济和文化，对渤海国诸族产生了巨大吸引力。渤海政权上层统治者审时度势，积极地接受唐朝册封，既能正视自我，又能主动学习先进，将渤海族纳入（融入）中华民族历史发展的洪流中。正因如此，渤海族在生活方式、社会结构、语言、心理素质、风俗习惯、道德标准、信仰等方面彰显出中华文化的诸多特质并成为主流，同时具有一定靺鞨文化的要素及高句丽文化的成分。

渤海族主要居住在渤海国的五京地区，即今牡丹江、图们江、海兰江、绥芬河流域，从事自给自足的自然经济活动，农业是基础性生产。由于渤海国境内各部族所处的自然生态环境和生产力水平的差异，社会经济发展呈现出不平衡，形成了若干个经济区。西部农业区，盛产粟、麦、稻；畜牧业有猪、马、羊、鹿等，其中扶余之鹿闻名中原；冶铁、制绵、纺绸、制陶等手工业都有一定规模。中部农业和渔猎区，主要产粟、麦、稻，其中以卢城之稻最为有名。北部和东部地区为狩猎区，老爷岭、完达山脉、锡霍特山脉蜿蜒其间。在一望无际的林海、崇山峻岭及草原之中，栖息和繁衍着各种珍禽异兽，为渤海人的狩猎提供了丰富的资源，猎获量最大的是鹿、熊、狍、貉、貂、獾、鼬、狐狸等。渤海国地区经济生产的差异使交换贸易成为必需的生计，而贸易的发展必然使渤海国内不同地区之间经济联系和文化交流加强，从而形成渤海人相互依存的经济利益。

渤海人以汉字为官方文字，渤海人中的上层"颇有文字与书记"。汉字使用率大抵居十之八九，有时则全部使用汉字，如渤海贞惠公主墓碑和贞孝公主墓碑之碑文，全部用汉字刻写。金熙宗天春元年（1138），曾明文规定："女直、契丹、汉人各用本字，渤海同汉人。"汉字和汉语是通用的交际工具。从《贞惠公主墓志》《贞孝公主墓志》以及渤海人的诗文中可以看到渤海族的汉文水平的高深。

渤海族是笃信佛教的群体，渤海国境内发现的佛寺、佛像、佛舍利等遗物可证实。在上京龙泉府遗址的南部大庙处，至今还保存着完整的佛教艺术品石灯幢和修复的石佛像。杨宾在《柳边纪略》中记载："城内存石塔一，石观音一。康熙初，观音首脱，鼻端微损。"张贲在《白云集》中记载："城南有古寺，

---

① 　何叔涛:《民族概念的含义与民族研究》,《民族研究》1988 年第 5 期。

镂石为大佛，高丈有六尺，风雨侵蚀，苔藓斑然。……前有石浮屠（即石灯幢），八角形。"雄伟壮观的佛教雕制品，恰说明渤海人对佛教崇拜之虔诚。此外，渤海曾用金银制作一对佛像进献给唐朝。在上京故城内外，经考古发掘证实的寺庙已达11处，西古城（吉林省和龙市）内发现4处，东京城（吉林省珲春市）内发现8处，俄罗斯境内克拉斯基诺古城内及附近地区发现了6处。另外，在上京城、西古城、东京城等渤海城址内出土了大量的各种质料、类型、姿态的佛像，据不完全统计有上千件。其数量之多，工艺之美，不仅当时，且为后世辽、金所不及。渤海族信仰佛教的普遍性，由此可见一斑。1975年4月，上京龙泉府遗址内曾出土一组渤海舍利函。舍利函的造型结构、纹饰图案和函锁、漆匣、琉璃瓶以及函内丝织品等，均与唐代同类物品极为相似。这说明渤海的佛教来源于唐朝。在与唐朝的交往中，渤海的僧人、使者、显贵常到内地名寺谒拜。渤海与日本也常有佛教文化的交往。

渤海族具有积极进取、开放包容的心态，不断地向唐朝"就市交易""入寺礼拜""遣子入侍""求写《唐礼》"，仿效唐王朝确立了渤海国的封建君主专制政体和以儒家忠孝仁爱思想为核心的治国理念，形成了崇儒尚文的社会风气。渤海族主要吸收了中原汉族文化及其意识形态，同时继承了靺鞨族自身的传统，也受到了高句丽文化的影响，从本质上讲，渤海族是以汉化了的靺鞨族为主体的共同体。

渤海族得到了同时期周边政治实体的认同，"渤海人""渤海族"成了名副其实的他称。这种认同在与唐朝、辽朝、金朝以及新罗、日本等的交往中可以得到证实。在唐廷或中原人看来，"渤海"只是一个夷狄番邦，故将其作为一个羁縻州纳入唐朝的册封体制中。对这个羁縻州，刘昫《旧唐书》作"渤海靺鞨"，欧阳修《新唐书》作"渤海"，收入《北狄传》；关于渤海国，从中原方面记载较为集中的《新唐书》《旧唐书》《册府元龟》《通典》《唐会要》《旧五代史》等基本史料来看，大体有"渤海""渤海靺鞨""靺鞨渤海""靺鞨"等几类称呼。辽金王朝对被征服民族渤海人基本上以联姻、任官等方式加以拉拢利用，存其风俗习惯，如婚嫁等习俗允其保留，表现了独特的民俗风情。辽朝和金前期，渤海人在经济、社会、信仰、游艺等方面还保留本民族的某些传统习俗。总之，渤海人以独立的群体成为辽金王朝的臣民。

大仁秀统治期间，渤海国正式确立了对黑水靺鞨诸部的治理。以黑水部为代表的北方靺鞨部与渤海族在文化上存在较大差异，渤海族从事农耕经济，居都市，颇知书契，而北方靺鞨诸部从事渔猎采集，穴居荒野，保留着原始文化状态。因此，黑水靺鞨诸部无法融入新形成的渤海族中，成为渤海国境内的少数民族靺鞨族。杨军先生在《渤海国民族构成与分布研究》中指出，渤海国灭亡前，总计约60万户300万人，其中靺鞨人10余万户，秽貊族接近10万户，二者相加约占渤海国总人口数的1/3，其余40万户200万人是渤海族，约占渤海国总人口的2/3。秽貊族的居住地基本没有变化。靺鞨族与渤海族的分布呈东北—西南走向，靺鞨诸部在东北，渤海族在西南。大体而言，在渤海的五京十五府中，上京、中京、东京、西京、长岭府、扶余府、鄚颉府，以及郢、铜、涑三个"独奏州"属于渤海族分布区，定理府、安边府、率宾府、东平府、铁利府、怀远府、安远府属于靺鞨族分布区，秽貊族主要居住在南京南海府。[①]

第四节　渤海人生活的地域

一　山川地貌

《新唐书》载，渤海国"地直营州东二千里，南比新罗，以泥河为境，东穷海，西契丹。……地方五千里，户十余万，胜兵数万"[②]，先后以旧国（吉林省敦化市东牟山）、中京显德府（吉林省和龙市西古城）、上京龙泉府（黑龙江省宁安市渤海镇）、东京龙原府（吉林省珲春市八连城）为王城，将其作为统治中心。据考证，"海东盛国"时期疆域南界至泥河及浿水一带，与新罗为邻；北界到那河即今东流松花江及黑龙江中游段一带，分别与南室韦及北黑水靺鞨诸部接壤；东至日本海，尽有今俄罗斯的南滨海地区；西北至今吉林省农安、梨树，辽宁省昌图一带，与契丹地相连；西南则到辽河东岸。据《中国历史地图集·隋唐五代十国时期》[③]所绘渤海疆域图，其地处欧亚大陆东端、太平洋西岸，濒临日本海。地理坐标为东经123°~138°，北纬39°~48°。北达今

---

① 杨军：《渤海国民族构成与分布研究》，吉林人民出版社，2007，第169页。此外还有汉族、契丹人等，仍然是多民族的国家。

② 《新唐书》卷219《渤海传》，第6180页。

③ 谭其骧：《中国历史地图集》第五册，中国地图出版社，1982，第78~79页。

小兴安岭南麓和三江平原，东临日本海，东南抵长白山地及咸镜山地，西部及中西部深入松辽大平原腹地。地域广袤，高山丘陵、平原盆地相间分布，江河纵横交错、湖泊星罗棋布，因而自然地理形势具有多样性。

境内多高山大岭，中南部为今长白山脉和老爷岭，南部咸镜山脉、狼林山脉和盖马高原，中部和北部有马纪岭（即靺鞨岭，也即今张广才岭）与小兴安岭和完达山脉，东部有锡霍特山脉，西部为吉林哈达岭、龙岗山脉等。这些高山大岭及其余脉互亘东西南北，绵延起伏，小则数百里，多则上千里，使山区和半山区的面积约占疆域总面积的60%以上。

江河湖泊众多。注入靺鞨海（鄂霍次克海）的有黑水（今黑龙江）、那河（今松花江）、粟末水（今第二松花江）、忽汗水（今牡丹江）、鸭渌水（今鸭绿江）、土门水（今图们江）、涞流水（今拉林河）、安车骨水（今阿什河）、泊汋水（今蒲石河）、泥河（今朝鲜龙兴江）及今乌苏里江、浑江等。注入日本海的主要河流有土门水、率宾水（今绥芬河）等。流入黄海的大河则是鸭渌水，流入渤海的主要河流有辽河、浑河等。湖泊以"湄沱湖"最为著名。"湄沱湖"旧指今之兴凯湖，今多指镜泊湖。由上述主要江河冲击而形成的平原低地，主要分布在北部和西部，其中北部是三江平原，西部则是东北大平原（松辽平原）的一部分，面积都非常辽阔，约占疆域总面积的两成多。

在山区或半山区与平原低地之间，往往存在着起伏不平、大小不等的丘陵，约占总面积的一成多。而在一些山区里面还有许多面积不等的山间盆地和沟谷平地，可供人们耕猎，不过，在总面积中所占比例不大。

渤海国辖区多处于中高纬度地带，属于大陆性气候，但许多地区又不同程度地受到了季风的影响而较为湿润或半湿润。温差变化非常明显，北部地区因为纬度较高，特别是北纬45度以北地区，天寒地冻的时间长达半年，属于寒温带、湿润半湿润季风气候，冬季寒冷而漫长，夏季较短，无霜期仅有90~120天，全年平均气温在-6℃~-4℃，年均降水量250~700毫米，这样的气候条件对农业生产的发展显然有较大的负面影响。南部由于纬度相对较低，如其最南端不足北纬40度，气温相对较高，属于温带暖温带、湿润半湿润季风气候，冬冷夏暖，全年平均气温在4℃~10℃，四季明显，春短多风，年均降水量400~1200毫米，全年无霜期在150天以上，农作物的生长条件比北部地区好得多。中西部地区属于温带湿润半干旱季风气候，冬季长而寒冷，夏季短而温暖，春秋多大风，天气多变，年平均气温 -7℃ ~-3℃，平均降水量在 350~1000 毫米，全年无霜期 120~150 天（山区约百天）。

二 自然资源

渤海国地域辽阔，地形多样，属大陆性季风气候，较为湿润或半湿润，因而，动植物种类齐全，物产丰富。长白山地，生长着茂密的针叶树和落叶树，有红松、鱼鳞松、沙松、鹅耳枥、枫、黄波罗、水曲柳、胡桃楸、云杉、冷杉、椴树、柞树等树木和人参、附子、黄芪、五味子、赤芍等名贵药材。梅花鹿、紫貂、东北虎、猞猁、花豹、黄豹、紫豹、黑熊、野猪、狐狸、犴鹿、獐狍等出没于密林之间。完达山—老爷岭，森林茂密，树种有 25 科 100 余种，比较珍贵的有红松、云杉、水曲柳、黄波罗等，其他针阔叶树种有樟子松、落叶松等，素有"林海雪原"之称。锡霍特山系，位于俄罗斯哈巴罗夫斯克边疆区（伯力）东部，山体不高，属中高山系，山坡平缓，有些地方山顶也是平的，在最高的山峰上还有稀疏的风化残丘。老爷岭，长 1200 千米，宽 200~250 千米，平均海拔 800~1000 米。东面濒临鞑靼海峡和日本海，山势险峻，多悬崖峭壁，有一些湍急的小河。山上多森林，云杉和银松为主要树种，北部为针叶林，南部是针阔混交林。蕴藏有煤、锡、铅、锌、金等矿藏。

渤海国境内江河纵横，湖泊遍布，渔业资源丰富。鱼类有鲟鱼、鲤鱼、鲇鱼、鲑鱼、白鱼、怀头鱼、干条鱼、狗鱼等。一望无垠的森林及草地，栖息着各种珍禽异兽。鸟禽类有丹顶鹤、海东青、天鹅、山雕、鹭鸶、鹌鹑、飞龙、野鸡等。兽类有紫貂、水獭、猞猁狲、狐狸、灰鼠等各种细毛兽和虎、熊黑、野猪、獾子、貉子、樟子、梅花鹿、马鹿、狍子、狼、豹等大野兽。另外，山珍野菜类有稠李子、都柿、山葡萄、黑加仑、草莓、树莓、越橘、悬钩子。中药材品种多，储量大，分布集中。其中，多为名贵药材，如人参、防风、黄柏、刺五加、满江红、冬青、车前子、苍术、龙胆草、赤芍、蒲公英等。

第二章

羁縻政策下的政治生活

羁縻政策是古代中国中央王朝笼络边远地区民族使之心向中央而实行的一种地方统治政策，也可称为治边政策。通过这种政策，处理中央与边远地区民族或民族政权关系，以维系中央集权制度的统治。唐王朝以"羁縻"思想为指导处理与渤海国的关系，对历任渤海国王进行册封。渤海国王"长保忠信"，效力唐朝，永远成为唐朝的屏藩。渤海国是唐朝的藩国，同时又是唐朝的羁縻府州。

第一节 接受唐王朝的招抚及朝贡活动

一 大祚荣接受唐朝"招慰"与册封

大祚荣建国之初，为了对抗唐朝，遣使通于突厥。唐中宗神龙元年（大祚荣八年，即705年），唐廷为了招抚大祚荣派遣侍御史张行岌到旧国，一方面了解靺鞨国的情况，另一方面了解靺鞨国对唐朝的态度，对大祚荣进行招慰。大祚荣对唐朝的招慰欣然接受，并派其子大门艺随张行岌到长安，唐朝留其子为宿卫。唐王朝按计划准备派遣使臣正式册封大祚荣之时，契丹、突厥再度袭击唐朝边境，"使命不达"。

唐睿宗景云二年（711），突厥默啜可汗向唐朝请求和亲，表示臣服唐朝，唐朝的北边恢复了安宁。唐王朝利用这一有利时机，于开元元年（大祚荣十六年，即713年）派郎将崔忻，以摄鸿胪卿"敕持节宣劳靺羯使"的身份，从长安出发，经山东半岛的登州（今山东蓬莱），乘船渡渤海，踏上辽东半岛，溯鸭绿江而上，弃舟登陆，到达旧国，册封大祚荣为左骁卫大将军、渤海郡王，并以其所统地区为忽汗州，加授忽汗州都督。从此，去靺鞨之号，专称渤海。[①] 渤海国成为唐朝的羁縻都督府，渤海国的统治者成为忽汗州都督府的都督。崔忻完成使命后于第二年，即开元二年沿来路而回，途经辽东半岛南端，在现在旅顺黄金山下凿井两口并刻石题记，原文为："敕持节宣劳靺鞨使鸿胪卿崔忻，井两口，永为记验，开元二年五月十八日。"[②] 这是唐王朝和渤海关系史的重要文物。

鸿胪井刻石于1908年被日本海军中将富冈定恭盗运到日本，在原地富冈立一石碑，碑阴刻"鸿胪井之遗迹"。鸿胪井刻石现在东京千代田区皇宫内建安府的前院，有石亭遮盖。刻石为巨大天然石，硅岩，立于地平面上，正面横宽180厘米，厚200厘米，从地表算高180厘米，碑身呈椭圆锥形。其左上角距碑右顶30厘米处有崔忻题记，刻在纵35厘米、横14厘米的面积之内，分三行，从上往下书写（见图2-1）。

图 2-1　鸿胪井刻石拓片

资料来源：魏存成：《渤海考古》。

从此，渤海国正式隶属唐王朝，成为唐朝的一个地方行政机构——忽汗州都督府，大祚荣等渤海国诸王具有双重身份，既是地方民族政权的最高统治者，又是唐王朝的地方官吏。开元七年（719）三月大祚荣去世，八月唐玄宗遣使册封大武艺为左骁卫大将军、渤海郡王、忽汗州都督。开元二十五年（737），武王大武艺去世。次年，唐玄宗派遣内侍段守简去往旧国，册封其子大钦茂为渤海郡王、左骁卫大将军、忽汗州都督。《册府元龟》保存了玄宗册封的全文：

① 《新唐书》卷219《渤海传》，第6180页。
② 魏存成：《渤海考古》，文物出版社，2008，第296页。

皇帝若曰：於戏！王者宅中，守在海外，必立藩长，以宁遐荒。咨尔故渤海郡王嫡子大钦茂，代承绪业，早闻才干。昔在尔考，忠于国家；爰逮尔躬，当兹负荷，岂惟立嫡，亦乃择贤。休问可嘉，宠章宜及，是用命尔为渤海郡王，尔往钦哉！永为藩屏，长保忠信，效节本朝，作范殊俗，可不美欤。[①]

唐玄宗要求大钦茂"长保忠信"，效力唐朝，成为民族地区的楷模，永远成为唐朝的屏藩。宝应元年（762），唐王朝又进封第三代王大钦茂为渤海国王，加检校尉，以后又加拜司空兼太尉，可以说是位极人臣。以后的康王大嵩璘、定王大元瑜、宣王大仁秀，唐王朝都封为渤海国王。渤海国王既是渤海国的最高统治者，又是唐王朝的地方官吏——渤海都督府都督，而这些又来自唐廷的册封。渤海国历代统治者见表2-1。

表 2-1　渤海王世系

	谥号	姓名	在位时间	年号	在位年数
1	高王	大祚荣	698~719		21 年
2	武王	大武艺	719~737	仁安	18 年
3	文王	大钦茂	737~793	大兴 宝历	56 年
4		大元义	793		1 年
5	成王	大华玙	793~794	中兴	1 年
6	康王	大嵩璘	794~809	正历	15 年
7	定王	大元瑜	809~812	永德	3 年
8	僖王	大言义	812~818	朱雀	6 年
9	简王	大明忠	818	太始	1 年
10	宣王	大仁秀	818~830	建兴	12 年
11		大彝震	830~857	咸和	27 年
12		大虔晃	857~871		14 年
13		大玄锡	871~894		23 年
14		大玮瑎	894~906		12 年
15		大諲撰	906~926		20 年

---

① 《册府元龟》卷 964《封册》，中华书局，1960 年影印本，第 11345 页。

二　渤海诸王的朝贡

大祚荣接受了唐朝的"招慰"和册封后，渤海国既是唐朝管辖下的羁縻州府之一，又是从属于唐朝的"藩属国"或"藩封国"，即唐朝势力范围内的一个藩封政权。为此，渤海王须履藩礼尽藩职，按唐朝规定进行朝贡、朝觐、贺正、质侍等，在政治、经济和文化等各方面与唐王朝保持频繁的来往和一致性。仅据现有史料的记载，终渤海国之世，渤海国向唐朝进贡和朝觐达 134 次之多。

开元元年，大祚荣派王子朝唐，请求"就市交易，入寺礼拜"，得到唐玄宗的允许。自此以后，大祚荣每岁派遣使臣朝唐入贡。大祚荣卒时，渤海派使臣到唐王朝告哀，唐玄宗遣左监门率上柱国吴恩谦摄鸿胪卿持节度使前往吊祭，并册封其子大武艺为左骁卫大将军、渤海郡王、忽汗州都督。大武艺在位的 18 年，派遣使臣朝唐入贡 23 次。开元二十五年（737），大钦茂接替大武艺登上王位，唐玄宗派内常侍段守简册封大钦茂为渤海郡王、左金吾大将军。大钦茂顺应历史发展的潮流，把恪守藩礼、密切与唐王朝的关系作为基本国策，因而保证了渤海长期安定的政治局势。大钦茂在位的 56 年，派遣使臣朝唐入贡 49 次，有时一年内朝唐四五次。恪守藩礼、履行义务得到唐廷的高度评价，唐朝 4 次册封大钦茂，先后授予渤海郡王、左骁卫大将军、忽汗州都督。宝应元年（762），唐代宗李豫封大钦茂为太子詹事、渤海国王，还加拜司空兼太尉。第六代王大嵩璘，唐德宗李适开始时册封他为渤海郡王，从国王降为郡王，削弱了他的统治地位和声望权威，为此他再次遣使朝唐，要求重新册封，贞元十四年（798），唐廷册封大嵩璘为银青光禄大夫、检校司空、渤海国王、忽汗州都督，在位 15 年间前后入贡 9 次。此后的大元瑜、大言义、大明忠依照前例均被册封为渤海国王，渤海也入唐朝贡、贺正、告哀。唐宪宗在麟德殿召见使臣，赐宴、授官、赏赐。第十代王大仁秀以大明忠从父的身份，掌握了国家大权，从中可以看出渤海王族内部发生了一场激烈的王权之争。王位更迭，但国策未变。大仁秀依旧效忠于唐朝，积极学习中原封建文化。在大仁秀和大彝震的前期（831~840），渤海国与唐王朝的关系十分密切。大和二年（828），唐文宗李昂召见渤海使节，赐宴、赏赐；大和六年（832），大彝震又派遣其子大明俊等入唐朝贡。王子大昌辉从唐朝回国时，唐文宗热情地赏敕大彝震一封信，对大彝震倍加赞赏。其信全文如下：

　　敕渤海王大彝震：王子大昌辉等自省表陈贺并进奉事，具悉。卿代袭忠贞，器资仁厚，遵礼义而封部和乐，持法度而渤海晏宁。远慕华风，聿修诚节。梯航万里，任土之贡献俱来；夙夜一心，朝天之礼仪克备。龙庭必会，鲲域何遥，言念嘉猷，岂忘寤叹！勉弘教义，常奉恩荣。今因王子大昌辉等回国，赐卿官诰及信物，至宜领之，妃及副王、长史、平章事各有赐物，具如别录。①

　　大彝震后期到第十四代王大玮瑎时期（841~906），唐朝藩镇割据，兵连祸结，民不聊生，最终爆发了王仙芝、黄巢农民大起义。尽管如此，渤海国仍然派遣使臣朝唐入贡，但次数明显减少，平均每七年一次，甚至在唐朝灭亡之后，末王大𬤇撰仍然向后梁朝贡 5 次，向后唐朝贡 6 次，直到 926 年被契丹所灭，始终和中原王朝保持着密切的关系。

　　朝贡也称"职贡"或"土贡"，与当时内地州郡上送给皇帝的土贡相类似。表面上看似乎只是上贡有限的土特产品，实则体现为地方对中央上缴的一种特殊的赋税，具有鲜明的政治属性。渤海国贡使到达长安时，唐廷方面则要派人到驿馆"束帛迎劳"，表示慰问，并予妥善安置，供给馐膳，然后协议递交贡表的日期。届时，渤海国贡使须身穿本国服装入朝，由礼官奉迎，通事舍人引导使者于阁门之外，使者随员捧着贡品。在钟鼓齐鸣的乐曲声中，皇帝随宫廷仪仗出而就座。通事舍人引导使者及随员们入门拜见。于是中书侍郎率令史等捧案至使者面前，使者乃递交贡表，侍郎因将贡表置于案内呈交皇帝。然后，使者将贡物交礼官收下，并率随员们向皇帝再拜行礼。接见完毕，使者率随员行礼退出，返回客馆。择日，接受皇帝的宴赐。②

三　贺正旦与谢恩

　　每逢元旦和冬至之日，渤海王廷也往往要派使者携带礼物入朝表示祝贺，是为"贺正旦"，系当时朝贺之礼的一个重要方面。届时，渤海国贺正使和诸番国的使节们与唐朝在京的文武百官一起先后出席冬至和元旦这两大朝会。敬

---

①　孙玉良编著《渤海史料全编》，第 103 页。

②　阴法鲁等主编《中国古代文化史》下册，北京大学出版社，1991，第 50~51 页。

献贺礼并宣读贺表，与百官共同高呼万岁，然后在朝堂上观看包括七德舞、九功舞、上元舞等在内的盛大歌舞演出和出席皇帝亲自举行的"国宴"。有关的文献史料不但记载了包括王子、王弟、重臣、大首领在内的渤海国历次贺正使的派遣，而且收录了渤海王廷上呈唐廷的《贺正表》，其文曰：

> 三阳应律，载肇于岁华；万寿称觞，欣逢于元会。恭惟受天之祜，如日之升。布治惟新，顺夏时而谨始；卜年方永，迈周历以垂休。臣幸际明昌，良深抃颂。远驰信币，用申视圣之诚；仰冀清躬，茂集履端之庆。①

言简意赅，既由衷地表达了渤海王廷对唐王朝的美好祝愿，也体现了其诸王在恪尽臣礼方面的良苦用心，并直截了当地向唐称臣，无疑是深刻反映渤唐关系的真实记录。

渤海国共有15位王，其中有9位接受了唐朝的直接册封，这是在史籍中有明确记载的。渤海诸王对唐朝的册封极为重视，每当渤海王离世后，继位者都要及时派遣使臣向唐"告哀"，并请求唐廷给予自己"诏册"。在没有得到唐廷册封前，他们只能称"知国务"、"权知国务"或"知渤海国务"。在接到唐廷的册封后，渤海王往往会派遣重臣前往长安表示感谢，称"谢册命""谢恩"②。如《旧唐书·渤海靺鞨传》所载大和七年（833），"遣同中书右平章事高宝英来谢册命"之类。如果朝廷对渤海国偶有其他恩赐或奖掖的话，渤海国也要派使者入唐"谢恩"，如《册府元龟》卷971《朝贡四》开元二十七年（739）十月条载："渤海遣其臣受福子来谢恩。"

四　质子入侍

渤海国频频"遣子入侍""请备宿卫"③。所谓"宿卫"是指直宿禁闱充当警卫之责者，原本由卿大夫之子弟宿卫皇宫，后来也以"四夷"的质子们充任以履行质侍的义务。事实上自大祚荣接受"招慰"时起，渤海国即已根据"四夷称

---

①　洪皓：《松漠纪闻·续》，《长白丛书》初集，吉林文史出版社，1986，第48页。
②　《册府元龟》卷971《朝贡四》，第11408页。
③　《册府元龟》卷996《纳质》，第11692页。

臣，纳子为质"①的惯例，遣子入侍于唐廷，充任宿卫、侍奉皇帝，这既是一种义务，也是一项殊荣。最先被大祚荣派到长安的侍子就是大祚荣的次子大门艺，此后即长时间地质侍于唐长安城。直到开元二年闰二月戊寅，唐玄宗以"外蕃侍子久在京国，虽威惠之及，自远必归，而羁旅之志，重迁斯在"为由，下诏"命所司勘会诸蕃充质宿卫子弟等，量放还国"②，大门艺返回渤海。开元六年（718）二月，大祚荣又派其弟述艺入唐，"留宿卫"③。其后，又有武王的世子大都利行、王弟大昌勃价、大胡雅、大朗雅、大茂庆、大琳，文王的王弟大勖进、大蕃，王子大贞干以及大英俊，宣王时的大聪睿等人入侍宿卫于唐廷。他们无一例外，都是王子、王弟或王室的重要人员，唯其如此，才有资格充质和宿卫于唐廷。

除王室成员外，被唐廷留为宿卫者还有其他人员。《册府元龟》卷975《褒异二》记载，开元十五年（727）四月五日，"敕曰：渤海宿卫王子大昌勃价及首领等，久留宿卫，宜放还蕃"。可见，当时与大昌勃价同时宿卫于唐廷的，还有若干个首领。另据《旧唐书》卷17上《敬宗纪》载，长庆四年（824）二月二日，"渤海送备宿卫大聪睿等五十人入朝"，知当日陪同大聪睿宿卫者达50人之多。可见，有资格留备宿卫的人员，既有首领，又有随从、保卫。

五　出兵助战

作为唐朝的藩臣与藩属，渤海国在一般的情况下，必须与朝廷在政治上保持一致，采取共同的步调。如开元二十二年至二十三年之交，唐"幽州节度使张守珪斩契丹王屈烈及可突干"，"契丹知兵马中郎将李过折来献捷；制以过折为北平王，检校松漠州都督"④。而在这之前"奚酋长李诗琐高等以其部落五千帐来降。诏封李诗为归义王兼特进、左羽林军大将军同正，仍充归义州都督"⑤。在契丹与奚人即"两蕃"重新归附唐朝的形势下，后东突厥人自然不会善罢甘休，乃在开元二十三年（735）秋"引兵东侵奚、契丹"⑥，但招致大败。突厥人仍不甘心，因而向渤海"遣使求合"，约其共同出兵"拟打两蕃"。

---

① 《册府元龟》卷996《纳质》，第11692页。
② 《册府元龟》卷996《纳质》，第11694页。
③ 《册府元龟》卷974《褒异一》，第11353页。
④ 《资治通鉴》卷214，开元二十三年春正月条。
⑤ 《旧唐书》卷199下《奚传》。
⑥ 《资治通鉴》卷214，开元二十三年是岁条。

是时大武艺对其同唐王朝的军事冲突已有悔意，正要恢复和解，故不但没有答应突厥人的要求与唐廷再度闹翻，反而"拟行执缚"突厥使臣，并将有关情报及时向朝廷表奏。为此，唐玄宗专门敕书武艺，对其"忠赤"之诚及"动必以闻"[①]的表现予以嘉许。具有强烈独立割据意识的大武艺尚且如此，则其他诸王更能够与唐廷保持一致了。当然，渤海方面在采取上述类似的举措时，并不是无条件地一味服从唐朝，它首先考虑的还是自身的安全和需要。如天宝十四载（755）冬，安禄山兴兵作乱，不久即攻陷长安，迫使玄宗皇帝逃往四川，一时之间，中原大乱。这也显然使渤海王廷感到焦虑和困惑，因为一方面是自己的宗主国唐廷，另一方面的"大燕皇帝"安禄山则是自己的顶头上司，故何去何从，站在哪边，实在是让渤海国君臣们难以做出抉择。综合各方面的情况判断，他们显然采取了置身事外、静观其变的对策。故当至德元载（756）秋，"平卢留后事徐归道，遣果毅都尉、行柳城县兼四府经略判官张元涧来聘渤海，且征兵马曰：'今载十月，当击禄山，王须发骑四万，来援平贼'"之际，渤海方面就以情况不明而"疑其有异心"为名，暂且扣留了张元涧等人而没有出兵前往助讨。同样，当至德三载（758）四月，"（平卢节度使）王玄志遣将军王进义来聘渤海，且通国故"并带来了唐肃宗赐渤海王"敕书"时，大钦茂等人对进义的到来采取了极其慎重的态度："为其事难信，且留进义，遣使详问。"[②]这两件事既反映了渤海王廷对唐朝发生的那场大规模动乱采取了骑墙中立、两不得罪的立场和非常审慎的态度，也证实了作为唐朝封藩的渤海国确实承担接受朝廷调遣、出兵助国讨贼的政治和军事的义务。

第二节　京府州县与部落并行的二元政治

渤海人仰慕唐朝的盛世，"常习华风"，向唐王朝学习已经成为贵族的社会习尚。渤海国以唐朝的典章政体为模式建立了专制集权的统治机构，并渐趋完备。在王廷建置了以三省六部为代表的中央权力机构，地方上则有京、府、州、县的行政设置，边远地区和大部分基层政权仍旧保持部落组织的首领体制。

---

① 《唐丞相曲江张先生文集》卷9《敕书》，转引自孙玉良编著《渤海史料全编》，第96页。
② 《续日本纪》卷21，天平宝字二年十二月戊申条。

一　王权至上、君主专制

开元二十六年（738），"渤海遣使求写唐礼及三国志、晋书、三十六国春秋"①，得到唐玄宗的允许。从此唐礼传入渤海，对渤海社会尤其是政治制度的建立影响颇大。王是最高统治，独揽一切军政大权，统治境内广大民众。王位是世袭的，王有尊称，朝会呼"圣王"，笺表称"基下"，平时称"可毒夫"。王有尊号，大钦茂的尊号为"大兴宝历孝感金轮圣法大王"，王死后有谥号，大祚荣死后，"谥号为高王"。王族也有尊称，王父称老王，王母称太妃，王妻称贵妃，王长子称副王，王诸子称王子，王女称公主。

《新唐书·渤海传》详细记载了渤海国的官制："官有宣诏省，左相、左平章事、侍中、左常侍、谏议居之。中台省，右相、右平章事、内史、诏诰舍人居之。政堂省，大内相一人，居左右相上；左、右司政各一，居左右平章事之下，以比仆射；左、右允比二丞。左六司，忠、仁、义部各一卿，居司政下，支司爵、仓、膳部，部有郎中、员外；右六司，智、礼、信部，支司戎、计、水部，卿、郎准左，以比六官。中正台，大中正一，比御史大夫，居司政下；少政一。又有殿中寺、宗属寺，有大令。文籍院有监。令、监皆有少。太常、司宾、大农寺，寺有卿。司藏、司膳寺，寺有令、丞。胄子监有监长。巷伯局有常侍等官。"是为三省、六部、一台、七寺、一院、一监、一局的建制。显然，这一切"大抵宪象中国（按指'中原'的唐朝）制度"，即以当时的唐朝制度为模式而构建权力运行机构。其中的宣诏、中台和政堂三省，分别相当于唐朝的门下、中书、尚书三省。

二　五京

渤海国仿效唐朝五京制，设立了上京龙泉府、中京显德府、东京龙原、南京南海府、西京鸭渌府，并将此五府升为五京，即上京、中京、东京、南京、西京。五京实际分为都城和京城，其中上京、中京、东京为都城，西京、南京为京城，都城和京城存在较大差异。渤海五京制，始建于文王大钦茂之时，天

---

① 《新唐书》卷 219《渤海传》。

宝中大钦茂以显州为都城，后改为中京，天宝末大钦茂从旧国迁往上京，贞元之时，又从上京移都东京。大兴三十九年（776），大钦茂派史都蒙从南海府出访日本。既然有上京、东京、中京、南京，也会有西京，只是文献失于记载，因此推断五京之制始建于大钦茂之时。

上京城遗址位于黑龙江省宁安市渤海镇，地处牡丹江中游的冲积平原上，忽汗河从城西北方流过，至三陵乡而东流，东西环绕着张广才岭和老爷岭。上京城依山傍水，土地肥沃，物产丰富，是天然的形胜之地。上京城自渤海三世王大钦茂辟为王都后，除大钦茂晚年为避战乱曾迁都东京（大钦茂死后，成王华玙复迁回上京为都）外，直至渤海国灭亡，一直是渤海国政治、经济和文化的中心，作为都城的时间达161年。

据考古发掘观察渤海上京城的城市建筑可知，上京城建制是三重制都城，周长16千米。城市建筑布局在中轴线上，宫城、皇城、郭城在中轴线上从北向南排开（见图2-2）。郭城东西长约4.5千米，南北宽约3.5千米，呈长方形。皇城与宫城位于郭城北部正中，三重城垣层层相环，即郭城呈东西长、南北窄的长方形，从东、南、西三面环住了皇城；皇城居郭城北部正中，略向北凸出一小部分，呈南北长、东西窄的纵向长方形（其东北角向内略有收入，乃地形所致），从东、南、西、北四面环住了宫城；宫城居皇城中部略偏北，与

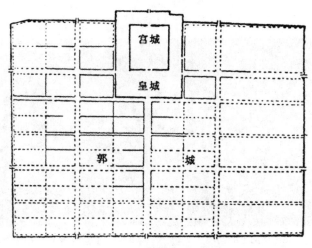

图2-2 渤海上京城平面图

资料来源：刘晓东：《渤海文化研究——以考古发现为视角》。

皇城形制相同，亦为南北长、东西窄的纵向长方形。随着渤海文化日趋成熟，作为都城的上京城，其形成过程应与中原都城一样，先建宫城，次建皇城，最后建郭城，遵循着从都城始建、扩建到最终完善的规律。据考证，渤海上京城始建于大钦茂，扩建于咸康之世，而上京城郭城的总体布局最终完成于彝震世。

上京龙泉府是唐代东北地区文明程度最高的城市之一，是东北亚地区古代的都会。上京城内汉字、汉语普遍应用，上京地区儒学教育、文学、艺术、宗教得到了全面发展，并以上京为中心向渤海国全境扩展。渤海国在积极学习中原文化的同时，并没有放弃本民族特有的文化传统，而是在接受中原文化的过程中融入本民族的文化特点，最终形成特有的"海东文化"。上京城遗址出土了大量的铁器（如铁铧、铁盔甲等）（见图2-3）、铜器（如铜镜、铜佛等）（见图2-4）、金银器（如金佛、舍利银函等）、陶瓷器（如建筑饰件）（见图2-5）等器物，都充分说明了上京城在农业、手工业等经济方面的发展达到了前所未有的繁荣程度。

图2-3　上京龙泉府遗址出土的
铁犁铧

资料来源：朱国忱、金太顺、李砚铁：《渤海故都》。

图2-4　上京城遗址出土的铜镜

资料来源：李陈奇、赵哲夫：《海曲华风——渤海上京城文物精华》。

图2-5　上京城遗址出土的宝相花纹砖

资料来源：李陈奇、赵哲夫：《海曲华风——渤海上京城文物精华》。

西古城，即中京显德府，是渤海国的早期都城之一。位于吉林省延边朝鲜族自治州和龙市东北五十多里①处，处于渤海国的腹地，地理位置适中，是渤海国的交通中心之一。中京显德府即天宝末年迁都上京前的王都。据《新唐书·渤海传》记载，中京在上京以南地区，也属于肃慎挹娄故地，两者相去约600里，方位一南一北。近些年来的考古研究，特别是根据1980年在西古城附近发现的贞孝公主墓以及其他重要遗迹和2000~2005年田野发掘资料可以确认，吉林省和龙市的西古城即渤海中京显德府的故址。②

西古城是二重建制的古城，南北长729米、东西宽628米，为一规整的纵向长方形。城内中部偏北有一南北向的长方形小城，小城内有成组的宫殿遗址群（见图2-6）。宫殿区曾出土大量的渤海国时期文物，如灰瓦、绿釉瓦残片、花纹砖、绿釉柱座、绿釉莲花瓣饰件等大量建筑饰件（见图2-7）。中京作为渤海国的王都，始于大钦茂执政的初期，这期间，不但其自身得到了初步发展，形成了新的政治、经济和文化中心，而且对其管辖范围内城市和村镇的建设和发展也产生了十分明显的辐射和带动作用。据统计，吉林省内有渤海国古城址和遗址的市县达到78个，古城址和遗址总数共计156处。也就是说，

图2-6　西古城全景

资料来源：吉林省文物考古研究所等编著《西古城》。

---

① 1里等于500米。
② 金旭东：《田野考古集粹：吉林省文物考古研究所成立二十五周年纪念》，文物出版社，2008，第74页。

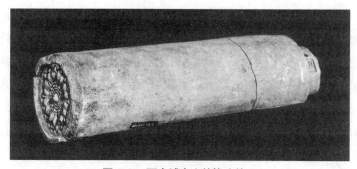

图 2-7　西古城出土的檐头筒瓦

资料来源：吉林省文物考古研究所编《田野考古集粹》。

在这些古城址和遗址中，属于中京显德府管辖范围内的就有可能达到其总数的 2/3。①

东京城遗址位于吉林省延边朝鲜族自治州珲春市以西 6 千米处的八连城。八连城南北长约 740 米、东西宽约 706 米，其整体形状接近正方形，与西古城一样，城内中部偏北也有一南北向的长方形小城，小城内有成组的宫殿遗址群。《新唐书·渤海传》载："贞元时，东南徙东京。"时当文王大钦茂在位晚期，将王都从上京龙泉府迁到东京龙原府。贞元系唐德宗的年号，时当 785~805 年。大钦茂死于贞元九年（793）。翌年，其孙大华玙即位后"复还上京"，即将王都由东京迁回上京。是知东京作为王都的时间最多不过 9 年。

渤海国迁都东京之后，大力发展农业，传播中原文化，加强同中原王朝、新罗和日本的交流往来，同时东京龙原府自身的城市和村镇也在不断发展。其周围城市和村镇的分布比较密集，一些城镇也有较大的规模，如温特赫部城周长 2269 米、萨其城周长 7000 米、城墙砬子山城周长 10000 米等。这些城址既有平原城，又有山城。平原城大都位于地势平坦，靠近水源的地方，十分有利于农业生产，而山城往往建在地势险要的高山上，易守难攻，成为军事要塞，守卫平原城，其数量要多于平原城。同时，一种新兴的城市也逐渐发展起来，如港口城市——盐州。盐州位于龙原—日本道水陆路转换的起讫点上，战略地位十分重要。有学者推定今天俄罗斯境内的克拉斯基诺古城即渤海国的盐州城。盐州是渤海国首个最大的行政中心，不仅日本使团来访

---

①　杨雨舒、蒋戎：《唐代渤海国五京研究》，香港亚洲出版社，2008，第 68 页。

要经过此处，渤海使团出访日本也要经过此处。8 世纪到 10 世纪，共有 34 批渤海使团出访日本，13 批日本使团出访渤海，并且他们绝大多数都途经东都。因为他们没法绕开盐州。无论是渤海国和日本双方的人员往来，还是双方的物资交流，都要经过这里中转。对外交往的日益频繁和地缘上的优势，都促进了这座城市的迅速发展。从盐州城内出土的大量莲花纹瓦当、青铜饰件以及大量的佛教文物中就能看出当时盐州手工业发达和城市繁荣的程度。

渤海国五京中，南京南海府和西京鸭渌府均未作过王都，但在渤海国的发展进程中，南京和西京在政治、军事上却占有重要地位，经济和文化也都有较大发展，尤其在渤海国的交通以及对外交往中，更是发挥了非常重要的作用。南京位于渤海国的最南部，堪称渤海国的南大门，其确切位置至今没有定论，学术界颇多异议。西京位于渤海国重要交通线鸭渌—朝贡道水陆路转换的起讫点上，战略地位十分重要。

三　府州县

渤海国的府源于唐朝府制，但又不完全相同。渤海国的五京曰五府，府下设州，州下设县，所以渤海国的府是一级行政区划。除五京的五府外，渤海国又另置十府，共计十五个府，即五京所在的府上京龙泉府、中京显德府、东京龙原府、南京南海府、西京鸭渌府，其他府为长岭府、扶余府、鄚颉府、定理府、安边府、率宾府、东平府、铁利府、安远府、怀远府。渤海国各府均领数州，是渤海国在地方上的最高行政机构。

渤海国共有五京、十五府、六十二州，据金毓黻先生考证，渤海国有 130个县，其州、县设置如下。

上京龙泉府领龙、湖、渤三州。龙州与府同治，下辖永宁、丰水、扶罗、长平、富利、佐慕、肃慎、永平八县，永宁为附郭县；湖州，位于湄沱湖附近，有长庆县；渤州，在今海浪河流域，领有贡珍县。

中京显德府领卢、显、铁、汤、荣、兴六州。显州为府治，下领金德、常乐、永丰、鸡山、长宁五县；卢州（一名杉卢郡），在今龙井市船口山城，下辖山阳、杉卢、汉阳、白岩、霜岩五县；铁州，位于中京显德府西南 30 千米处，即今和龙市獐项古城，下辖位城、河端、苍山、龙珍四县；汤州，在今龙井市太阳古城，下辖灵丰、常丰、白石、均谷、加利五县；荣州（《辽志》作崇州），治所在延吉市河龙古城，下辖崇山、沩水、渌城三县；兴州，在今安图县附近，下辖盛吉、蒜山、铁山三县。

东京龙原府亦曰栅城府，领庆、盐、穆、贺四州。庆州为首州，与府同治，下辖龙原、永安、乌山、壁谷、熊山、白杨六县，龙原为依郭县，与府同治；盐州（一名龙河郡），在今俄罗斯波谢特湾南2千米的古城址处，为日本道的出海口，下辖海阳、接海、格川、龙河四县；穆州（一名会农郡），在府西南60千米处，下辖会农、水歧、顺化、美县四县；贺州（一名吉里郡），方位不明，下辖吉理、洪贺、送城、石山等县。

南京南海府领沃、晴、椒三州。沃州为首州，与府同治，下辖沃沮、鹫岩、龙山、滨海、升平、灵泉六县；晴州（《辽志》作晴州），在南京南海府西北60千米处，下辖天晴、神阳、莲池、狼山、仙岩五县；椒州，在今朝鲜民主主义人民共和国咸镜南道荣光郡凤兴里白云山山城址处，下辖椒山、貂岭、澌泉、尖山、岩渊五县。

西京鸭渌府领神、桓、丰、正四州。神州为首州，与府同治，下辖神鹿、神化、剑门三县；桓州，在今吉林省集安市国内城，下辖桓都、神乡、淇水三县，其中桓都以产李闻名；丰州（一名盘安郡），在今吉林省抚松县新安古城处，下辖安丰、渤恪、显壤、硖石四县；正州（一名沸流郡），在今富尔江中游，辖县不详。

长岭府领瑕、河二州，高句丽故地。瑕州，与府同治；河州可能在今海龙县山城镇，辖县不详。

扶余府领扶、仙二州，扶余故地。扶州与府同治，下辖扶余、布多、显义、鹊川四县；仙州，下辖强师、新安、渔谷三县。

鄚颉府领鄚、高二州，扶余故地。鄚州与府同治，下辖奥喜、万安二县；高州辖县不详。

定理府领定、潘二州，挹娄故地。定州（一名安定郡），与府同治，下辖定理、平邱、岩城、慕美、安夷五县；潘州，下辖沈水、安定、保山、能利四县。

安边府领安、琼二州，挹娄故地。安州与府同治；琼州辖县不详。

率宾府领华、益、建三州，率宾故地，以产马闻名。华州与府同治；益州辖县不详；建州州治在今俄罗斯境内双城子（乌苏里斯克）处。

东平府领伊、蒙、沱、黑、比（一作北）五州，拂涅故地。辖县18，除知蒙州有一县为紫蒙县处，其余辖县不详。

铁利府领广、汾、蒲、海、义、归六州，铁利故地。广州与府同治，其余辖县不详。

怀远府领达、越、怀、纪、富、美、福、邪、芝九州，越喜故地。达州下辖怀福、豹山、乳水三县；富州下辖富寿、新兴、优富三县；美州下辖山河、黑川、麓川三县；其余辖县不详。

安远府领宁、郿、慕、常四州，越喜故地。宁州与府同治，其余辖县不详。

除十五府所领各州外，渤海国还置郢、铜、涑三个直属王廷的"独奏州"。郢州位置不详，下辖延庆、白岩两县；铜州，在今哈尔巴岭山区，辖花山等县；涑州在今吉林市附近。《辽史·地理志》中另记载有集、麓二州。集州下辖奉集；麓州下辖麓郡、麓波、云川三县。

四　部落首领制

渤海国的边远地区，由于历史条件和社会发展程度的不同而呈现不同于五京地区的社会形态，即实行以氏族、部落为基层组织形式的部落首领制。以人数最多的靺鞨地区为例，"凡为数十部，各有酋帅"[1]，而这里所谓的"部"，实际上就是部落集团或部落联盟的人们共同体。因为，每个部往往包含若干个"小部"即部落，如粟末"部"中就至少包括了厥稽、忽使来、窟突始、悦稽蒙、越羽、步护赖、破奚、步步括利8个小部即部落，显然这是一个具有互相结盟性质的部落联盟；而黑水"部"则更是一个拥有16个小部的庞大部落联盟。隋朝时靺鞨诸部已拥"胜兵数千"，唐朝时一定高于此数。至于诸部的内部组织情况，各有"渠长"即大首领，名曰大莫拂瞒咄；"小部"（以某个邑落为中心的部落）的首领，则称为莫拂瞒咄。其下存在着若干个在氏族基础上形成的"村里"，首领的名字姑且称之为头人。从突地稽"率其属千余内附"[2]的情况分析，大小首领之间显然存在着彼此既相联结又相统属或从属的特殊关系。另一方面，这些首领或大或小，却又都世代"相承为

---

①　《旧唐书》卷199下《靺鞨传》。

②　《新唐书》卷110《李谨行传》。

长"①，大体上是"父子相承，世为酋长"，即都是世袭而凌驾于普通的氏族或部落成员之上；当然他们也就无一例外地成了所在地的管理者和"主人"。因之，在这些还没有条件设置府、州、县的地方，也就不可能不通过首领们掌控这些地方。即便是在完成了府、州、县设置的地方，也往往不得不沿用"羁縻而治"的惯例："以其首领为都督，诸部刺史隶属焉。"②既然连都督、刺史尚且需要委派诸"部"的"大首领"担任，则基层政权的管理就更不能不就地依靠村里的下级或更下级的小首领们了。金毓黻先生在《渤海国志长编》卷15《职官考》中关于"渤海之首领制，即猛安谋克之制之所自出也"的论断实为真知灼见。当时边远地区大大小小的首领们实际上是集所在地方的行政领导、生产组织和军事指挥于一身的统治者。渤海王廷显然与这些地方的大小首领们达成了政治上的默契，承认他们在当地的传统权力，允许他们在接受王廷统属的情况下依旧管辖本地的民众并任命他们出任各地的各级官职；同时，他们为了保持与维护自己的传统权益，也不能不按照王廷的要求而勤于职守和忠于王事，从而实现了渤海国对各地尤其是边远地区的统治。日本学者铃木靖民等人将这种统治体制称为"首领制"，可以说是对这一历史现象的精确概括，揭示了渤海国地方统治的本质。

综上所述，在渤海国政权机构中，各级行政机构与部落首领体制同时存在，既相互交叉又相辅相成而体现为双轨并存的发展特点。

第三节　渤海国与周邻的往来

渤海国与唐王朝以外的其他政权及部族也展开了广泛的交往，与日本、新罗、黑水靺鞨等都进行交往。其交往的形式或以武力征服，或以经贸联谊，或以礼节出使，互通有无。

一　与日本的交往

渤海国与日本的正式交聘始于开元十五年（727）。据日本古籍记载，渤

---

① 《新唐书》卷219《黑水靺鞨传》。
② 《旧唐书》卷199下《靺鞨传》。

海首次派往日本的使团由以宁远将军郎将高仁义为首的 24 人组成，但由于遇上风暴，只有首领高齐德等 8 人死里逃生，于同年九月在日本北境的出羽地方登陆。日本在回书中除表示出"聿修曩好"和"不断往来"的意愿外，为表示其积极合作的诚意，还特派"从六位下引田朝臣虫麻吕为送渤海客使"①。前蜀乾德元年（919），渤海人最后一次派和部少卿裴璆访问日本。渤海国与日本近二百年的交往中，渤海访问日本 34 次，日本访问渤海 13 次，双方的交往基本上是友好通聘。渤海和日本的交往大体可分为前、中、后三个时期。

　　前期（727~762），渤海使聘访日本共有 6 次，日本使回聘或专访则为 7 次。从使团人员的组成以及使命内容和活动特点来看，主要在于"亲仁结援"，即军事和政治上的联络。这是由当时特定的历史条件所决定的，反映了大武艺在位前期与周邻关系的紧张而不得不进行远交近攻和争取外援。而 6 次遣日使团的大使（也称使头）中，除官居紫绶大夫、政堂省左允的王新福为文官外，其他五位即高仁义、胥要德、慕施蒙、杨承庆、高南申等人均系武将。至于使命的内容和活动特点，除首次聘访旨在军事联络外，第二次和第三次同样是在"亲仁结援"的基础上续"修邻好"②，即完全可能依旧与军事使命存在一定的联系；至于第四、五、六次则明显是互通有关"安史之乱"的军事情报，尤其耐人寻味的是，第四次聘日使杨承庆在日本期间，不仅通报了"安史之乱"的情况和"献"上了唐肃宗《赐渤海国王敕书》一卷，而且接受了日本权臣藤原仲麻吕在其私邸的宴请，于酒宴唱酬之间，策划了共同对付新罗人的构想。而恰恰在杨氏离开日本半年后，当时的藤原仲麻吕政权完成了制订日、渤联合进攻新罗的计划。③至乾元元年（758）十二月，正是根据渤海使杨承庆等人所提供的唐朝情报以及对新罗所采取的对策的介绍，日皇由于担心安禄山叛军的"更掠于海东"而"敕太宰府"要"预设奇谋"④以防患于未然，并决定在北陆、山阴、山阳、南海等地造船 500 只，⑤以加强防务。同样，宝应二年（763）正月，王新福大使到达日本后更通报了乱事的最新情报："李家太上皇（唐玄宗）、少皇（唐肃宗）并崩，广平王（唐代宗）摄政，年谷不登，人民相食。史家朝义称

①　《续日本纪》卷 10，神龟五年二月壬午条。

②　《续日本纪》卷 13，圣武天皇天平十一年十二月条。

③　上田雄、孙荣健：《日本渤海交涉史》，东京六兴出版，1990，第 218~221 页。

④　《续日本纪》卷 24，淳仁天皇天平宝字二年十二月戊申条。

⑤　上田雄、孙荣健：《日本渤海交涉史》，第 219~220 页。

圣武皇帝，性有仁恕，人物多附，兵锋甚强，无敢当者。"①而正是依据这些情报，日皇又敕太宰府采取相应的举措。凡此种种表明，这一阶段双方的交往始终是以"亲仁结援"为目的而具有鲜明的军事政治结盟的色彩。

这期间双方也开展了经济和文化方面的交流。如首次聘访时，渤方即"附貂皮三百张奉送"给日本天皇，而日方除盛宴款待和一般赏赐外，还"赐大射及雅乐寮之乐"，并"回赐"以彩帛一十匹、绫一十匹、绁二十匹，丝一百绚、绵二百屯"②等物品，而且出现了交易的行为。1986年在奈良长屋王府邸遗址中出土的木简上墨书有"渤海使""交易"等文字，就提供了这方面的物证，因为它们显然是728年日本"长屋王利用其执政大臣的地位在私邸宴请渤海使"时，与高仁义等人私下"交易方物"③的记录。又如第二次渤海使往聘时"附大虫皮、黑皮各七张，豹皮六张，人参三十斤，蜜三斛"，日方则除一般性的"赏赐"和"回赐"外，圣武天皇还亲临"太极殿南门，观大射。五位以上射了，乃命渤海使已珍蒙等射焉"，随后又给渤海使节提供了演奏"本国乐"④的机会。尤其是第四次出访时，除获得上述的礼遇、"赏赐"以及带回更多的"回赐"物资外，大使杨承庆等人还荣幸地得到了淳仁天皇"敕赐内里女乐并绵一万屯"⑤的重赏；副使杨泰师等人则与日本的"当代文士"赋诗酬答，并留下了《夜听捣衣诗》和《奉和纪朝臣公咏雪诗》各一首。这些都表明当时双方之间的接触确实存在着经济、文化交流的色彩，而且个别时候的场面还相当热闹，只是同军事政治的意义比较起来处于次要的地位罢了。

中期（762~811），渤海国在经过几代人努力后，国力已相当强盛并在各方面呈现蓬勃发展的势头；而安史之乱后元气大伤的唐朝已经基本上失去了对东北地区的控制，不得不依赖渤海的"藩屏"⑥，这致使大钦茂的政治野心更加膨胀，居然自称起"皇上"来，当然，也就不会再高看日本了。于是在同日本的交往中，军事政治为主的色彩已经淡化而让位于经济文化方面的交流，即经贸活动越来越占有突出的地位。聘日使团人员的组成即反映了这一特点。

---

① 《续日本纪》卷24，淳仁天皇天平宝字七年正月条。

② 《续日本纪》卷10，神龟五年正月条。

③ 酒寄雅志：《平城京出土的渤海木简》，王培新译，载杨志军主编《东北亚考古资料译文集》第4辑，北方文物杂志社，2002，第221页。

④ 《续日本纪》卷13，天平十二年春正月丁巳条。

⑤ 《续日本纪》卷22，天平宝字三年春正月甲午条。

⑥ 唐玄宗册封大钦茂时的用语，《册府元龟》卷964《封册二》，第11345页。

半个世纪的时间里，渤方十次派使团聘日，日方则六派使节回访，为双方交往最为频繁密切的时期。从渤海方面来看，不但在使团人员的组成中文官已经完全取代了昔日武将的地位；而且，使命的内容也越来越复杂了，即在继续保持友好的基础上，经济文化的交流逐渐扮演了主要的角色。

双方所交换的物资种类。由渤海运出者，已不限于初期的兽皮、人参、蜂蜜、药材及其他土特产，逐渐增加了日本人所喜爱的工艺品、珍宝、陶瓷器（包括三彩陶器[①]）以及靴、裘之类的手工业产品等；自日本输出者，也不限于初期的各类纺织品，而增加了黄金、水银、金漆、漆、海石榴油、槟榔扇、水晶念珠等稀有物品。对现有史料的分析可以明显看出，当时的经贸活动已不再是初期的礼节式的"奉送"或互赠，而越来越具有商贸的性质，并呈现逐渐扩大的趋势，乃至于出访人员的身份也出现了微妙的变化，即越来越被日本官员们视为"商旅"而不再是"宾客"[②]了。因之，他们带往日本的物品也就不再是当初的"信物"、"贡物"或"土宜"，已有可能被称为"货物"了。尤其值得提到的是，最晚至8世纪末，在相互来往的海路上，已经出现了为数不少的"商贾之辈"[③]，他们是双方经济交流史上的新角色。

不过，由于光仁天皇时期保守势力的抬头，日本不断地以渤海"无称臣名"或"虚陈天孙僭号"而"停其宾礼"挑起事端，并终于在771年夏酿成了双方关系史上最大的风波。随后又以渤海聘使"违例无礼"或"进表无礼"即不肯称臣为名，决定"不召朝廷，返却本乡"，即命令他们立即离境回国而开创了驱逐使节的恶劣先例。尽管时间不长，却成了双方关系史上风波不已和最为动荡的阶段。

后期（811~926），除继续保持友好关系外，经济文化的交流在双方关系中越来越居于最突出的地位。"回易"，显然是指两国官方进行的贸易，地点就在鸿胪馆，由渤海使团与日本的"内藏寮"进行；而"交关"，则不限于两国官方之间的交易，因为从"听京师人与渤海客交关"[④]的记载分析，应该是

---

① "'在奈良明日香村的坂田寺遗迹出土的三彩壶、大盘'等等'被认为是渤海产的三彩'"，参见铃木靖民《东北亚历史中的渤海国家与交流》，吴玲译，载于建华主编《东北亚考古资料译文集》第7辑，北方文物杂志社，2007，第105页。
② 《类聚国史》卷194，淳和天皇天长三年三月戊辰条。
③ 《日本后纪》卷8，延历十八年五月十三日条。
④ 藤原时平、菅原道真等：《日本三代实录》卷21，贞观十四年五月二十一日条，吉川弘文馆，2002。

允许渤海客徒在指定的市场里与当地人进行交易，当然首先是同贵族人士和官员，然后才能够和普通的市民百姓"私相交易"；至于"私易"，则是民间的私下交易或走私活动。尽管当时日本官方一再禁止其人同渤海客徒的私易，却扭转不了"此间之人心爱远物，争以贸易"①的趋势。其中渤海使节们所带来的毛皮，已成为日本贵族们争相仰慕的物件，正如有学者所提及，"从醍醐天皇的皇子重明亲王在夏日的酷暑中穿着由八件黑貂缝制的裘服出现在渤海使面前的逸闻和春祭时小一条大将把黑貂送与兼时后又懊悔的趣事，可以理解当时贵族对毛皮的爱慕"②，故最终不得不逐渐放弃相关的禁令。至于"别贡"、"私贡"或"私献"等，则是渤海客徒将其个人所挟带的物品"贡献"给日皇或有关的皇廷权贵，以获得日方的"赏赐"，应是另一种形式的物资交换。这一切也就使双方的经贸交流具有一定的互补性质，故交易的数量较前增加了许多。仅以回赠为例，如859年乌孝慎因为"别贡土宜"，即得到了"东绝五十匹、绵四百屯"③的回赠，显然多过《延喜式》所载大藏省赠番客例规定的"大使绢十匹、绝二十匹、丝五十絢、绵一百屯"的数倍。及至贞观十四年（872）夏四月二十二日，竟然出现日方以"官钱40万赐渤海国使等。乃唤集市廛人卖与客徒此间土物"的空前盛况。而鉴于九世纪中叶以后日本当局对接待渤海客徒已越来越感到不堪负担，怎么可能白白拿出"官钱40万赐渤海国使等"。故以情理言之，只能是此次渤海客徒所带物品数量已远远超出了日方的预料，故在官方准备不足而难以进行等价交易的情况下，不得不向渤方提供了贸易上的补差款，以让他们用以购买相应数额的"此间土物"（即当地民间物品），这才出现了如此之大的额度，足以反映当时双方的贸易规模确实达到了惊人的地步。

同时，双方的文化交流也有了较大的发展。不少的渤海使节如王孝廉、释仁贞、周元伯、王文矩、李居正、杨成规等，或是名震一时的诗人，或为才华过人的文士与名流，都以自己的诗文和才华赢得了日本人士的高度尊敬，并同日本友人建立了深挚的友谊而传为中日文化交流史上的佳话。故当弘仁六

①　《类聚三代格》卷18《夷俘并外蕃人事》，应禁交关事条，转引自孙玉良编著《渤海史料全编》，第306页。

②　酒寄雅志：《渤海王权与新罗、黑水靺鞨、日本的关系》，杨晶译，载杨志军主编《东北亚考古资料译文集》第4辑，第172页。

③　藤原时平、菅原道真等：《日本三代实录》卷2，贞观元年六月二十三日条。

年（815）王孝廉不幸病逝于日本后，其挚友即赫赫有名的空海大师不但写下了"一面新交不忍听，况乎乡国故园情"的著名诗句，以寄托自己的哀思，而且还写信给孝廉的亲属以示慰问并表达了"天边隔我，松柏岂移"①的深厚情谊。尤其值得提到的是，有的使节还在出访时把中原地区的文明成果传入了日本。如乌孝慎大使、李居正大使就把唐朝的《长庆宣阴历》、"东胜神咒"历书和经文先后带进了日本；名僧贞素则受日本友人灵仙大师之托，带去了"一万粒舍利、新经两部"②，这些都为当时中日两国的文化交流做出了重要贡献。此外，双方还在歌舞音乐以及体育活动方面进行了频繁的交流。尤其是弘仁十三年（822）王文矩等人在日本参加的马球比赛，堪称史载中日两国之间的第一场竞技比赛。而其后五次派出的大使，均由主管文化的文籍院监或少监担任。特别是其中的裴颋，系渤海史上名闻遐迩的学者和诗人。为了接待好以他为首的使节，史载，日廷特"令山城、近江、越前、加贺等国：修理官舍、道桥，埋瘗路边死骸"；而为了接待好到达加贺的渤海客人，还命令"越前、能登、越中国"等地方"送酒、肉、鱼、鸟、蒜等物于加贺国"③。不止于此，为让他们能够欣赏到来自林邑（今越南）的音乐舞蹈，还抽调林乐人107人"于大安寺令调习"，同时"以大和国正税充给其食，欲令渤海客徒观彼乐也"；并挑选五位以上官员中有容仪者30人出面"侍堂上座"参与接待。④而当五月三日阳成天皇亲自在丰乐殿"赐宴渤海客徒"之际，居然有"亲王以下，参议以上侍殿上；五位以上侍显阳堂"以及"百官六位以下分侍观德、明义两堂"陪侍，并命令"内教坊奏乐，舞女百四十八人递出舞"为宾主助兴；"酒及数杯"，又"别赐御余（天皇自用）枇杷子一银碗"⑤于客人。一言以蔽之，给予了裴大使等人以前所未有的隆重礼遇，其热烈、友好的气氛难以言表。然而，给人印象最深的却是裴颋第二次出访时，于宽平七年（895）夏同日本友人、著名诗人菅原道真、岛田忠臣、纪谷长雄等5位诗友，自四月二十九日至五月十一日在鸿胪馆里边饮边吟，畅叙友情，并在著名的"鸿胪诗筵"上留下了59篇动人诗章，⑥堪称中日文化交流史

① 《高野大师广传》卷下，转引自孙玉良编著《渤海史料全编》，第294页。
② 圆仁：《入唐求法礼行记》卷3，上海古籍出版社，1986，第131页。
③ 藤原时平、菅原道真等：《日本三代实录》卷42，元庆七年春正月二十六日条。
④ 藤原时平、菅原道真等：《日本三代实录》卷42，元庆七年五月十日条。
⑤ 藤原时平、菅原道真等：《日本三代实录》卷42，元庆七年五月三日条。
⑥ 《菅家文草》卷7，转引自孙玉良编著《渤海史料全编》，第350页。

上脍炙人口的一段佳话。

凡此足见，正是在双方的共同努力下，不仅开创了当时我国周边地区民族政权同国外交往和经济文化交流的空前局面，而且这在中世纪的东北亚地区的国际关系史上也占有重要的地位。

二　与新罗结援与交恶

渤海国与新罗国存世的时间几乎相始终，在唐朝"以夷治夷"政策的影响下，两者长期处于对峙交恶的状态。虽然渤海为了和新罗交往修建了"新罗道"，从渤海中京显德府到新罗泉井郡有驿站 39 个，但也没有改变两国关系，新罗依旧"筑长城于北境"。

渤海国建立之初，为了获得和平稳定的外部环境，大祚荣主动谋求"邻援"而向南邻新罗国派去了通好的使节。新罗王廷将其视为前来臣属，而"封"以"五品大阿餐"之职，故其史官们在向唐朝奏报之时，将这一切记作："其酋长大祚荣，始受臣藩第五品大阿餐之秩。"[1] 开元七年（719），大武艺继立后不久，与新罗的关系进一步恶化。《三国史记·新罗本纪八》所载，圣德王二十年（721）秋七月"征何瑟罗道丁夫二千，筑长城于北境"。可以说，这一史实表明渤海和新罗实质的对峙。开元二十年（732）渤海与唐朝发生冲突后，新罗人毫不犹豫地遵照唐廷的旨意，"发兵击靺鞨南鄙"[2]。

大仁秀"南定新罗、北略诸部"之后，新罗王"命牛岑太守浿永征汉山北诸州郡人一万，筑浿江长城三百里"[3]，即沿今大同江一线修筑一条长达 300 里的长城。此举可谓是为专防渤海人的进攻而修筑，另外说明了此时渤海强而新罗弱。9 世纪末，发生的渤海与新罗"争长"事件也证明了这一事实。乾宁四年（897）七月，入唐贺正的渤海王子大封裔"进状请许渤海居新罗之上"[4]，即上书唐廷要求将渤海国在朝会中的位次排到新罗之前。由于渤海王廷认为新罗国力日衰，已不及渤海国，以往新罗的位次一直被排在渤海国的前边，应该改

---

①　《东文选》卷 33《表笺》，转引自孙玉良编著《渤海史料全编》，第 400 页。

②　金富轼编《三国史记》卷 8《新罗本纪八》，圣德王三十二年秋七月条，广曹出版社铅字本。

③　金富轼编《三国史记》卷 10《新罗本纪十》，宪德王十八年秋七月条。

④　崔致远：《孤云集》卷 1《谢不许北国居上表》，转引自石井正敏《日本渤海关系史的研究》，吉川弘文馆，2001，第 169 页。

变这种状况。故在唐的新罗使节闻悉后，立即据"理"力争，请求唐朝不要改变位次。双方争执不下，就连朝官们也是议论纷纷，难以决断。最后，由唐昭宗本人亲自裁定，"国名先后，昔不以强弱而称；朝制等威，今岂以盛衰而改。宜仍旧贯，准此宣示者"①，最终裁定继续保持原来的位次，新罗仍旧排在渤海之前，才使一场激烈的纷争告一段落。此事令新罗国上上下下"感激涕零"，于是由著名的大学士崔致远执笔，代国王起草了《谢不许北国居上表》，并呈献于唐廷，而表中不乏对渤海国污蔑、贬损之词。由此可见，自"南定新罗"以后，渤海与新罗不仅继续处于对峙状态，而且逐渐形成了渤海强而新罗弱的态势。

在文化领域，渤海与新罗之间也发生了争执。咸通十三年（872），渤海人乌炤度在长安宾贡及第的名次被排到了新罗人李同之前。对于此事，新罗人感觉受到了奇耻大辱，"既致四邻之讥，永贻一国之耻"；直到两年后崔致远宾贡及第而当年渤海国无人参加宾贡，才算是"得雪前耻"而出了这口恶气，甚至视之为"举国怀恩"的重大事件。②

当时渤海人虽然不像新罗人那样的敏感，对此也还是高度重视的。如天祐三年（906），国相乌炤度朝唐，恰巧其子光赞与新罗人崔彦撝同科宾贡及第而名在崔彦撝之后，于是上书朝廷"表请曰：'臣昔年入朝登第，名在李同之上。今臣子光赞宜升彦撝之上'"；但由于彦撝的"才优、学赡"，唐廷"不许"③，即乌炤度的请求并没有获得唐廷的允准。在渤海与新罗之间，唐廷往往出于各种政治因素考虑做出偏袒新罗的举动。

三　与黑水靺鞨的交往

渤海国的东面及北面居住着黑水靺鞨等靺鞨部落。渤海国建立之初，大祚荣因骁勇善用兵，靺鞨之众及高句丽余烬稍稍归之。汨咄（伯咄）、安居骨、号室等部并为渤海编户。④大武艺"斥大土宇"之时，首先征服的是靺鞨部族，

---

① 崔致远：《孤云集》卷1《谢不许北国居上表》，转引自石井正敏《日本渤海关系史的研究》。

② 《东文选》卷47《新罗王与唐江西高大夫湘状》，转引自石井正敏《日本渤海关系史的研究》，第167~168页。

③ 郑麟趾编《高丽史》卷92《崔彦撝传》，1957年朝鲜平壤影印三册本。

④ 《旧唐书》卷199下《北狄传下》。

"东北诸夷畏臣之"①中的诸夷应大多指靺鞨部族。因此，大武艺时期基本统一了除黑水靺鞨的其他靺鞨各部。

黑水靺鞨居住在最北部，社会发展缓慢，处于部落联盟阶段。隋唐时期，频频向中原朝贡，积极接受中原文化，社会获得了很大的发展。高句丽灭亡后，黑水部南下占领了其他靺鞨部族的地区，其地域与粟末靺鞨接壤。唐王朝为了限制黑水靺鞨的南进，派李多祚率领唐军"讨黑水靺鞨，诱其酋长，置酒高会，因醉斩之，击破其众"②。大祚荣刚刚建国时，尚无实力与黑水靺鞨抗衡。黑水靺鞨受唐朝打击后退回到黑龙江流域。在谋求自身安全的目的下，黑水曾与大祚荣一起到突厥请吐屯，互相间有一定的往来，双方相安无事。③

8世纪初，黑水靺鞨屡次主动向唐朝遣使朝贡，请求为藩属，得到支援。唐朝接受请求并在黑水部设立黑水兵，又置黑水府，保其安宁。大武艺面对唐王朝对黑水靺鞨的重视，担心腹背受敌，发动了进攻黑水靺鞨的战争。战争因"大门艺事件"的发生没有持续多长时间，但渤海遏制了黑水靺鞨向南扩张的势头。渤海与黑水靺鞨在唐王朝以夷制夷的政策利诱下，相互斗争从此开始。④

大钦茂即位后，渤海对靺鞨诸部的统治不断加强。迁都上京以后，统治中心北移，更增强了渤海在北方的实力。据《新唐书》记载，黑水靺鞨中的铁利靺鞨在740年向唐朝献方物，拂涅靺鞨741年向唐朝贺正并献方物，以后不见史书记载。铁利、拂涅应是被纳入了渤海国的统治范围。但同一时期，渤海使臣多次同黑水靺鞨使臣一起朝唐或贺正，表明渤海国在大钦茂时期与黑水靺鞨的对抗有所缓和，并且还有了一定的交往。

《新唐书》记载"仁秀颇能讨伐海北诸部，开大境宇"⑤，重新征服了靺鞨部族，并且设置郡县代替了原有的部族制，使统治的实力增强。黑水靺鞨受到威胁，又陷入了与渤海的对抗状态。唐朝此时无力干涉东北民族的事务，

---

① 《新唐书》卷219《渤海靺鞨传》。
② 《新唐书》卷120《李多祚传》；魏国忠：《唐与黑水靺鞨之战》，《社会科学战线》1985年第3期。
③ 张高：《渤海国与黑水靺鞨的关系》，转引自禹硕基、刘毅、窦重山主编《渤海国与东亚细亚》，辽宁大学出版社，1995。
④ 金毓黻：《东北通史》，《社会科学战线》杂志社，1980年翻印本，第265页；陈连开《唐朝渤海黑水两都督府述略》，《历史教学》1980年第3期；郭素美《大武艺时期的渤日交往——兼论当时渤海与周邻的关系》，《龙江史苑》1985年第1期；王成国《略论唐代渤海与东北各族的关系》，《东北地方史研究》1986年第3期。
⑤ 《新唐书》卷219《渤海靺鞨传》。

黑水靺鞨的一些部族遂成了渤海"役属"的对象，[1] 在一个较长时期之内，中止了朝唐。

渤海国后期，无力控制广大的疆域，那些仍保留原有氏族组织的靺鞨部族纷纷摆脱了渤海国的控制，黑水靺鞨就是其中一个。10 世纪初，黑水靺鞨本部又恢复了赴中原王朝朝贡的活动。[2] 总之，渤海国与黑水靺鞨等靺鞨部族的交往持续了二百余年，征服与反抗相伴。

---

① 《新唐书》卷 219《黑水靺鞨传》。

② 张高：《渤海国与黑水靺鞨的关系》，转引自禹硕基、刘毅、窦重山主编《渤海国与东亚细亚》。

第三章

多元经济下的生产生活

渤海国地理条件优越，物产丰富，民族众多，形成了特色鲜明、种类多样的生产行业，驰名中原的物产达四十余种。受唐朝社会影响，其经济技术不断进步，不仅生业发达，且种类齐全，获得了"海东盛国"的称号。

第一节　种植业的进步

种植业的进步主要表现在农具和耕作方法较前代有了重大改进。普遍使用铁制农具和犁耕，但发展不平衡，地区间差异较大，铁器也还没能完全取代石器、木器和骨器。

一　铁犁和犁耕

渤海的先民挹娄人在汉魏时期就已经使用犁耕。1999 年，黑龙江省双鸭山市保安村汉魏城址中出土了 1 件铁犁铧，号称"龙江第一犁"。该犁铧为模铸，整体呈不规则三角形，左侧边长 19.2 厘米、右侧边长 21.6 厘米、宽 24.8 厘米，两侧边略弧。前部有三角形銎口，正面中间起脊，脊两侧对称有两个长方形小孔，背面较平。[①]表明早在汉魏时期，挹娄的核心地区就有了犁耕。笔者以为，虽然汉魏就已经出现了犁耕，但只是在个别地区，因为《魏书·勿吉传》载，

---

① 　黑龙江省文物考古研究所：《黑龙江双鸭山市保安村汉魏城址的试掘》，《考古》2003 年第 2 期。

勿吉人"佃则偶耕"①。所谓偶耕,即二人相对,一人用脚踏耒入土,一人以绳系耜(耒头)上拉,共同翻土,这是犁耕产生前的落后的耕作方法。到渤海时期,才普遍掌握和使用了先进的犁耕法。

冶铁业的发展使渤海人能够制造出当时东北地区堪称先进的铁犁铧。1963年在上京龙泉府遗址中首次出土了铁铧,"本身形制呈不等边三角形,边长32.5~36厘米,后端宽27厘米,厚约1厘米,重约4.5公斤"②(见图3-1)。这样大的犁绝非人力拉得动,必然是畜力牵引。这种畜力牵引铁犁的耕作方法与中原地区已无大差别。20世纪80年代初,在上京遗址宫城内又发现了一件铁犁,"模制,整体呈圆角等边三角形,底平……残长18厘米"③。此犁与1963年出土的犁大小相近,应体现了同样的耕作方法。这表明,不但处于核心地位的上京地区如此,上京以外的其他地方也是这样。在俄罗斯滨海地区就发现过若干犁铧、犁镜等犁的部件。"科尔萨科夫村落址的灰坑中,出土了完整的犁铧,该犁铧平面形状近似于等腰三角形……通长32.5厘米、底边宽27厘米,重3.4公斤。"④形状如图3-2所示。

图3-1 渤海上京龙泉府遗址出土的铁犁铧

资料来源:朱国忱、金太顺、李砚铁:《渤海故都》。

---

① 《魏书》卷100《勿吉传》,第2220页。

② 朱国忱、金太顺、李砚铁:《渤海故都》,黑龙江人民出版社,1996,第425页。

③ 黑龙江省文物考古研究所:《渤海上京宫城内房址发掘简报》,《北方文物》1987年第1期。

④ 阿尔德米耶娃等:《渤海时代滨海地区居民的物质文化》(上),宋玉彬译,《东北亚历史与考古信息》1996年第1期。

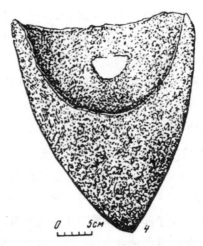

图 3-2　俄罗斯滨海地区科尔萨科夫村落址出土的铁犁铧

资料来源：阿尔德米耶娃等：《渤海时代滨海地区居民的物质文化》（上），宋玉彬译，《东北亚历史与考古信息》1996 年第 1 期。

　　牡丹江莲花水库振兴五期也发现过铁犁，虽然规模小一些，但形制与其他犁十分相似，应体现了相同的耕作方法。[①]渤海的犁铧都比较大，绝非人力拉得动，应当是畜力牵引。渤海出名马，中原地区亦以之为贵，所以存在用马的可能。不仅用马，还用牛，在渤海上京遗址宫城 2 号殿址中出土成品和半成品牛蹄铁一块，[②]可知养牛是为了力役，拉犁当然也在内。

　　因为犁对农业生产至关重要，古人甚至有神化它的现象，在金上京发现了一件铁铸犁头，"犁铸出尤如人面的双眼和嘴，酷似三星堆青铜人面，称'人面犁耕头'"[③]。这是金开国庆典所献礼器，用以祈求农业的好收成。广义上，建立金的女真与建立渤海的靺鞨人同族，都为肃慎族系，所以这一观念渤海人也可能有。但是也应看到，发现的犁铧不是在五京地区，就是在早已得到开发的俄罗斯滨海地区南部，其他边远地区没有发现，这似乎表明犁耕并没有普遍应用于渤海国全境，应当还局限于以五京为主的较发达地区，边远的靺鞨部落地

---

① 黑龙江省文物考古研究所、吉林大学考古学系：《河口与振兴——牡丹江莲花水库发掘报告》，科学出版社，2001，第 149 页。

② 黑龙江省文物考古研究所编《渤海上京城 1998-2007 年度考古发掘调查报告》，文物出版社，2009，第 209 页。

③ 郭长海：《金上京发现开国庆典所献礼器——人面犁耕头》，《北方文物》2006 年第 4 期。

区尚未达到这种程度。民族学的资料也给了这一观点以旁证。二十世纪三四十年代，居住在嫩江流域山区的鄂温克人种田还是"一般不施肥，不锄不蹚，种几次后，另开荒播种。由于游耕粗放，亩产不过百斤"[1]。由此看来，推测渤海国的边远地区没有发展到犁耕阶段也是有据可考的。

二　其他农具

首先，铁农具得到广泛使用。综合各处渤海遗址出土铁器的情况，其中属于农具的有犁铧、犁镜、锸、镘、铲、镰、锄。犁铧、犁镜都是犁的部件，为起垄的工具；锸、铲就是锹，为整理土地的工具；锄为除草工具；镘的形状不一，窄者接近于镐，是人力起垄及播种的工具，宽者接近于锄，是除草工具；镰为收割工具。可见，从春种到秋收的整个农业生产过程都用到了铁农具。

其次，铁器的使用虽然比较普遍，但尚不能完全排除骨器、石器和木器，它们仍在渤海人的生产工具中占有相当的比例。其原因主要是铁仍为较贵重之物，且商品流通不畅，不易获得。

动物骨质地坚硬，重量却轻，又极易获得，所以古人常用来制作农具，渤海人也如此。在黑龙江省东宁县小地营渤海遗址中出土了骨铲两件，均为磨制，刃部微凹，应为长期使用磨损所致。[2]骨器不像铁器那样贵重，很少会用来陪葬，所以保存至今者很少。

在渤海的边远地区，农具中还有石器。比如石刀，在俄罗斯滨海地区青石砬子居住址一处就出土了36件。[3]该遗址属发达铁器时代。俄罗斯学界认为滨海地区发达铁器时代始于公元前一千纪末期。笔者认为这种可能性很小，这一地区的发达铁器时代当始于渤海，所以该遗址应不早于渤海。石刀上都有孔，是穿小绳做把手的，用来割取农作物的穗，在铁镰之前，用这种石刀收割农作物十分普遍。

比铁器、石器、骨器使用更广泛的应当是木器，材质易得，又易加工，只是容易腐烂，不易保存下来，所以今人往往误以为渤海人主要使用铁器、石器、骨器。

---

① 吕天光：《鄂温克族》，民族出版社，1983，第12页。

② 黑龙江省文物考古研究所：《黑龙江省东宁县小地营遗址渤海房址》，《考古》2003年第3期。

③ 安德烈耶娃：《滨海边区发达铁器时代的考古遗存》，姚奉译，《北方文物》1985年第4期。

三　粮食的储存与调剂

农业的发展使粮食的产量大大增加，为了储存粮食，渤海人开始建粮仓。在俄罗斯滨海地区尼古拉耶夫斯克2号城址发现了渤海的粮仓，"粮仓是一个长方形的坑体，规格50厘米×100厘米，深50厘米。坑体的底部填充有一层碳化大豆，剩下的坑体空间为草木灰、木炭块所占据。显然，它们是烧焦了的粮食与安装在坑内的木箱的遗迹"[①]。另外，在俄罗斯滨海地区克拉斯基诺古城也出土了碳化谷物（见图3-3）。

难能可贵的是，渤海还有一套行之有效的粮食经济管理的科学技术，比如籴仓法。所谓籴仓法，即封建政府在丰年以低于市场价格的价格收购粮食，歉收的年份再以高于市场价格的价格卖出。这样既可防止丰年谷贱伤农，灾年粮价暴涨，政府也有利可图。《辽史·食货志》载："东京如咸、信、苏、复、辰、海、同、银、乌、遂、春、泰等五十余城内，沿边诸州，各有和籴仓，依祖宗法，出陈易新，许民自愿假贷，收息二分。所在无虑二三十万硕，虽累兵兴，未尝用乏。"这里所说的"祖宗法"是谁的祖宗法？契丹人本是游牧民族，无农业，其农业是辽朝建立后才逐渐发展起来的。而籴仓之法是与成熟农业社会相适应的仓储和救济制度，所以不可能是契丹人的"祖宗法"。那么它就只能是居于辽东的东丹国民——渤海遗民的"祖宗法"了。就是说，它是渤海国的一种管理方式。渤海人不仅有先进的农业技术和农业生产方式，也有成熟的粮食管理调剂方式。

其实，籴仓法是在中原地区形成和发展起来的。可能在渤海前期就传到了渤海国，在渤海国实行了许多年，经历了几代人，所以渤海人认为它是自己的"祖宗法"了。

经济专区的形成。渤海农业在发展进程中，逐渐形成了一些经济专区，有的地方专种大豆，有的地方专种水稻等。这种经济专区的出现又使一些名优产品出现，如卢城之稻、栅城之豉、丸都之李、乐游之梨等。这些特产很有名气，以至于中原地区的人们都有所耳闻，并记载下来。

[①]　Э.В. 沙弗库诺夫等：《渤海国及其俄罗斯远东部落》，宋玉彬译，东北师范大学出版社，1997，第114~115页。

卢城在今吉林省龙井市，是渤海优质水稻的产区。这个传统一直保持下来，至今龙井大米也还是东北大米中的佼佼者。栅城位于今吉林省珲春市境内，豉是一种用大豆制成的发酵食品，味美可口，今天东北农村仍有制作的。乐游的位置目前尚未有定论，有学者认为，乐游之梨是今延边特产苹果梨的原始鼻祖。

图3-3 俄罗斯滨海地区克拉斯基诺古城出土的碳化谷物

资料来源：吉林省文物考古研究所等编著《俄罗斯滨海边疆区渤海文物集粹》。

渤海国的农业是东北中部和北部农业发展史上重要的一页。经过渤海人两百多年的开发，白山黑水间，多少榛莽变成了良田，多少荒山变成了果园，多少沉睡的荒野变得屯堡相望，鸡犬之声相闻。在东北的农业开发中，渤海人功不可没。

第二节 饲养业

饲养业是渤海国的一个重要经济部门。渤海的饲养业是分散式小规模的家庭饲养，不像蒙古草原地区那样的大规模游牧。现在已知的渤海人驯养的家畜、家禽有猪、马、牛、羊、鹿、狗、鸡等。

一 养猪

渤海人承袭了先人善养猪的传统，其养猪的历史可以追溯到原始社会末期。在黑龙江省宁安市莺歌岭原始遗址中就发现了3000多年前的不同于野猪形象的陶猪，表明那时已驯化和饲养猪了。两汉时期的挹娄人，"其俗好养猪，食其肉。衣其皮。冬以猪膏涂身，厚数分，以御风寒"[1]。南北朝的勿吉人"男子衣猪皮裘"[2]。唐时的靺鞨，"其畜宜猪，富人至数百口"[3]。善养猪成了通古斯族系的一大特征，渤海人当然也继承了先人们的生活习俗，养猪成了最主要的家庭副业。尤其西部鄚颉府所产之猪品质最好，号称"鄚颉之猪"，是渤海著名的土特产之一。

考古发掘证明，猪是渤海人最主要的家畜。在俄罗斯滨海地区南部的新戈尔杰耶夫斯克耶村落址和城址、尼古拉耶夫斯克2号城址等渤海遗址中，"出土的家畜骨骸中猪骨占有优势。新戈尔杰耶夫斯科耶村落址中，猪骨在家畜中所占的比例达到了67.9%，新戈尔杰耶夫斯克城址中，猪骨所占的比例为63.3%。在尼古拉耶夫斯克2号城址中，猪骨所占的比例约为42.4%"[4]。渤海的自然条件适宜养猪业的发展，牧草随处可见，且不需特殊的饲料和开支，所以养猪最多。

猪还被渤海人广泛用于祭祀。渤海的先世挹娄人死了，就"交木作小椁，杀猪积其上，以为死者之粮"[5]。渤海人继承了这一习俗，在俄罗斯滨海地区的新戈尔杰耶夫斯克等地的渤海遗址中，"在一些渤海房址中埋葬有猪头，大概具有宗教性质。不排除渤海人同高句丽人一样，把猪视为生殖力的象征，与祭祀用畜有关"[6]。

二　养马

渤海人养马很普遍，率宾府最为著名，且有驰名中原的"率宾之马"。率宾府，在今绥芬河流域，渤海时这里是养马基地。马的功能得到充分体现，用马来装备骑兵，用马来骑乘，用马服力役，食马肉，用马皮，所以马在渤海国处处有之。在俄罗斯滨海地区"所有已发掘过的渤海遗存中均出土了马骨，在新戈尔杰耶夫斯克耶村落址，出土的马骨占所有家畜总量的6.5%；在新戈尔查耶斯克城址，马骨所占的比例为10.2%；在尼古拉耶夫斯克2号城址的下层堆

① 《三国志》卷30《挹娄传》，第847~848页。
② 《北史》卷94《勿吉传》，第460页。
③ 《旧唐书》卷199下《靺鞨传》，第5358页。
④ 阿尔德米耶娃等：《渤海时代滨海地区居民的物质文化》（上），宋玉彬译，《东北亚历史与考古信息》1996年第1期。
⑤ 杜佑：《通典》卷186《边防二·挹娄》，第2623页。
⑥ 阿尔德米耶娃等：《渤海时代滨海地区居民的物质文化》（上），宋玉彬译，《东北亚历史与考古信息》1996年第1期。

积中，马骨所占的比例为 13.7%；在该城址的上层堆积中，马骨所占的比例为 15.6%；在马里亚诺夫斯克城址，马骨所占的比例为 22.5%。上述材料表明，马肉曾被食用，屠宰的主要是成年、老年马匹。这一点多半可以证明，马这种家畜被广泛运用于经济、军事领域"[1]。

养马比较简单，只要有牧草，不需要特别的投入。清初，作为渤海人后裔的宁古塔满族人在春天会把各家各户的马集中起来，在马尾上系一木牌，写上主人的名字，然后赶到水草丰美的地方后就不管了，待秋后马儿肥了，再拢回来，各家再凭木牌认领回去。渤海人或许就是用这种方式养马的。[2]

渤海马的体质好，为中原地区所贵，因而是给中原政权的贡品，也是对中原贸易的大宗商品。武王大武艺时期两次朝唐，各贡马三十匹。[3]渤海国灭亡后，东丹国又向后唐贡马十匹，向南唐贡马二百匹。契丹人也很喜欢渤海的马，命东丹每年贡马一千匹。[4]唐朝的山东地区"货市渤海名马，岁岁不绝"[5]。

马是从东北西部草原地区传入东部山区的。马在蒙古语和满语中发音相同，都为"莫里"。蒙古族的祖先东胡人早在先秦时期就已经饲养马了，这一点有明确的史料记载，《后汉书·乌桓传》记载："乌桓者，本东胡也……若相贼杀者，令部落自相报，不止，诣大人告之，听出马牛羊以赎死。"可能在秦汉以前，马由西部草原传入东部地区，马的名字也一同传入了。这样看来，东北东部山区的马源于蒙古草原，应当与蒙古马差不多，但到了渤海时期，渤海的马却与蒙古马有着明显的不同。《新唐书·渤海传》载，渤海的著名特产中就有"率宾之马"。所谓的渤海名马应当就是率宾马。

考古发掘获得的各种有关马的实物（见图 3-4、图 3-5、图 3-6），再现了渤海马的大致形象。在黑龙江宁安上京遗址东宁县团结村、吉林省吉林市杨屯、俄罗斯滨海地区都出土过渤海铜马骑士像。"马的形象是长颈、短足、长脸、竖耳，类似今日鄂伦春人饲养的马。它适于穿密林，过草甸，和蒙古草原

① Э.В. 沙弗库诺夫等：《渤海国及其俄罗斯远东部落》，宋玉彬译，第 116~117 页。
② 吴桭臣：《宁古塔纪略》，收入杨宾等撰、周诚望等标注《龙江三纪》，黑龙江人民出版社，1985，第 260 页。
③ 《册府元龟》卷 971《外臣部》，第 11408 页。
④ 叶隆礼：《契丹国志》卷 14《诸王传·东丹王》，贾敬颜、林荣贵点校，上海古籍出版社，1985，第 150 页。
⑤ 《旧唐书》卷 124《李正己传》，第 3535 页。

图 3-4　俄罗斯滨海地区奥西诺夫卡等渤海遗址中出土的铜质马

资料来源：吉林省地方志编撰委员会：《吉林省志文物志》卷首图。

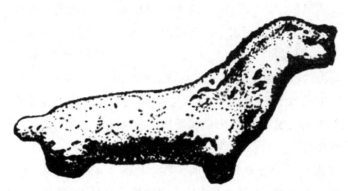

图 3-5　俄罗斯滨海地区奥西诺夫卡遗址出土的陶马

资料来源：奥克拉德尼科夫：《滨海遥远的过去》，莫润先、田大畏译。

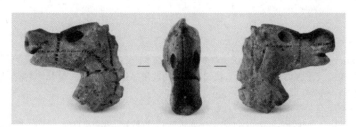

图 3-6　俄罗斯滨海地区克拉斯基诺城址出土的陶马首

资料来源：吉林省文物考古研究所等编著《俄罗斯滨海边疆区渤海文物集粹》。

上的高大健壮的马种不一样。"① 可能是因为渤海境内多山，所以才培养出这种适于山地的矮种马。

三 养牛

牛也是渤海人的主要家畜之一。关于渤海人养牛的情况文献上没有记载，但也有间接的反映。扶余人"以六畜名官，有马加、牛加、狗加……有军事宜祭天，杀牛，以蹄占其吉凶"②。可见，牛在扶余人的生活中占有重要地位。渤海国占有了扶余故地，并设置了扶余府，常屯劲兵捍契丹。因此，渤海人中应有很多来自于扶余，所以渤海也应该有牛。

在俄罗斯滨海地区渤海遗址中出土了大量牛骨，"在尼古拉耶夫斯克 2 号城址的下层堆积中，牛骨占家畜数量的 16%；在新戈尔杰耶夫斯克耶村落址出土的骨骼中，牛骨占所有家畜数量的 11.8%；在该城址的上层堆积中，牛骨的比例已经达到 19.6%；新戈尔杰耶夫斯克耶村落址的渤海堆积层中，牛骨占的比例达到 29.3%；在马里亚诺夫斯克城址，牛骨所占的比例增长到为 37.5%"。牛骨中既有幼年和未成年个体，也有成年和老年个体，说明渤海人养牛的目的有两个，一是宰杀食肉，二是用来从事拉车、拉犁等劳动。但未成年的牛骨占的比例越来越小，如在尼古拉耶夫斯克 2 号城址，渤海前期未成年牛骨占 42.3%，到晚期则降到 32.2%。③ 说明渤海人逐渐侧重于使用牛力来劳动，而不是宰杀食肉。

如上文所述，在上京遗址还发现了牛蹄铁，这进一步证明养牛有力役的目的。不过，总的来说，牛在渤海人生活中的重要性似乎不如汉族等农业民族，渤海人对力役的需求主要还是靠马。

四 养羊

肃慎族系本不养羊，南北朝的勿吉"多猪，无羊"④，但渤海有羊是可以肯定的，因为在渤海遗址中发现了羊骨。羊的数量很少，如俄罗斯滨海地区尼古

---

① 张泰湘：《黑龙江古代简志》，黑龙江人民出版社，1988，第 91 页。
② 《后汉书》卷 85《东夷传》，第 2811 页。
③ Э.В. 沙弗库诺夫等：《渤海国及其俄罗斯远东部落》，宋玉彬译，第 116 页。
④ 《魏书》卷 100《勿吉传》，第 2220 页。

拉耶夫斯克 2 号城址出土了疑是羊骨的骨片，只占各类家畜骨总量的 0.04%。[①]
当时，整个东北北部地区还没有养羊的习惯，渤海国西北方的室韦人"无羊少
马"，北方的黑水靺鞨人畜多豕，无牛羊。[②] 只有西南部的契丹羊多。这样看
来，渤海人极少养羊是完全可能的。认为渤海大量养羊的学者的主要证据，就
是陆游的《南唐书》卷 18《契丹传》中提到，由渤海遗民构成的东丹国曾与契
丹一起"持羊三万只、马二百匹"，到南唐出售。其实，以此为证据是有问题
的，因为它只是说东丹人与契丹人一同带了三万只羊和二百匹马，并没有说这
三万只羊中有多少是东丹人的，多少是契丹人的，可能其中绝大多数羊是契丹人
的，也可能羊都是契丹人的，只有马是东丹人带来的。

　　南北朝时期无羊，而渤海国就有了羊，说明当地的羊是隋至唐前期传入
的。西部草原地区的东胡族系早在秦汉以前就大量养了羊，"乌桓者，本东胡
也……其嫁娶则先略女通情，或半岁百日，然后送牛马羊畜，以为聘币"[③]。羊
在蒙语和满语中都为"浩尼"，可知渤海的羊是从西部草原地区传入的，当地
本来无羊，所以在引入羊时，连其名称也一并引入了。

　　渤海国所在的东北北部地区没有辽阔的草原，气候也比较温润，似乎不太
适合养羊，羊传入本地后一直没能有较大的发展。到 17 世纪末，作为渤海国
上京故地的宁古塔地区仍"无羊无骡，即有人带至，亦不能久"[④]。

五　养狗

　　狗是人类生产生活的助手。早在远古时代东北民族就成功地驯养了狗，20
世纪 70 年代，在伊敏河上游的一座原始时期墓葬中就发现了作为殉葬品的狗
骨。[⑤] 渤海人也养狗，有的狗被训练成狩猎工具，有的还被当作对外交往的礼
物。823 年 4 月 21 日，日本淳和天皇"幸神泉苑，试令渤海狗逐鹿，中途而休
焉"[⑥]。这只渤海狗就是渤海使团作为礼物送给日本的。

　　渤海人养狗还有另一方面的目的，就是以狗肉作为食物的补充，具有畜牧

①　Э.В. 沙弗库诺夫：《渤海国及其俄罗斯远东部落》，宋玉彬译，第 118 页。
②　《新唐书》卷 219《北狄传》，第 6178、6176 页。
③　《后汉书》卷 90《乌桓传》，第 2979 页。
④　《柳边纪略》卷 4，收入杨宾等撰、周诚望等标注《龙江三纪》，第 114 页。
⑤　林占德：《呼伦贝尔古代民族》，天马图书有限公司，2003，第 9 页。
⑥　菅原道真：《类聚国史》卷 194，转引自孙玉良编著《渤海史料全编》，第 301 页。

业的内涵。考古资料证明了渤海人有吃狗肉的习俗。在今俄罗斯尼古拉耶夫斯克2号城址出土了属于246只狗的860块狗骨，占出土家畜骨总量的25.8%。因为这些狗骨都属于未成年和成年个体，未发现有老年个体，[①]所以说，这些狗不是自然死亡，是被人宰杀的。由此可见，渤海人养狗不只是为了看家护院和当作狩猎助手，主要是为了宰杀吃肉，就和养猪一样。

渤海人常常把自己喜欢的食物当成祭品，献给神灵或先人。在俄罗斯远东阿波里科索沃渤海遗址中发现了并排放置的三具狗的头骨。沙弗库诺夫先生认为"这三具狗的头骨没有被劈开，显然不是用来提取脑子的。所以可以推测，狗头不是用来食用的，而是用来祭祀神灵以乞求得到优质的皮革"[②]。

六　养鸡

渤海人很可能饲养了鸡。在俄罗斯滨海地区尼古拉耶夫卡城址的渤海文化层中出土了一个公鸡塑像（见图3-7），"是用橙黄色粘土制作的，已残损

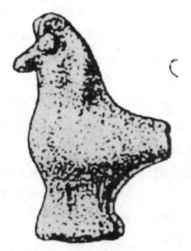

图3-7　俄罗斯滨海地区尼古拉耶夫卡城址出土的公鸡塑像

资料来源：列申科：《滨海地区渤海遗址中的粘土制品》，裴石译，载杨志军主编《东北亚考古资料译文集》第4辑。

---

①　阿列克谢耶娃、鲍日金：《滨海地区尼古拉耶夫斯克二号城址渤海居民狩猎业、饲养业材料》，载Э.В.沙弗库诺夫等：《渤海国及其俄罗斯远东部落》，宋玉彬译，第118页。

②　Э.В.沙弗库诺夫：《1996年对阿波里科索沃村落址的调查》，载杨志军主编《东北亚考古资料译文集·高句丽、渤海专号》，北方文物杂志社，2001。

了的造型。长长的躯干达4.6厘米，尾部向上弯曲；喙钝，向内弯曲"①。这是一件艺术品，不能凭它就说渤海人养了鸡，但艺术是生活的反映，如果不是日常生活中存在鸡，怎么可能信手就塑出来呢？另外，与泥塑鸡同时出土的还有猪、马等塑像，猪和马渤海确实有，想必不会单单鸡没有。至少可以说存在有鸡的可能。当时，东北亚地区养鸡已十分普遍，而渤海又与外界交往颇多，引入并饲养鸡完全是情理之中的事。确实，在各处的渤海遗址中没有发现鸡骨，这很可能不是因为渤海没有鸡，而是因为鸡骨太细小，容易腐烂，没有保存下来。

七　养鹿

在今黑龙江省海林市柴河镇群力村东南牡丹江岸的崖壁上有一组古代岩画。关于岩画的年代，一般认为是原始社会，距今3000多年。但陶刚和王清民先生认为，"群力崖画的年代，从内容和绘画技法上看，既无早期崖画的特征，也无明清时代的迹象，应推定为唐宋时期，认为群力崖画早到3000多年前的观点是值得商榷的。关于族属问题，因材料局限，无从详考。根据崖画的地望，年代和文献记载，作画人应是该区域古代民族中靺鞨或后来的女真人"②。笔者对这一结论深以为然。为验证这一结论，笔者参照了国内外大量被公认的原始时期岩画，觉得绘画普遍十分粗劣，人仅画出头躯四肢，略具人形而已，动物往往分辨不出是什么动物。而群力崖画则完全不同，人物、动物比例协调，形态传神，绝非原始崖画可比。唐宋时期，当地生活着渤海人和女真人。辽金时期，这里是远离经济、文化、行政中心的荒远之地，而岩画表现出了相当的绘画技巧，不但不可能是原始人之作，也绝非普通山野之人能为，极可能出自某文人画士之手，而文人画士不太可能来到如此偏远荒凉之地。但在唐代就完全不同了，这里距渤海国上京城仅一百千米左右，在上京经济圈内，当地有很多渤海遗址遗迹，距岩画不远的北边就有细鳞河和河口、振兴五期渤海遗址，足见当地在渤海时期是畿内繁华之地。文人墨客乘船游牡丹江，顺流而下，到此作画留念是正常的，情理之中的事。所以群力岩画最可能出自渤海人之手。如果

---

① 列申科：《滨海地区渤海遗址中的粘土制品》，裴石译，载杨志军主编《东北亚考古资料译文集》第4辑。

② 陶刚、王清民：《海林群力岩画再研究》，《北方文物》1990年第3期。

图 3-8　海林群力岩画

资料来源：陶刚、王清民：《海林群力岩画再研究》，《北方文物》1990 年第 3 期。

这一推定成立，那么说渤海人驯养鹿就无问题。画中共有三头鹿，带角的为公鹿，不带角、颈长腹大的为怀孕的母鹿，轻小的为幼鹿（见图 3-8）。一幅小小的画中共出现动物四只，只有一只为鱼鹰，其余三只都是鹿，说明鹿在当时人们生活中占有很重要的地位。最值得注意的是人与幼鹿部分，人张开双臂做迎接与欲拥抱状，幼鹿伸颈前来，表现出极亲昵温顺之状，足见该鹿不是野生，而是被人驯养的。可见，鹿也和猪、马、牛、羊、犬一样是当时渤海人饲养的家畜。

　　鹿的经济价值极高，肉可食，皮可制衣及其他皮革制品，茸是贵重的药材，经驯化后还可提供力役，直到近代，鄂温克人还用鹿拉车和骑乘，渤海人或也如此。另外，当地的自然环境为渤海人驯养鹿提供了条件。直到清初，地处原渤海上京地区的宁古塔鹿仍极多，"鹿凡山皆有，若成百成群，三二年乃一至，不知从何来"[1]。

---

[1]　张缙彦：《宁古塔山水记·杂记》，李兴盛、安春杰主编《何陋居集》，黑龙江人民出版社，1992，第 284 页。

第三节　加工制造业

一　铁的冶炼和铁器制造业

在渤海国的遗址中，普遍发现大量的铁器。据统计，在敦化六顶山20座墓葬中，出土铁器1596件。器物种类为生产工具、兵器、生活用具、建筑材料，具体实物有铲、镰、刀、矛、镞、甲片、镊、锁簧、钥匙、碗、盆、镯、带具、车輨、门枢、门鼻、桩、合页、环、铁钩、钉、钉垫、泡、八角形铁片、锥形器、盔顶、铁条等27种。[①] 可以说，铁器已经完全深入渤海社会经济的各个领域中。考古资料证明，渤海的这些铁器，不是从境外输入的。从开采铁矿到器物制造，都是由渤海人自己完成的。就是说，渤海人已经完全掌握了铁的冶炼和铁器制作技术。

（一）探矿技术

冶铁，首先要探矿，不找到铁矿，一切无从谈起。一般说来，可以利用的铁矿有埋藏在地下岩石中的铁矿石、土锭铁和沙铁三种。土锭铁和沙铁的探寻相对容易些。土锭铁即块状铁矿，多为磁铁矿，“土面浮出黑块，形似秤锤，遥望宛然如铁，捻之则碎土。若起冶煎炼，浮者拾之，又乘雨湿之后牛耕起土，拾其数寸土内者。”沙铁是细小的，掺杂在沙土中的铁矿，“凡沙铁一抛土膜即现其形，取来淘洗，入炉煎炼，熔化之后与锭铁无二也”[②]。俄罗斯学者分析了在尼古拉耶夫斯克2号城址出土的矿石，认为其化学特征与距离其60千米的新雅罗斯拉夫斯克产的呈矿接近。由于两地的地质构造接近，所以推测，“尼古拉耶夫斯克2号城址附近存在类似于新雅罗斯拉夫斯克矿产地的小的呈矿现象。这样的呈矿现象非常适宜于渤海工匠开采。完全可能，渤海的冶金劳动者在自己的实际工作中能够利用褐铁矿、铁夕卡岩（变质矿床群），后者是富含铁的磁铁矿”[③]。渤海国灭亡后，一部分冶铁工匠被辽掠到柳河馆地方，给契丹人冶铁。11世纪末，北宋王曾出使辽国，路过柳河馆，见到这些渤海遗民

① 中国社会科学院考古研究所编著《六顶山与渤海镇》，中国大百科全书出版社，1997，第112页。

② 宋应星:《天工开物》卷下《五金第十四》，岳麓书社，2002，第312页。

③ Э.В. 沙弗库诺夫等:《渤海国及其俄罗斯远东部落》，宋玉彬译，第127页。

开采铁矿的方法是"就河漉砂石，炼得成铁"[1]。这是典型的滤取沙铁矿。

埋藏在地下岩石中的铁矿石的探寻就不这么容易了，但古人在长期的找矿过程中，根据地下埋藏矿石对地表植物的影响，以及矿物的伴生现象总结出了一些规律。《管子》载："山上有赭，其下有铁。山上有铅，其下有银。山上有银，其下有丹……"渤海人也能利用这样的规律找到埋藏在地下岩石中的铁矿，在吉林省抚松县松郊乡新安村的渤海遗址中发现的碎矿石[2]就属这类。

探矿技术发展的结果就是渤海人找到了不少可供开采的铁矿，目前已发现的渤海国冶铁遗址如表3-1所示。一般情况下，人们不大可能费时费力地将铁矿石从产地运到别处冶炼，冶铁址应该就是铁矿址，这些铁矿隐藏在林海草地之中，如果没有过硬的探矿技术，是不会被发现的。

表 3-1 渤海国冶铁遗址

地点	基本情况	资料来源	备注
吉林省汪清县仲坪乡（今为白草沟镇）高城村	东西长16米，南北宽24米，高约0.5米的椭圆形炼铁渣堆积	吉林省文物志编委会：《汪清县文物志》，1984年内部印刷，第40~41页	
吉林省和龙市西城乡古城村	遗址东400米沟口处，发现大量炼铁渣，面积达1000平方米	吉林省地方志编委会：《吉林省志》卷43《文物志》，吉林人民出版社，1991，第64页	今天在该遗址西南30里处有卧龙铁矿
吉林省和龙市东城乡红星村圣教屯	发现大量炼铁渣	郑永振、严长录：《延边古代简史》，延边大学出版社，2000，第85页	
吉林省抚松县松郊乡新安村	东西长30米，堆积厚0.6米左右，土层中夹有大量烧土、铁渣、碎矿石，有的烧结成大块	国家文物局主编《中国文物地图集·吉林分册》，中国地图出版社，1993，第139页	出土了赤铁矿石
吉林省和龙市勇化乡惠章村	面积1000余平方米，地表散布着大量铁渣	国家文物局主编《中国文物地图集·吉林分册》，中国地图出版社，1993，第215页	
俄罗斯滨海地区尼古拉耶夫斯克	有"熔化铁矿石的迹象"	沙弗库诺夫等：《渤海国及其俄罗斯远东部落》，宋玉彬译，东北师范大学出版社，1997，第119页	距此60千米处，有今天的铁矿
朝鲜咸镜北道茂山郡一带（渤海位城）	文献记载出产优质的"位城之铁"	《新唐书》卷219《渤海传》，中华书局，1975，第6183页	
黑龙江省依兰县一带	产铁	史料无明确记载，由《新唐书·渤海传》中"铁利府"的名称推来	这里今天仍有铁矿

[1] 叶隆礼：《契丹国志》卷24《王沂公行程录》，上海古籍出版社，1985，第230页。

[2] 国家文物局主编《中国文物地图集·吉林分册》，中国地图出版社，1993，第139页。

（二）冶炼技术

古人炼铁大体有生吹、高炉、坩埚炉三种方法。渤海人用的是生吹法，或称块炼法，学名则是固体还原法。所谓生吹法就是在地面或半地下修筑炼炉，把燃料（一般为木炭）和铁矿石放在炉中，让它们直接接触。铁矿石的主要成分是氧化铁，木炭燃烧产生一氧化碳，正是氧化铁的还原剂，在不高的温度下（约 1000℃），就可使氧化铁还原成固态海绵铁。生吹法冶铁在技术上有三个关键，即筑炉、鼓风和添加剂的使用。保存下来的略具渤海冶铁炉基本形态的有 2 个，一个在俄罗斯滨海地区尼古拉耶夫斯克 2 号城址，另一个在河北省滦平县白旗乡半砬子东沟村，严格地说后者是辽代的冶铁址，但其从业者都是渤海遗民，反映的是渤海的铁冶技术，单从技术上讲，可以归类为渤海冶铁。

熔炉不能太大，太大则通风不好，碳燃烧不充分，炉温上不来；也不能太小，太小则容纳矿石太少，效率不高。比较适中的规格为直径 1~3 米。渤海的冶铁炉正合于这个规格。尼古拉耶夫斯克 2 号的冶铁炉"呈长方形，规格 1.3 米 ×3 米"[①]。河北滦平的冶铁炉"基本为圆形，直径 1.9 米……炉体残高 70 厘

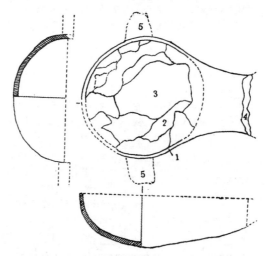

图 3-9　河北滦平辽代渤海冶铁炉示意图

资料来源：承德地区文物管理所、滦平县文物管理所：《河北滦平辽代渤海冶铁遗址调查》，《北方文物》1989 年第 4 期。

---

① 阿尔德米耶娃等：《渤海时代滨海地区居民的物质文化》（下），宋玉彬译，《东北亚历史与考古信息》1996 年第 2 期。

米"（见图 3-9）。炉体的大小绝不是随意为之，而是工匠们根据燃料的火力、通风能力等方面的情况精心设计的，它体现了渤海冶铁水平的一个重要方面。

炉体的修筑首先要保温，同时也要考虑到坚固和经济性。渤海人因地制宜，几个方面都兼顾到了。如，河北滦平的"炉子采用的是泥筑法，被当地群众称作'泥拌珠'的草拌泥，为黄土掺草合成，用其砌筑炉体既坚固又保温，既经济又实用"①。熔炉必须有通风口，以促进燃料燃烧，没有通风口就不能完成冶炼过程。多数情况下，仅有通风口利用自然风还不够，还要人工鼓风。上文提到的两个渤海冶铁炉都有通风口，由于证据缺失，我们尚不能确定这通风口是自然风还是用鼓风设备鼓风。如果是鼓风，那么渤海的冶铁技术就又上了一个新台阶。

中国古代在冶铁方面有一项世界领先技术，即炼铁时添加石灰作碱性熔剂。这有助于降低炉渣熔点，提高炼渣的熔化性和流动性，也可以起到一定的脱硫作用。欧洲直到 16 世纪才开始了解这一技术。渤海人已能够十分熟练地运用这一技术。从河北滦平的渤海冶铁遗址的炉渣中可以看出，"已经是按照重量比例，在配料中加进了一定数量的石灰石做为碱性熔剂，起到助熔和脱硫作用，从而加强了炼渣的熔化和流动性。可以判定，当时的渤海冶铁匠人不仅对矿石的性能有了一定的科学认识，而且掌握了比较稳定的冶炼技术"②。

关于渤海的冶铁用什么燃料，从现已发现的渤海冶铁址的遗物上看是木柴或木炭。渤海人已经开采和使用煤了，在俄罗斯克拉斯基诺一处瓦窑遗址发现了烧过的褐煤块，但在冶铁遗址没有发现煤。③说明渤海人是用木柴或木炭做燃料的。铁矿石熔化为生铁是 1146℃，炼成纯铁，就是钢则需达到 1537℃。燃烧木柴或木炭达到 1146℃ 并不难，所以冶炼生铁不难，但要达到 1537℃ 就不那么容易了。渤海人既然能够炼出较为纯净的铁，说明他们在高炉的保温、炉火的吹风等方面有相当的技术。

与中原地区相比，渤海的冶铁技术并不高。中原地区几百年前就用上了

---

① 阿尔德米耶娃等：《渤海时代滨海地区居民的物质文化》（下），宋玉彬译，《东北亚历史与考古信息》1996 年第 2 期。

② 阿尔德米耶娃等：《渤海时代滨海地区居民的物质文化》（下），宋玉彬译，《东北亚历史与考古信息》1996 年第 2 期。

③ Э.В. 沙弗库诺夫等：《渤海国及其俄罗斯远东部落》，宋玉彬译，第 143 页。

更为先进的高炉，而他们还使用比较落后的生吹法，但他们在东北地区是先进的，所以渤海国灭亡后，辽政权还主要役使渤海工匠从事冶铁和铁器制造业。

（三）铁器制造技术

有了铁就可以制造铁器了，铁器的制造有锻造和铸造二法，这两种方法的关键技术渤海人都掌握了。

从出土的器物看，渤海人使用锻造法相对多一些。锻造法即将在生吹炉上得到的海绵铁反复加热锤打，一来挤出废渣，二来使碳渗透均匀，提高硬度和韧性，然后再锤打成所要的器物。渤海人的锻造技艺较高。俄罗斯学者研究了出土的渤海锻造铁器，发现它们"质量相当好，炼渣等夹杂物的含量一般都不大。这大概说明，渤海的锻工有相当的专业水平。他们在制造尺寸很小的锻件时，已经善于正确地选择必需的热能用量。能证明在锻造过程中由于加热过度而出现的魏氏组织结构的样品，目前一件也没有发现。所有这些，都是证明当时的锻造生产技术水平高的证据"[1]。这一评价并非言过其实，渤海人的冶铁技术较中原落后，但铁器锻造技术与中原地区几乎不相上下。

锻造优质铁器的工艺十分复杂，其中的几个关键工序渤海人都掌握了，这一点可以从其使用的工具中看出来。在俄罗斯新戈尔杰耶夫卡渤海遗址中出土了锻工钳、錾子和锉。锻工钳是用来夹住加热后的铁块，以便进行锤打的工具，锤打是锻造任何器物的基本工序。錾子是用来割断、挖槽沟或刻画的工具，属器物的细加工用具。"錾子的背面被砸成'铆钉帽'形，这证明它在工作中被频繁地使用"。锉也是用来进行精细加工的，"锉纹是手工錾刻的，齿距相等，均为 0.3~0.4 毫米"。能造出这样精细的锉本身就反映出渤海人工艺之不一般。另外，不少渤海铁器上都有大小不一的透孔，列尼克夫认为渤海工匠使用了专门的透孔工具——冲子。这也是锻造过程中的一项重要工艺。[2]

渤海工匠还十分熟练地掌握了淬火技术。淬火是金属器锻造的重要步骤，即将经高温打造的器物放入液体中，使之迅速冷却，能加强硬度，同时保持其韧性。制造不同的器物，用的淬火介质也不同。"分析的结果可以肯定，渤海

---

① 列尼克夫：《渤海人的黑色金属冶炼业和加工业》，王德厚译，载杨志军主编《东北亚考古资料译文集·渤海专号》，北方文物杂志社，1998，第 144 页。

② 列尼克夫：《渤海人的黑色金属冶炼业和加工业》，王德厚译，载杨志军主编《东北亚考古资料译文集·渤海专号》。

锻工的热处理工艺已经相当完善。证明在热处理过程中金属加热过度的组织结构目前尚未见到。应当肯定，淬火的方法取决于制品的用途。工匠们选用不同的淬火物质：水、油、油脂或直接在空气中冷却。"① 有时，淬火后还要再回火，渤海工匠也了解这一工艺。宁安虹鳟渔场出土的一把铁刀就"经过热锻淬火回火"②。在俄罗斯远东渤海遗址出土的一组铁箭镞经分析也表明，"最后的工序是淬火后又经过高温回火（温度在 500℃~700℃）处理。"③

渤海工匠的熔焊技术也值得一提。在俄罗斯新戈尔杰耶夫卡出土的穿甲镞是用熔焊工艺制造的，焊缝十分严密，"在显微镜下才能看到"。"锻工把铁和钢做成的两个半成品熔焊后，再把它锻成箭头，然后以在空气中慢慢冷却的方式进行硬化处理。这样的过程可称为正火过程，这也是在制品加工规程中可选用的最佳方案。"④ 熔焊在今天也是锻造过程中一项较难的工艺，渤海人能够基本掌握就已经很不容易了。

最能体现渤海工匠水平的是刀的锻造。刀要锋利，就要用硬度高的钢材；而刀又需一定的柔韧性和弹性，以防折断，就要用硬度稍小的熟铁。宁安虹鳟渔场渤海遗址出土的刀表明，为解决这一矛盾，渤海工匠采用了不同含碳量材料叠加锻打的方式，即将硬度高的高碳钢或中碳钢，以及硬度较小的熟铁或低碳钢分别锻打成片状长条，把后者放在上下，前者夹在中间，然后再加热锻打，则刃部坚硬锋利，通体则又不乏弹性，完全合乎要求。⑤

铸造是把熔化的铁水倒入预先准备好的槽具中来制造器具。铸造因为不需锻打，不用担心在锻打过程中开裂，所以对铁原料的韧性要求不高，用火候不甚高的生铁就可以，所以制造相对容易些，因而被广泛采用。已经发现的渤海铸铁制品有锅、碗、犁铧、钟、车辖、轮毂等。有些铸件的铸造工艺也比较复杂，如锅、铧等。"大概是在可拆卸的模、范中进行的，而铸造过程是用不同

① 列尼克夫：《渤海人的黑色金属冶炼业和加工业》，王德厚译，载杨志军主编《东北亚考古资料译文集·渤海专号》。
② 黑龙江省文物考古研究所编《宁安虹鳟渔场——1992~1995 年度渤海墓地考古发掘报告》，第573 页。
③ 列尼克夫：《渤海人的黑色金属冶炼业和加工业》，王德厚译，载杨志军主编《东北亚考古资料译文集·渤海专号》。
④ 列尼克夫：《渤海人的黑色金属冶炼业和加工业》，王德厚译，载杨志军主编《东北亚考古资料译文集·渤海专号》。
⑤ 黑龙江省文物考古研究所编《宁安虹鳟渔场——1992~1995 年度渤海墓地考古发掘报告》，第575 页。

的装置分几个阶段完成的。"①

　　总之，渤海人已经掌握了比较成熟的铁冶炼和铁器加工技术。考古工作者对西古城出土的渤海铁钉进行了金相检测和扫描电镜 –X 射线能谱仪检测，其如下结果可以让我们对渤海的铁工艺有一个概要的了解。（1）冶炼温度不均衡。（2）冶炼所用燃料为木炭。（3）含硅量普遍较高。这与冶炼所用铁矿石中二氧化硅含量、冶炼炉温等条件有直接关系。（4）具有比较成熟的夹钢工艺。利用不同含碳量的材料进行叠加锻打，以得到需要的强度和韧性。这也反映出当时工匠对于所采用的材料性能有足够的认识并积累了丰富的经验。（5）具有比较规范的工艺。采用了热加工、渗碳、淬火等工艺，铁钉的工艺与现代 20 钢的热加工和热处理工艺规范已比较接近。（6）所选材料具有较好的锻压比。铁钉多为熟铁和含碳量在 0.1%~0.2% 的低碳钢的锻件，含碳量在这一范围的材料都具有比较好的锻压性能。（7）能炼高强度锰钢。②

二　铜、青铜的冶炼与加工

　　与铁相比，渤海人的铜冶炼和铜器制作技术更成熟。渤海人能炼优质熟铜，自给有余，还输出到唐。《册府元龟》卷 999《互市》载，文宗开成元年（863）六月，"淄青节度使奏：渤海将到熟铜请不禁断"。唐的铜冶业和其他众多行业一样，都代表着东亚最高水平，渤海的铜能在唐打开市场，受到唐人的喜爱，足见其冶炼水平不低，产量也相当可观。

　　在渤海遗址中出土的铜器很多，主要是生活用品、装饰品、建筑构件及宗教用品，有剪刀、镊、带扣、纽扣、簪、耳环、手镯、锅、碗、钵、匙、锁、合页、铃、盒、骑士像、佛像等几十种。与铁相比，铜主要用于一些细小物件的制造，兵器和大型农具基本不用铜。

　　渤海国的一个大型铜矿开采和冶炼中心在今吉林省白山市错草顶子乡立新村。1984 年，在这一带面积约 10 平方千米的广大范围内，发现散布着冶铜址近百处、巨大的铜渣堆及古矿洞多处。考古工作者认为这是一处高句丽、渤海

---

① 列尼克夫：《渤海人的黑色金属冶炼业和加工业》，王德厚译，载杨志军主编《东北亚考古资料译文集·渤海专号》。

② 吉林省文物考古研究所等编《西古城：2000–2005 年度渤海国中京显德府故址田野考古报告》，文物出版社，2007，第 359~360 页。

时期的铜矿遗址。[①] 从有近百处冶铜址这一点看，当时这个铜矿产量很高，应当是渤海铜的主产地。在此遗址以北仅 2 千米处，就是现代的临江铜矿。

在距该遗址不远处的临江市六道沟镇冰湖村的山上，考古工作者发现了遍布满山的铜渣堆，推测也是高句丽、渤海时期的。这里应该和立新村遗址属同一个矿系。

渤海国的三个"独奏州"中有一个铜州，当然是因为这里盛产铜才得名。因为铜很重要，所以渤海国才把铜州列为由中央直辖的"独奏州"。谭其骧先生把铜州定位于今黑龙江省宁安至吉林省汪清县之间。[②]

渤海的另一个铜冶炼制造中心在今黑龙江省东宁县大城子一带。这里有一座渤海古城址，有人认为是渤海率宾府遗址。该遗址出土有铜炼渣，说明这里有铜冶炼业。该遗址出土了大量的铜器，远比一般的渤海遗址多，计有鎏金铜铺首 2 件、鎏金铜带子婴 3 件、铜带子婴 7 件、鎏金铜带子婴垫 5 件、铜带扣 5 件、鎏金铜铰链 2 件、鎏金铜锁 1 件、铜器盖 1 件、铜镜 1 件、铜盒 1 件、铜佛 2 个、鎏金舍利铜函 1 件。[③] 值得注意的是，这里出土了一个圆柱形铜锭，是红铜。而制造铜器不是用黄铜就是用青铜。铜矿石冶炼出来的铜是红铜，红铜质地较软，又缺乏韧性，只有加入锌变成黄铜，或加入锡变成青铜才经得起锻打，制成各种器物。就是说，铜器生产工艺流程是这样的：铜矿经过冶炼成为红铜，红铜加入锌、锡制成黄铜和青铜，然后才打造或铸造铜器。红铜的发现，使大城子遗址的工艺流程完整了。这证明大城子确是渤海国集冶炼、加工制造于一体的铜业中心之一。

铜的熔点是 1083℃，比铁低得多。即使使用木柴或木炭为燃料，熔化铜成液态也比较容易，所以制造铜器多采用铸造的方式。在渤海上京龙泉府宫城内出土过 2 个用于熔化铜的陶质坩埚，其中一个里面还有一块熔铜。[④] 熔化了的铜汁倒入模具中，就铸出了铜器。这种模具在渤海遗址中也有发现。在黑龙江省海林市三道河子乡河口村的渤海遗址中出土了一个陶质模具，长 13.2 厘米、宽 5.6 厘米、厚 4 厘米，推测是铜牌饰或带饰的模具。[⑤] 另外，据沙弗库诺夫先

① 张殿甲：《鸭绿江中上游高句丽、渤海遗址调查综述》，《北方文物》2000 年第 2 期；国家文物局主编《中国文物地图集·吉林分册》，第 133 页。

② 谭其骧主编《中国历史地图集》第五册，中国地图出版社，1982，第 78~79 页。

③ 张泰湘：《大城子古城调查记》，《文物资料丛刊》第 4 辑。

④ 黑龙江省文物考古研究所：《渤海上京龙泉府宫城内房址发掘简报》，《北方文物》1987 年第 1 期。

⑤ 黑龙江省文物考古研究所、吉林大学考古系编《河口与振兴——牡丹江莲花水库发掘报告》，第 50 页。

生的研究，渤海工匠在铸造薄片形的牌饰时还使用了蜡范技术。[①] 已发现的渤海铜器做工精细、表面光滑，说明渤海人的铜器制造技术已很成熟。

渤海的青铜制造业也很发达。青铜一般是在铜里面加锡、铅制造而成的。青铜不但与黄铜一样有韧性，硬度也比较高。渤海人一般用青铜来制作一些装饰用和宗教用的细小物件，如牌饰、带銙、手镯、簪、钗、耳环、带钩、佛像等。

制造青铜器需要锡。俄罗斯远东地区锡矿丰富，现在正在开采的锡矿就有35处。古代人也在这里开采锡矿。在滨海地区蚂蚁河河口遗址，从铁器时代前期的房址内出土有锡块。[②] 渤海的锡可能也来自这里。

三　金银的冶炼与加工

渤海的金器出土不少。有钵、带具、耳环、龙首形饰物、金花饰件、指环等很多种。这些金制品有的是从境外输入的，有的则是渤海人自己制作的。

渤海人是否开采金矿、冶炼黄金，考古发掘目前还没能提供确切的证据。但从渤海所处的地理环境和所拥有的金属冶炼技术上看是完全可能的。在今吉林省桦甸市到靖宇县一带有一个范围广、埋藏浅的金矿带。渤海时，这里当属中京显德府辖，正是渤海腹地。另外，在今黑龙江省勃利县黑背地方也有易于开采的浅金矿，这里也在渤海国境内。渤海境内有这么丰富的金矿，以渤海人的探矿和开采技术（这一点可以从其冶铁业和冶铜业知道），开采利用是完全可能的。那么为什么没有发现渤海人冶炼黄金的遗址遗迹呢？这可能是因为与铁铜相比，金的冶炼规模太小；炼渣等弃物也少，不容易被发现。当然，这只是一种推测，事实如何，还需要考古发掘来证明。

渤海的金器制作水平很高，能够制作出十分精美的器物。如，1971 年在吉林省和龙县八家子镇河南村的墓葬中出土了金带、金带扣、金钗、金耳环及其他饰件共计近三百件。这些器物做工都很精细，就连镶在带具或刀鞘上的很小的金花饰件都做得十分仔细，翻出多种花样，有桃形、花形、盾形、云纹形、漫丘形等。而最能代表渤海金器制作水平的要数 1988 年在上京遗址出土的一尊小金观音菩萨像了。这尊菩萨像为立式，双脚站在莲花托上，眉目清晰生动，

---

① Э.В. 沙弗库诺夫等：《渤海国及其俄罗斯远东部落》，宋玉彬译，第 138 页。

② 小岛芳孝：《渤海的产业和物流》，陈国庆译，载杨志军主编《东北亚考古资料译文集》第 4 辑，第 134 页。

头顶发髻，身上内着"僧祇支"，外披袈裟，内衣外衣层次清楚，连袈裟的褶纹都条条可辨，左手还提着一只长穗净水瓶。如此复杂的人物形象却只有5厘米高，加上下面的莲花托也不过7厘米，足见其做工之精细。

渤海人长于鎏金技术。在渤海遗址和墓葬中出土了很多鎏金的铜器和银器，主要是各种首饰和装饰的小配件。鎏金不但可以使器物更加光亮美观，还能防止氧化生锈，延长使用寿命，是金属器物制造的一项重要技术。

渤海人银器制造的水平很高，出土的银器有簪、耳环以及其他小饰物，也有金花银碗、鎏金錾花银把杯、鎏金錾花银盘等做工复杂精美的银器。渤海人还向唐献过"金银佛像各一"[1]，想来工艺也一定不低。尤其值得一提的是，在上京龙泉府遗址出土的舍利函里的两个银盒。大的银盒呈桶状方形，高8.5厘米，盒有盖，用合页连接在盒身上。盖用一个不足3厘米长的十分小巧精致的六棱形小银锁锁着。这样细小精致的锁，没有高超的技术是加工不出来的。盒盖和四壁都刻着形象十分生动的人物、花饰等纹饰。在这个银盒里面又装着一个更加小巧的桃状银盒。[2] 这两个银盒充分展示了渤海人银器制作技术的高超。

渤海人制作银器用的银也是渤海自己生产的。辽有银州，为产银之地，"本渤海富州，太祖以银冶更名。"其下辖之新兴县"本故越喜国地，渤海置银冶，尝置银州"[3]，说明富州是渤海国的银产地。怀远府应在今俄罗斯滨海州地区，富州属怀远府，当然也在滨海州，但具体地点无法确定。朴时亨先生认为："今滨海州达利涅列琴斯克及其他地区有很多朱锡、白蜡（朱锡和铝的合金）铅、锌等有色金属的合金矿，却未见银矿的传闻。那么，渤海怀远府富州的银或许指的不是银，而指这些有色金属，或者当时曾开发过一定的银，但以后开采完后无存，或失传至今再未发现，无从知晓。"[4] 笔者认为，朴时亨先生的后一种说法可能是合理的，即渤海、辽时该矿矿石开采完毕，所以现在没有了。富州的银矿可能是浅层小矿，储量不大，经过渤海人和辽多年的开采后枯竭了，所以现在无存。

渤海人还掌握了金银平脱技术。所谓金银平脱是指在木或竹器上涂漆，把用金银丝、片制成的花纹图案镶入漆层里，上面再涂漆覆盖，然后打磨漆面，

① 《册府元龟》卷971《朝贡五》，第11471页。
② 宁安县文物管理所、渤海镇公社土台子大队：《黑龙江省宁安县出土的舍利函》，载文物编辑委员会编《文物资料丛刊》（2），文物出版社，1978。
③ 《辽史》卷38《地理志二》，中华书局，1974，第469页。
④ 朴时亨：《渤海史》，金日成综合大学出版社，1979，第212页。

就露出了金银丝、片构成的图案，这种纹饰漂亮又耐久。渤海人不但用金银制造各种用具，还用金银来装饰其他器物。在上京龙泉府遗址出土的舍利函里有一个漆匣，上面的图案就是用银平脱技术镶上去的。虽然匣大部分已朽坏，但银平脱花纹仍栩栩如生，非常精美。金银平脱是手工业中的一项重要技术，渤海人显然熟练地掌握了这一技术。

四　窑业

在任何一个渤海遗址、墓葬中，出土最多的物品大都是陶瓷器物。人们的日常生活离不开碗、碟等用品，好的建筑又都离不开瓦和砖，所以窑业是与渤海人日常生活息息相关的重要手工业。

（一）陶器

1. 无釉陶

目前所见的渤海陶器绝大部分是无釉陶。有砖、瓦等建筑材料，有砚台等文化用品，有佛像、鼎等宗教和祭祀用品，最多的是人们日常生活中常用的碗、盘、盆、锅、缸、勺、罐、钵等，还有网坠、纺轮、坩埚、模具等工具，基本上包括社会生活的方方面面。

第一，瓦和砖。瓦和砖也属陶器，它们的烧制过程和其他陶器一样。已经发现的渤海瓦窑比陶窑多，共有吉林珲春甩湾子、图们新兴洞、长白民主、俄罗斯滨海地区的克拉斯基诺等 6 处，而且规模也较大。最大的瓦窑在黑龙江省宁安县杏山乡牡丹江右岸的梁家村，从这里顺牡丹江东北行 15 千米就是上京龙泉府。在这里建窑，显然是为了利用牡丹江水路将烧成的瓦运到上京城。该窑址不是一座窑，而是由十几座窑组成的窑群，窑与窑整齐地排列，间距约 1.3 米，呈长条形。窑的设计巧妙，建在沙岗的南坡上，利用南低北高的地势，将火口建在低于地面的南面，利于燃烧。"窑室内的烟火分散从三个烟道口进入烟筒，这样即可以使窑内砖瓦烧烤得均匀，又利于通风排烟，使窑内温度保持平均，保证了产品质量。"从出土的遗物看，这个窑可烧筒状瓦、瓦条状瓦、鞍状瓦、轮状莲花瓦、瓦当、长方形砖和圭形砖。另外从出土的一些灰陶片的情况看，该窑可能也烧制少量的陶器。

据推算，该窑群每窑一次需时 7~10 天，可烧 500~600 块大型板瓦或相同数量的大型方砖。那么这个窑群一次就可烧至少 6000 块的瓦或砖，这个产量在当时当然相当可观，上京城所需的瓦和砖无疑就是在这里烧的。[1]"该窑年产砖瓦千万块以上，至少需 100 多劳力分别从事掘土、选料、和泥、制坯、晾晒、着色、挂釉、装窑、看火、出窑、保管及采伐运输燃料等多种工序和作业，应为内部分工精细的大窑场。"[2]

制瓦的工艺过程是"将瓦坯子置于单独的粘土质的长条形模具里，通过绳编草帘覆盖，用木槌敲打，然后模压出木槌的印痕"[3]。木槌敲打的工艺虽然简单，却十分科学。敲打可以减少成品外表气孔率，使瓦又均匀又薄，提高晾干和焙烧的稳定性，使机械收缩率最小化，从而改善其防渗水性、强度和热物理学性能。当时，包括唐在内的东亚国家普遍使用这种方法。渤海工匠还掌握了简单实用的使瓦的颜色不脱落的技术。比如庙顶的柳瓦，"这种瓦的凸面涂有一层桔绿色的颜料。颜料乃是赭石或者褐铁矿，即铁的天然氧化物。用显微镜观察赭石在瓦上就像漫射入瓦内的细小潜晶质微粒。这种现象是由赭石具有与其他物质相互牢固粘着的特性所决定的。因此，用不着采取什么特殊方式把颜料固定在瓦上。另外，赭石在纯净状态下并不为水所浸。所以，当搅入赭石的粘土泥浆干涸时，赭石在瓦的表面上才会形成一层薄膜，而且不会为水冲刷掉"[4]。

从各地渤海遗址发现的大量残砖残瓦看，其类型多样，规格不一，火候很高，坚固耐用，而且全系模制，为批量生产。

第二，陶器。各种质地的陶器在社会生活中需要的量很大，所以烧陶器的窑应当很多，但到目前为止，只发现了六道泡和科尔萨克夫卡两处。

科尔萨克夫卡遗址位于俄罗斯滨海地区乌苏里斯克区科尔萨克夫卡村，在该遗址发现了三处陶窑。其中一处保存良好，基本是原样，展现了渤海国陶窑的全貌。窑由燃烧室（火膛）、焙烧室（窑室）和烟囱三部分组成。三部分沿同一轴线串连在一起，制好的陶坯放在焙烧室中，在燃烧室中燃火，掌握好火

---

[1]　黑龙江省文物考古研究所编《渤海砖瓦窑址发掘报告》，《北方文物》1986 年第 2 期。

[2]　魏国忠、朱国忱：《唐代渤海的社会经济》，载平准学刊编辑委员会主编《平准学刊》第 4 辑上册，光明日报出版社，1989。

[3]　T.A. 瓦西里耶娃：《滨海地区渤海文物资料研究中自然科学方法的运用》，车霁虹译，《北方文物》1997 年第 2 期。

[4]　T.A. 瓦西里耶娃：《滨海地区渤海文物资料研究中自然科学方法的运用》，车霁虹译，《北方文物》1997 年第 2 期。

候，就可以烧制出陶器了。

从技术角度讲，陶器可分为釉陶和无釉陶两种，绝大多数都是无釉陶，所以先谈谈无釉陶。

陶器制作大体需要三个步骤：配制陶泥、制成陶坯、烧制成型。配制陶泥是一种很有技术含量的工作，不同的配料、不同的搭配比例，烧制出来的陶器质量大不相同。比如，在俄罗斯滨海地区渤海遗址中出土了一批手制陶器，以岩相学分析了其中的 20 件，"在制作时分别使用了不同的粘土：有水云母粘土、高岭土、高岭土和水云母混合粘土。陶土中含铁质氧化物乃是这类陶器的共同特点……陶土与磁化剂的比例不尽相同。其中 18 种样品的粘土含量占 70%~80%，有 2 件 60%。磁化剂的相对含量则分别为 20%~30% 和 40%。陶泥搭配相当准确而稳定，显然下过功夫"[①]。这种搭配主要是为了器物的坚固。如果要注重美观则是另一种搭配法。比如轮制陶器的一种，"陶泥只用一种或两种粘土，没有添加任何磁化剂。通常是高岭土和含有大量（多于 60%）氧化铁的水云母粘土。这种陶泥制成的陶器焙烧后，器物表面摸上去使人感到柔和而又光滑"[②]。要让器物强度更大，则须在陶土中加入石棉，如在朝鲜东海岸渤海遗址中出土的陶锅就是这样。[③] 焙烧程序也很关键，大体说来，炉温高则烧出来的器物质量好，"渤海工匠在焙烧陶瓦时其窑温可达 1100℃（尽管不稳定），在陶器生产中这已经是很高的工艺水平了"[④]。渤海人陶器制作的工艺在一些方面已经达到或接近当时东亚的先进水平了。

关于制作技术，按俄罗斯学者的分类法，渤海的陶器可分为手制、慢轮制和快轮制三种。[⑤] 轮制比手制质量更好，效率更高，因而由手制到轮制是陶器制造技术的一大飞跃。长白山以北地区之前没有轮制陶器，是渤海人把轮制技术传到了这一地区。

---

① O.B. 季娅科娃：《滨海地区渤海文化的陶器》，林树山、姚凤译，载杨志军主编《东北亚考古资料译文集·渤海专号》。

② O.B. 季娅科娃：《滨海地区渤海文化的陶器》，林树山、姚凤译，载杨志军主编《东北亚考古资料译文集·渤海专号》。

③ 金宗赫：《朝鲜东海岸一带的渤海平地城和山城》，李云铎译，《东北亚历史与考古信息》2003 年第 1 期。

④ 格尔曼、博尔金、扎利夏克等：《颇具前途的一种方法——克拉斯基诺古城址出土陶瓦的岩相学研究》，林树山、姚凤译，载杨志军主编《东北亚考古资料译文集·高句丽、渤海专号》。

⑤ O.B. 季娅科娃：《滨海地区渤海文化的陶器》，林树山、姚凤译，载杨志军主编《东北亚考古资料译文集·渤海专号》，第 92 页。

2. 釉陶

釉陶的出现是陶器制作的一大进步，陶器上了釉会大大减少吸水率，也增加了亮度和光滑度，使其更加美观。

釉陶技术的关键是釉原料的选用。不同的釉料烧出来的颜色不同，质量也不同。俄罗斯学者分析了在俄远东滨海地区出土的渤海釉陶，认为"按照物理、化学性能，所有器物的特点是施两种釉：软性含铅釉和硬性高烧点的长石釉。软性粘土质瓷土焙烧料或普通陶器适宜施前一种釉，硬性瓷土器、细石质瓷土陶器以及半瓷性器物、瓷器适于施后一种釉"[1]。在釉料中加入铅则是釉陶工艺的杰出成就。铅是一种助熔剂，可以降低釉的燃点，便于烧制，还可使釉面增加亮度，平整光滑。这一技术出现于汉代中原地区，到唐代发展完善，普遍应用，渤海人显然是从唐学到了这一技术。釉料中加铜，烧出来的釉陶为绿色，加铁则为黄褐色或棕红色。已发现的渤海釉陶器多为绿色，所以其釉料中加了铜。此外，渤海工匠还以黑曜石为釉。俄罗斯学者"奥夫相尼科夫教授利用岩石学的特征和带釉物品的化学成分资料，认定渤海工匠制造的釉是用碎小的研磨过的黑曜石制成的，这种不同形状的黑曜石块在许多渤海遗址中经常见到"[2]。这或许是渤海工匠的创举吧。

釉陶技术的高级阶段是三彩技术。它以铅氧化物作助熔剂，用含有铜、铁、钴、锰等元素的矿物作着色剂，在窑内高温状态下，熔融的各种金属氧化物扩散流动，彼此混合，形成多彩釉，颜色有绿、黄、蓝、白、赭、褐等，虽谓三彩，实为多彩。唐是中国三彩器烧制技术发展的一个高峰。

釉色的合成和陶器的烧制实质都是化学反应的过程，这说明渤海人有一定的化学知识。虽然他们还不了解这些反应的原理，知其然不知其所以然，但能熟练地运用其结果，亦属难能可贵。

三彩器是釉陶的极品之一。烧制三彩陶是当时东亚地区一个潮流，最具盛名的是唐三彩、新罗三彩、日本奈良三彩和渤海三彩器。上京遗址出土的三彩熏香炉质地与著名的唐三彩相比也不逊色。三彩陶要求的材质较高，必须是白色黏土做坯；烧制工艺复杂，要求的技术水平很高。器物泥坯制成后，先"入窑烧至1100℃左右，然后再对陶坯上彩，进行釉烧，烧至900℃即成。釉烧的

---

[1]　盖尔曼：《渤海的釉陶及瓷器》，宋玉彬译，载杨志军主编《东北亚考古资料译文集·渤海专号》。

[2]　T.A.瓦西里耶娃：《滨海地区渤海文物资料研究中自然科学方法的运用》，车霁虹译，《北方文物》1997年第2期。

温度较低，使铅釉中的铜、铁、钴等元素经过烧制而分别出现绿色、黄褐色和蓝色"①。事实上，渤海国的三彩陶不仅是三色，有紫、褐、绿、黄、蓝、红等多种颜色。②在各地的渤海遗址中发现了不少三彩器（见图3-10、图3-11）。

图3-10　吉林省和龙市渤海墓葬出土的三彩男俑、三彩女俑

资料来源：吉林省文物考古研究所、延边朝鲜族自治州文物管理委员会办公室编《吉林和龙市龙海渤海王室墓葬发掘简报》，《考古》2009年第6期。

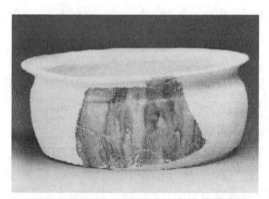

图3-11　渤海上京龙泉府遗址出土的三彩釉陶罐

资料来源：黑龙江省文物考古研究所、牡丹江市文物管理站：《渤海国上京龙泉府遗址1997年考古发掘收获》，《北方文物》1999年第4期。

---

① 张泽咸：《唐代工商业》，中国社会科学出版社，1995，第128~129页。
② 朱国忱、金太顺、李砚铁：《渤海故都》，第436页。

但学界对这些彩器的来源存在着不同的看法。一种意见认为，渤海国没有烧制三彩器的能力，出土的三彩器来自于唐[1]；另一种意见认为渤海人掌握了制作三彩器的工艺，发现的三彩器是渤海自己生产的，至少部分如此。如俄罗斯学者格尔曼认为，虽然渤海遗址发现的三彩"在釉色和质地上与唐的三彩非常相似，但二者还是有差别的，渤海三彩的质地发灰，且釉色不鲜艳，唐的三彩釉色非常鲜艳，且釉药的质地较高。其最大差异在于所使用的土的颜色"[2]。我国学者冯浩璋则进一步指出，"已发现的渤海冶铁三彩器除少数日用器皿的胎质为白色，釉色鲜艳，明亮外，多数都是红胎、红褐胎或夹砂灰白胎，釉色发暗、发黄。其釉色也主要是黄、绿、褐三色，常用则是黄绿或黄褐色，这和唐代中原地区常见的黄、绿、蓝、白釉不同。因此渤海国出土的釉陶三彩器除少数可能为唐代中原地区产品外，多数应该是渤海国本地烧造的"[3]。看来，掌握三彩技术是渤海人陶器制作技术的一个飞跃。

（二）瓷器

制瓷工艺是在制陶工艺的基础上发展而来的，但二者间有较大区别。瓷器的坯料是高岭土、正长石和石英，胎表要施玻璃质的釉，要在 1200℃ 的高温下焙烧。陶器的坯料则宽泛得多，烧制的温度 700℃~800℃ 就可以了，最多不过1000℃。总之，瓷器的工艺技术更高。

瓷器在渤海遗址中发现很少，且多是残片（见图 3-12、图 3-13）。从这些残片上看，其烧制水平不低。如在上京出土的瓷器"虽然都是残片，但从轻净轻柔的白色或清灰色的美丽色彩，涂得很结实的彩釉、质地细腻坚硬等方面来看，是很优秀的瓷器"[4]。学术界曾认为渤海不能烧制瓷器，这些为数不多的瓷器可能来自于唐。不过，综合现有的考古和文献资料，渤海自制的可能性更大。

到目前为止，确切地知道是烧制瓷器的窑址似乎只发现了一处，即位于朝鲜咸镜南道新蒲市梧梅里的瓷窑址。该窑与陶窑结构差不多，也由火间、窑

---

[1]　李红军：《渤海遗址和墓葬出土的三彩器研究》，《文物研究》总第 10 期。

[2]　铃木靖民、盖尔曼、王勇等：《围绕着渤海的古代东亚之交流的讨论》，杨晶译，载杨志军主编《东北亚考古资料译文集》第 4 辑。

[3]　冯浩璋：《唐代渤海国釉陶三彩器初探》，载刘晓东主编《渤海国的历史与文化》，第 175~176 页。

[4]　朱荣宪：《渤海文化》，载吉林省考古研究室主编《渤海史研究资料》第 2 辑，第 9 页。

图 3-12　渤海上京龙泉府遗址出土的瓷碗
资料来源：黑龙江省文物考古研究所编著《渤海上京城》。

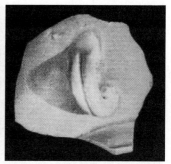

图 3-13　吉林省和龙市西古城渤海遗址出土的青瓷罐
资料来源：吉林省文物考古研究所等编著《西古城——2000-2005 年度渤海国中京显德府故址田野考古报告》。

间、烟囱构成，窑壁用石头砌成。朝鲜考古学者金宗赫认为，窑中出土的碟子与不远处佛寺建筑址出土的碟子"在形态、胎土、釉色等方面相同"，而该佛寺可以认定是渤海的，那么，"通过这样的事实，便可知晓梧梅里瓷窑址是在渤海时期构筑的"[1]。如果这个结论是正确的，就在考古学上证明了渤海人掌握了烧制瓷器的技术。

在该窑址出土的一个瓷质大碗的口沿上有三条白线纹，这三条白线是镶嵌上去的；另出土的一个瓷瓶底部残片，上有无数镶嵌上去的小点儿。这说明渤海工匠已经掌握了瓷器的镶嵌技术，纠正了过去认为镶嵌瓷器为高丽时期生产的错误见解。[2]

还有一则文献史料与此有关。《杜阳杂编》卷下载，唐武宗会昌元年（841），"渤海进玛瑙柜、紫瓷盆……紫瓷盆，量容半斛，内外通莹，其色纯紫，厚可寸余，举之则若鸿毛。上嘉其光洁，遂处于仙台秘府，以和药饵。后三才人掷玉环，误缺其半菽，上犹叹息久之"[3]。这则记事显然有夸大的成分，因为在当时，即使是制瓷技术水平最高的唐也不能造出这样的器皿。但渤海人贡了一个质量较好的紫瓷盆，为唐朝皇帝所喜爱却可能是事实。如果真是那样，不但可以肯定渤海人能造瓷器，而且水平还不可小觑。

①　金宗赫：《朝鲜东海岸一带的渤海陶瓷窑址》，《东北亚历史与考古信息》2003 年第 1 期。
②　金宗赫：《朝鲜东海岸一带的渤海陶瓷窑址》，《东北亚历史与考古信息》2003 年第 1 期。
③　金毓黻：《渤海国志长编》，《社会科学战线》杂志社，内部印本，1982，第 74 页。

不过，也有学者认为梧梅里发现的瓷窑是高丽时期的，不是渤海的；《杜阳杂编》也只是个记"灵异物品的传奇"，不能以之为据。[1] 因此，我们只能说渤海人掌握了制瓷技术的可能性很大。最终的结论还有待于今后的进一步研究。

第四节　渔猎与采集业

采集与渔猎是人们直接向自然界获取生活资料的一种方式。在农牧业产生以前人类完全靠它维持生命，农牧业产生后，它仍然是人们经济生活的重要组成部分。东北北部地区地广人稀，自然资源丰富，特别适宜采集与渔猎业发展，直到二十世纪初，赫哲、鄂伦春等族还以之为生。渤海时期，渔猎与采集业仅次于农业，是经济的第二大支柱。

一　捕鱼业

渤海国东邻日本海，境内有牡丹江、松花江、乌苏里江、绥芬河、穆棱河等大的江河，有镜泊湖、兴凯湖等大湖，至于小的河溪更是不计其数。水域辽阔，渔业资源十分丰富，大到鲸、海豹、鲟鱼、鳇鱼，小到鲤鱼、鲫鱼、鲢鱼、鳙鱼、鳜鱼、鳢鱼、鳟鱼、青鱼、泥鳅、草根等，不下数十种。其中，产于湄沱湖的鲫鱼品质最佳，广受欢迎，号称"湄沱湖之鲫"[2]。在其核心的五京地区，鱼是人们生活资料的重要补充；在有些边远地区鱼几乎就是其生活资料的全部来源。

渤海的捕鱼技术较发达，人类常用的几种捕鱼方式在渤海都有体现。

收获量最大的方式就是网捕，渤海人也主要采用这种方式。在各地的渤海遗址中普遍有网坠发现。除网坠外，还发现过渔网上的其他部件，如在振兴遗址出土了骨制网具，[3] 说明渔网是普遍使用的。根据捕捞对象的不同，网的规格

---

① 彭善国：《试析渤海遗址出土的釉陶和瓷器》，载吉林大学边疆考古研究中心编《边疆考古研究》第 5 辑，科学出版社，2006，第 132 页。

② 《新唐书》卷 219《渤海传》。

③ 黑龙江省文物考古研究所、吉林大学考古学系：《河口与振兴——牡丹江莲花水库发掘报告》，科学出版社，2001，第 57 页。

不同。在俄罗斯滨海地区克拉斯基诺渤海盐州遗址出土了 14 件石质网坠，重量从 7.6 克到 92 克不等，说明"在捕鱼行业中，渤海人使用的捕鱼网孔大小不一样"[①]。另外，根据作业水域、水质、季节等情况的不同，网的规格也不同，出土的网坠形制不同就反映了这一情况。俄罗斯学者将在俄罗斯滨海地区各渤海遗址中出土的网坠归纳为四种类型，"第一种类型，网坠剖面呈长方形，横侧器身接近边沿处有宽 0.2~0.5 厘米的粗糙的槽形夹口，网坠通长 3~4 厘米，宽 1.7~3 厘米，厚 0.6~1.5 厘米，重 12~31.4 克。该形网坠所使用的材料是泥土和砂岩。第二种类型，网坠的剖面呈长方形，网坠的边角处有 2 个或 4 个直径为 0.3~0.5 厘米的孔。网坠通长 3~6.7 厘米，宽 2~3.6 厘米，厚 0.75~2 厘米，重 16.4~70.4 克。该类网坠使用的材料为砂岩。第三种类型，网坠的剖面呈厚重的球缺形，网坠为砂岩质，有横向或纵向的槽形夹口，夹口宽 0.35 厘米……第四种类型，为不大的椭圆形的泥质网坠，侧面有粗粗的槽形夹口，器物厚 0.6 厘米，通长 3.8 厘米，重 7.6 克"[②]。丰富的渔网类型反映出渤海渔业中网捕的重要地位。

渤海的农作物有麻，渤海的网当是用麻纤维制成的。麻易腐烂，所以除了网坠外，见不到网的实物。在今黑龙江省海林市柴河镇群力村东南牡丹江岸的崖壁上有一组古代岩画。画可分为左右两部分，右边部分有三幅画，最下端的是一幅划船于江中捕鱼的场景：一条小船，船头立一鱼鹰，船尾坐一人，正在摇船或扶舵，船中立一人，高高地举起一张网，准备撒向水中捕鱼。[③]

有的网坠已经制作得很精致，比如在振兴遗址出土的陶质网坠就是这样。[④] 网坠在材质上也有了显著的进步，以往的网坠都是石质、陶质的，渤海时出现了铁质的。渤海上京遗址出土了一件铁网坠，"模铸，锈红色。背面较平，正面略鼓。一端已残，残余部分俯视基本为连接在一起的两个椭圆……残长 4 厘米、宽 2.25 厘米，厚 1.2 厘米"[⑤]。铁网坠比重大，下沉的速度快于以往的陶质、

---

① 列辛科、拉科夫、博尔金等：《海洋采集业和捕鱼业——根据克拉斯基诺遗址考古研究资料》，盖莉萍、胡凡译校，载胡凡主编《黑水文明研究》第 2 辑，黑龙江教育出版社，2008，第 32 页。

② 阿尔德米耶娃等：《渤海时代滨海地区居民的物质文化》（上），宋玉彬译，《东北亚历史与考古信息》1996 年第 1 期。

③ 陶刚、王清民：《海林群力岩画再研究》，《北方文物》1990 年第 3 期。

④ 黑龙江省文物考古研究所、吉林大学考古系：《河口与振兴——牡丹江莲花水库发掘报告》，第 146 页。

⑤ 黑龙江省文物考古研究所编《渤海上京城 1998-2007 年度考古发掘调查报告》下册，第 604~605 页。

石质网坠，减小了罩在网内的鱼在网坠下沉过程中逃跑的可能性，捕鱼的效率提高了。更重要的是，该铁网坠是模铸，说明是批量生产的，铁网坠已不是个别现象。

　　钩钓虽然没有网捕产量高，但鱼钩制作简单，便于携带，所以也是古人普遍采用的捕鱼方法，渤海人也是一样。在各地渤海遗址中发现了很多鱼钩。可以分为倒钩齿和无倒钩齿两类。有的还附有铅坠。在俄罗斯滨海地区的马里亚诺夫斯克、新戈尔杰耶夫斯克、尼古拉耶夫斯克等渤海遗址中发现铁制鱼钩多枚，"通长 4~7.2 厘米，鱼钩钩身剖面通常呈圆形，尖钩带有单面或双面钩齿。有这样一种鱼钩，钩的颈部有用以固定钓线的刻纹线，钩带有压扁的环圈。此外，见有带铅坠的鱼钩，铅坠牢固地卡在钩的颈部，铅坠近似三角形或锥形"[1]。在吉林省浑江地区的永安遗址也发现了鱼钩，形制与俄罗斯发现的差不多，"鱼钩为铁线弯折而成，形体较大，无倒刺，长 6.2、直径 0.3、钩宽 3.2厘米"[2]。钓鱼尽管一次的产量有限，但简便易行，老幼妇孺皆可操作，其在整个渤海渔业中的地位不可小觑。

　　渤海人在捕鱼时常常将钓钩与诱鱼器结合使用。诱鱼器又称鱼幌或疑似饵，是用骨或蚌壳等坚固又较轻的材料制成的鱼形器，大都做得十分逼真。黑龙江省海林市二道河子镇细鳞河渤海遗址出土了一个骨质诱鱼器，长 8 厘米、最宽处 1.5 厘米，略具纹理，通体打磨得比较光滑，头上部有一钻孔，为鱼眼，背部和腹部又钻有 4 孔，应当是为了拴鱼线，整体看起来，十分像当地产的冷水细鳞鱼。[3]渤海人诱鱼器的用法，史料无证，没有直接的说明，但这种器物在古代的东北亚地区曾广泛使用，有的民族一直用到近代，所以民族学在一定程度上给了答案。总结起来大概有两种使用方法。

　　其一是把诱鱼器既当诱饵又当钓钩，即钩和饵合二为一的捕鱼器。具体方法是将细线拴在鱼形器上的钻孔中，在水中拉动它跑，"疑似饵在水面上飞跑，大抵就像小鱼在河水中游动"[4]。以此引诱大鱼，大鱼误把它当成小鱼吞下，就会被卡住，人拽绳即可得鱼。

---

① 阿尔德米耶娃等：《渤海时代滨海地区居民的物质文化》（上），宋玉彬译，《东北亚历史与考古信息》1996 年第 1 期。

② 张殿甲：《浑江地区渤海遗迹与遗物》，《博物馆研究》1998 年第 1 期。

③ 黑龙江省文物考古研究所、吉林大学考古系：《1996 年海林细鳞河遗址发掘的主要收获》，《北方文物》1997 年第 4 期。

④ 甲元真之：《东北亚先史时代的渔捞业》，姚义田译，《东北亚历史与考古信息》1997 年第 1 期。

　　其二是只当诱饵，诱来大鱼，然后用别的器具将鱼捉住。"1930年，俄罗斯民族学家卡普林对外贝加尔的埃温基人（中国称鄂温克人）进行调查时征集到骨制鱼形器，并观察到使用方法。冬天，埃温基人在河的冰面上搭设小型桦树皮帐篷，帐篷建在冰窟窿上，冰窟窿的直径是帐篷的四分之三或二分之一。帐篷内是昏暗的，目的是不让鱼从水中看见亮光。鱼形器的腹部穿孔系上破布头，代替鱼的腹鳍，背部穿孔系上绳索，绳索穿过一块木板后拴于短木棍上。在冰面上将短木棍固定好，再把鱼形器放入水中，在冰窟窿周围设置好鱼叉。晃动木板，让鱼形器游动。当真鱼游来时，用最近的鱼叉击刺。"[①]也有的把它放在鱼钩旁当诱饵。在苏联远东的康当村石器时代遗址中，出土过一个磨得十分光滑的鱼形软玉石片，"通过在水中的简单实验表明，这玉是石器时代捕鱼者有意放在鱼钩旁边，用来诱惑大鱼上钩的石制鱼幌"[②]。

　　渤海人还会使用海底拖曳钩，以捕捞在8~10米海底的贝类。俄罗斯克拉斯基诺遗址中出土了很多贝类，"根据贝类的长度、厚度和形状，以及根据生长年轮的宽度来判断，贻贝的捕捞地点是在相对深度为大约8~10米的地方。为此，可能使用了所谓的'猫头'（连接有较大的金属钩）或者是小型的捕捞器，当它们被绳子拖曳着在海底移动的时候，它们就能够把贻贝打捞上来"[③]。

　　渤海国的属部拂涅部曾于唐开元、天宝年间向唐贡鲸鱼睛。[④]捕鲸应当用鱼叉、鱼镖这样的工具。鱼叉由叉头和柄两部分组成，有的还在叉柄上系绳索，以便叉住大鱼后拉回。在俄罗斯滨海地区南部的克拉斯基诺遗址（渤海国盐州）出土了一具合成的铁质双齿鱼叉，"一根鱼叉的手柄部分被折弯，另一根鱼叉被固定在里面。两根鱼叉的手柄部分是一根截面为0.4厘米×0.6厘米的长方形，中间部分和尖部是一根直径为0.9厘米的圆形截面，两根鱼叉的长度分别为12.6厘米和12.1厘米"[⑤]。

　　在吉林浑江永安渤海遗址出土了一个骨质鱼镖，"呈长条扁圆柱体，靠近

---

① 曲轶莉：《东北亚古代鱼形器研究》，《北方文物》2008年第3期。

② 林树山：《苏联对远东新石器时代文化遗存的研究》，《东北亚历史与考古信息》1985年第4期。

③ 列辛科、拉科夫、博尔金：《海洋采集业和捕鱼业——根据克拉斯基诺遗址考古研究资料》，盖莉萍、胡凡译校，载胡凡主编《黑水文明研究》第2辑，第29页。

④ 《新唐书》卷219《北狄传·拂涅条》，第6179页。

⑤ 列辛科、拉科夫、博尔金：《海洋采集业和捕鱼业——根据克拉斯基诺遗址考古研究资料》，盖莉萍、胡凡译校，载胡凡主编《黑水文明研究》第2辑，第30页。

上部平面处有一直径 1.0 厘米、深 0.4 厘米的黑色圆窝，窝内光洁平滑。镖体保存着兽角自然弯曲的现状，靠近尖部的背面刻有两个例钩。通长 9.6 厘米、直径 0.9 厘米"[1]。

海林群力崖画中的一条渔船的船头上就立着一只鱼鹰，艺术是生活的反映，鱼鹰在渤海应该是十分普遍的。用鱼鹰捕鱼虽然产量不会太高，但却比其他方式简单省力，渤海人应该也不会错过这种方式。

以上是渤海人有确切证据的捕鱼方式。事实上还有一种捕鱼方式，就是用一根木棍，或者什么都不用，直接用手来捉。现在看来有些荒唐，但是当时的自然条件与现在不一样，什么都不用也能捕到大量的鱼。清代，每到大马哈鱼洄游的季节，宁古塔地区"鱼便自海而入江，聚集一起，不计其数，甚至可以踩着鱼背过江"[2]。清代的宁古塔正是渤海的上京地区，清代如此，渤海时期只能有过之而无不及。鱼这么多，在浅水处可一握而得，什么用具都不需要。

渔业在渤海人的日常生活中占有重要地位，人们对鱼熟悉、喜欢，这一点在其艺术中也有体现。在各处渤海遗址中发现了不少以鱼为题材的艺术品。如上京遗址出土了一件鎏金铜鱼，[3] 俄罗斯滨海地区的渤海遗址中出土了一件骨角质鱼雕像，虽然雕琢不甚精细，却颇传神。[4] 制作最为精细的是在吉林省和龙市北大地墓中出土的鎏金青铜鱼饰，鱼身上用线条阴刻鱼鳞纹，腮和尾上刻有密集的阴刻线纹，看起来栩栩如生。[5] 不仅如此，渤海人在进行建筑设计时还有追求鱼的视觉效果的表现。在俄罗斯滨海地区南部阿波里科索沃寺庙址，考古工作者发现在屋顶的浮雕贴塑中，"有一些直径约 3 厘米的半球状凸起。正脊的边缘还用垂直线状的雕塑来进行装饰，这样做可以形成鱼鳍的视觉效果"[6]。

---

① 张殿甲：《浑江地区渤海遗迹与遗物》，《博物馆研究》1988 年第 1 期。
② 柳成栋：《清稗类钞中的宁古塔》，《东北史研究》2010 年第 3 期。
③ 黑龙江省文物考古研究所：《渤海上京龙泉府出土的几件文物》，《北方文物》2005 年第 3 期。
④ H.B. 列先科、B.H. 鲍尔金：《滨海地区渤海遗存中的骨器和角器》，车霁虹译，载杨志军主编《东北亚考古资料译文集·渤海专号》。
⑤ 延边朝鲜族自治州博物馆、和龙县文化馆：《和龙北大地渤海墓葬清理简报》，《东北考古与历史》1982 年第 1 期。
⑥ 阿勒杰米耶娃：《俄罗斯滨海地区发现的渤海国时期的宗教性建筑》，孙危译，载于建华主编《东北亚考古资料译文集》第 7 辑，北方文物杂志社，2007。

二 狩猎业

冬天江河封冻，渤海人就上山打猎。俄罗斯学者分析了滨海地区渤海遗址中的动物骨头，有狼、狐狸、貉、黑熊、白熊、獾、青鼬、狼獾、虎、野猪、鹿、梅花鹿、马鹿、驼鹿、斑羚、野兔、海狸以及一些其他小型啮齿动物，还有一些禽类。在这些动物中，占优势的是大型有蹄类凶猛的哺乳动物。[①] 另外，见于文献记载的还有貂、豹、罴、麝等。狩猎产品也是渤海的主要对外礼物和贸易物资。

渤海人狩猎有三种主要方式，一是使用毒箭，二是用鹰，三是哨鹿。

渤海人先世很早就以善用弓箭而闻名，从西周到魏晋，肃慎人向中原政权贡“楛矢石砮”之事史不绝书。所谓“楛矢石砮”就是以楛木为箭杆，以石为箭头的箭。在火器出现以前，弓箭始终是最优越的狩猎工具，任何其他狩猎工具都无法比拟，当然也是肃慎人最重要的谋生之器，十分珍贵，所以才会被当作礼物进献给中原政权。到渤海时期，箭仍然是渤海人狩猎最常用的工具，绝大多数渤海遗址、墓葬都有箭镞出土，基本都是铁质。值得注意的是，渤海人的箭可能与一般的箭不同，他们会在箭上敷毒，制成毒箭，从而大大提高了杀伤力。史料中没有渤海人狩猎用毒的记载，但其先世勿吉人擅于造毒箭却是有史可考的，作为勿吉人后世，且时间相差并不久远，渤海人也应该掌握此项技术。

勿吉人狩猎的一大特点是用毒。他们“常七八月造毒药傅箭镞，射禽兽，中者便死；煮药毒气亦能杀人”[②]。这是一种什么毒呢？史料中找不到直接的答案，但通过对间接史料的分析，可以了解大概。

东汉时，匈奴宇文部有“秋收乌头为毒药，以射禽兽”[③]之俗。此乌头为秋天收，勿吉人造毒是在七八月，农历七八月正是秋天，二者都是用来在箭上施毒以射禽兽，而且，匈奴宇文部与勿吉所处的时代也相去不远，所以笔者猜测勿吉所用之毒也是乌头。

乌头是古人常用的毒药，据说春秋时，晋丽姬毒杀公子申生用的就是乌

---

①　Э.В.沙弗库诺夫等：《渤海国及其俄罗斯远东部落》，宋玉彬译，第119页。

②　《魏书》卷100《勿吉传》，第2220页。

③　《北史》卷98《匈奴宇文莫槐传》，新疆青少年出版社，1999，第480页。

头。"乌头，今江东呼为堇，晋丽姬譖申生，寘鸩于酒，寘堇于肉者是也。"[1]宋代杨简的《慈湖诗传》卷十六载："《释草》云芨堇草，郭注云即乌头也，音靳。本草谓煎之则杀人。"元代，人们还用乌头到河里药鱼，"故诗人与堇并称，堇乃乌头，非先苦而后甘也，又云荼毒盖荼有毒，今人用以药溪鱼"[2]。现代科学发现，乌头之所以被用作毒药，是因为其含有有毒成分乌头碱。乌头碱毒性很强，常人只要吃了 3~4 毫克就会出现心慌、心悸、心律不齐，血压下降，呼吸中枢抑制，甚至心跳骤停，抽搐，神志不清，直至死亡。乌头有南北之分，生于四川者为川乌，生于北方者为草乌，后者毒性更大。[3]但乌头碱会被水解，如果连续煮 4 个小时，毒性就会消失，所以乌头炮制后是一味中药，能治风湿痹痛及跌打损伤。

所谓"煮药毒气亦能杀人"，可能是乌头碱解于水，随水蒸气飘出，人吸入后也会出现中毒反应。据曾公亮的《武经总要》载，北宋人利用这一点，制成了原始的"毒气弹"，即用乌头等几种毒药制成球，点燃后用烟熏敌人，令其中毒。如果把生乌头榨出来的汁涂在箭镞上，无论是射人还是射动物，都会加重伤势，加快致死的速度。《魏书》所说的"中者便死"并非言过其实。正是因为有了毒箭这一利器，勿吉人可以猎到虎、豹这样的猛兽。勿吉人的风俗中有"头插虎豹尾"，就是因为他们经常能猎到虎豹。

毒箭不仅是狩猎的利器，而且也是军事上的利器。有一件史事一直令人费解。唐贞观十九年（645），太宗皇帝亲率大军征高句丽，在安市城下大败高句丽军，俘获高句丽降军十五万多人，将其中酋长 3500 人迁往内地，余者全部释放，未杀一人，却单单把靺鞨兵 3300 人全部活埋。唐太宗何以这样痛恨靺鞨人？很可能是因为靺鞨兵使用毒箭，恃勇斗狠，给唐军造成了很大伤亡。渤海国是由靺鞨人建立的，这也从另一个方面证明渤海人也很可能善于使用毒箭。

渤海国所处的东北地区东北部盛产一种鹰，俗名海东青，体型虽不大，却极劲健，能捕天鹅等大型禽类，"大者力能制鹿"[4]，当然更能捕捉野兔等小动物。肃慎族系驯鹰狩猎的历史十分悠久，属于新石器时代的新开流遗址就

① 《文渊阁四库全书·经部·小学类·训诂之属·尔雅翼》卷 7，上海人民出版社、迪志文化出版有限公司电子版，1999。
② 《文渊阁四库全书·经部·诗类·诗集传·名物钞》卷 7，上海人民出版社、迪志文化出版有限公司电子版，1999。
③ 成都中医学院编《中药学》，上海科学技术出版社，1978，第 277 页。
④ 西清：《黑龙江外记》，黑龙江人民出版社，1984，第 87 页。

出土了骨雕鹰首。海东青是渤海人狩猎的得力助手，因为对其极钟爱，所以渤海人常把它作为向中原政权朝贡的贡品（渤海国向唐贡鹰情况见表3-2）。直到清初，海东青仍是这一带的主要特产，要作为贡品贡给皇帝，用于皇家狩猎取乐。清初，"辽以东皆产鹰，而宁古塔犹多，设鹰把式十八名，每年十月后即打鹰，总以得海东青为主。海东青者，鹰品之最贵者也，纯白为上，白而杂他毛者次之，……得海东青后，杂他鹰遣官送内务府，或朝廷遣大人自取之"[①]。宁古塔正是渤海国的核心上京地区，这也从另一个角度证明鹰在渤海人狩猎生活中的重要性。

表 3-2　渤海国向唐贡鹰一览

时间	使者姓名	朝贡对象	资料来源
开元十年（722）	味勃计	唐	《册府元龟》卷971《外臣部》
开元十七年（729）		唐	《册府元龟》卷971《外臣部》
开元二十五年（737）	公伯计	唐	《册府元龟》卷971《外臣部》
开元二十七年（739）	大蕃进	唐	《册府元龟》卷971《外臣部》
开元二十九年（741）		唐	《册府元龟》卷971《外臣部》
天宝八载（749）		唐	《册府元龟》卷971《外臣部》
天宝九载（750）		唐	《册府元龟》卷971《外臣部》
大历十二年（777）		唐	《册府元龟》卷972《外臣部》
元和九年（814）		唐	《册府元龟》卷971《外臣部》

哨鹿是用桦树皮、木头等制成哨子，吹出类似雌鹿叫的声音，引诱雄鹿前来，然后射杀之。即《金史》所载的"以桦皮为角吹，作呦呦之声，呼鹿射之"。辽代的女真人"善射……常作鹿鸣呼鹿而射之"[②]。女真与渤海同源同地，渤海也有哨鹿之说无疑。此法一直到清代仍在黑龙江诸狩猎民族中使用，《黑龙江外记》载："今布特哈有哨鹿者，即呼鹿也，其哨以木为之，长二尺余，状如牛角而中空，国语谓之穆喇库。哨时，吹穆喇库，能肖游牝已急之声，则牡者牲牲来。然不能人人擅长，盖亦有独得之妙焉。"[③]

---

① 《柳边纪略》卷3，收入杨宾等撰、周诚望等标注《龙江三纪》，第90~91页。
② 《胡峤陷虏记》，载赵永春编注《奉使辽金行程录》，吉林文史出版社，1995，第9页。
③ 西清：《黑龙江外记》，第90页。

三　采集业

与其他行业相比，采集业简单易行，不需要付出太多的体力，也不需什么技术，妇女、儿童也能承担，收获却不小，所以也是渤海人经济生活中的一部分。见于记载的采集物主要有中药和食物两大类。

中药类首先是人参。人参为贵重药材，是渤海的重要土特产。除自用外，还被当作向中原政权贡的贡品和对日贸易的输出品。比如，739年，渤海使团一次就输到日本30斤人参，[①] 可见，渤海的人参采集量很大。

考古发掘还发现了渤海人挖人参的工具。在俄罗斯滨海地区南部的尼古拉耶夫斯克2号、新戈尔杰耶夫卡等渤海遗址中出土八件用动物肋骨制作的挖人参的小棒，"它们是扁平的，稍有弯弧，在其中一些小棒的末端上部有直径0.3厘米的悬挂孔。工作的一端被削尖或被用得稍钝。通长13~34厘米，宽0.9~1.7厘米，厚0.1~0.5厘米，表明被磨光"[②]。

见于记载的药材还有昆布和白附子。如后唐天成元年（926），渤海向后唐贡"儿口，女口各三人，人参、昆布、白附子及虎皮"[③]等。昆布是海带的一种，"为多年生大型褐藻海带科植物"，有"软坚散结，消痰利水"之功效，[④]渤海的南京南海府沿海一带所产者最优，号称"南海之昆布"。据考证，南海府所在的今朝鲜咸镜道东海沿岸仍盛产昆布，[⑤]足见史载不诬。

食品类有松子和蜂蜜。后唐同光三年（925），渤海给后唐的贡品中就有松子。[⑥]渤海地区盛产松子，上京地区直到清初仍极多，"银六钱买一大斗，然食者少，不甚买也"[⑦]。739年，渤海给日本的礼物中就有"蜜三斛"[⑧]。那时渤海还没有人工饲养蜂蜜，这些蜂蜜应当是采集的野生蜂蜜。

以上是见于记载的，没有见于记载的应当更多。除野菜、野果外，渤海人

---

① 藤原继绳等：《续日本纪》卷13，吉川弘文馆，2001，第156页。

② H.B. 列先科、B.H. 鲍尔金：《滨海地区渤海遗存中的骨器和角器》，车霁虹译，载杨志军主编《东北亚考古资料译文集·渤海专号》。

③ 《册府元龟》卷972《外臣部》，第11421页。

④ 吕广振：《中药学》，山东科学技术出版社，2007，第174页。

⑤ 郑永振、李东辉、尹玄哲：《渤海史论》，吉林文史出版社，2011，第164页。

⑥ 《册府元龟》卷972《外臣部》，第11421页。

⑦ 《柳边纪略》卷3，收入杨宾等撰、周诚望等标注《龙江三纪》，第89页。

⑧ 藤原继绳等：《续日本纪》卷13，第156页。

还在海边采集潮水冲上来的贝类，在上京宫城遗址中就发现了一些海蚌壳。它们中有些装饰了颜料，一些较厚的被加工成相对规整的块状，偶尔还可见到有钻孔的痕迹。[①]颜料和钻孔说明它们被当成饰品了。渤海人一物多用，采集到海蚌后将肉吃掉，再用壳做饰品。看来，在渤海人的采集物中有海蚌是没有问题的。

① 　黑龙江省文物考古研究所编《渤海上京城 1998-2007 年度考古发掘调查报告》，第 224 页。

第四章

衣食住行

渤海国自始至终是一个多民族的地方政权，作为唐朝的藩属国全面"宪象中原"又受周边部族的影响，其衣食住行的主流与唐王朝趋同，同时各阶层、各民族又具有不同特点。渤海国早期的衣食住行主要继承了靺鞨和高句丽族的传统，中后期则大量吸收了盛唐文化元素，形成了"车书本一家"的局面。

第一节　服饰风俗

渤海人的先世本来对服饰不甚在意。挹娄人和勿吉人冬天穿着涂猪膏的猪皮衣和其他兽皮制作的简陋衣服，为了避寒，"冬以豕膏（猪油）涂身，厚数分，以御风寒。夏则裸袒，以尺布蔽其前后"。少数喜爱打扮的也不过是弄几颗野猪牙串起来挂在脖子上，权充项链，或把野鸡翎插在头上。后来，因为受到汉族和高句丽族的影响，有了追求穿着的愿望。与汉族居住地相近者，"与边人往来，悦中国风俗，请被冠带"。服饰习俗发生了很大的变化。

渤海国建立后，纺织业、制革业以及对外贸易的发展，为服饰的改进提供了可能。据《新唐书·渤海传》载，渤海官员们的服饰非常讲究："以品为秩，三秩以上服紫、牙笏、金鱼；五秩以上服绯、牙笏、银鱼；六秩、七秩浅绯衣；八秩绿衣，皆木笏。"贞孝公主墓中的壁画更让我们看到了栩栩如生的渤海人服饰展。这些人物头系抹额或戴袱头，身着圆领长袍。长袍色彩丰富，有红、青、黄、紫、白、赭等多种颜色，且多间有花瓣纹饰。袍服侧襟处还露出各色内衣。腰束革带，足穿麻鞋或靴。这样的穿着与唐人可以说是一模一样，明显地受到了盛唐文明的影响。据记载，渤海赴日使者曾赠人貂裘和暗摸靴。貂裘是非常贵重的裘皮衣装；暗摸靴，就是穿着方便，不用眼睛看，在黑暗中摸着就能穿好的靴子，也必是由优质皮革缝制而成的。这样的裘和靴早已不仅仅是御寒的东西，还是身份、财富的象征。但只是上层人物才能享用，普通人只能穿粗麻布衣。注重穿着是文明发展的反映，是社会的进步。

一　丝织服饰

渤海人掌握了纺织工艺。1975 年，在上京龙泉府遗址出土了渤海时期的舍利函。舍利函中的方形银盒和圆形银盒都用多层丝帛制品包裹着，① 虽然已经腐朽，但仍让人看到了渤海时期的丝织品。渤海曾经常从日本和唐输入丝织品，所以舍利函里的丝织品不一定是渤海人自己织的，但是文献资料证明渤海也产丝绸。《新唐书·渤海传》载，渤海的特产里有"沃州之绵，龙州之䌷"。绵和䌷都是丝织品，所以可以推测，舍利函中的丝织品有可能是渤海人自己织的。

一般认为，"沃州之绵"和"龙州之䌷"都是柞蚕丝，这是有一定道理的。沃州在今朝鲜咸镜南道东海岸地区，龙州在中国东北牡丹江中游上京周围地区，这两个地方都盛产柞树，是放养柞蚕的好地方，而且直到近代，一直有人在这些地方养柞蚕。但是，渤海人并不只养柞蚕，也种植桑树，放养桑蚕。事实上，渤海国内桑树很多，普通的渤海人家很可能和内地的一般农家一样，房前屋后遍植桑树。至少在龙州和沃州，抽丝纺绸应是重要的家庭副业。

沃州所在的朝鲜咸镜南道是渤海国气候最温和的地方，可以种植桑树，现在那里仍有少量的桑树。渤海时期桑树可能较现在多。

龙州属上京龙泉府，位于今黑龙江省宁安市一带，现在看来，这里的气候似乎不适宜种植桑树。但研究古代气候的学者认为，渤海国所处的 8~9 世纪"是一个气温较高的时期""是最近 2000 年间温度最高的一个阶段"。这一时期"东亚东北部的唐、渤海、朝鲜半岛、日本等地（与现在相比）气候温暖，雨量充沛"②。这样的气候是适合桑树生长的。

① 宁安县文物管理所、渤海镇公社土台子大队：《黑龙江省宁安县出土的舍利函》，载文物编辑委员会编《文物资料丛刊》（2）。

② 吉野正敏：《气候变动和渤海的盛衰》，李伊萍译，载杨志军主编《东北亚考古资料译文集·渤海专号》，第 191、194 页。

渤海时期，居住在今黑龙江下游的黑水靺鞨人曾向唐贡过"鱼牙绸"和"朝霞绸"[1]。它们都是丝织品，不是桑蚕丝就是柞蚕丝。可见当时这里至少可以养柞蚕，但现在那里连柞蚕也养不了，说明当时的气候比现在温暖。那么地处黑水靺鞨南，比黑水靺鞨更温暖的渤海国有桑树是完全可能的。此外，还有实物证据说明渤海有桑树。

20世纪70年代，渤海史专家朱国忱先生曾在牡丹江流域对渤海遗迹进行调查，他们在依兰、林口等县境内见到了野生的桑树。[2]这些桑树现在仍然存在。20世纪初在黑龙江省东宁县三岔口村居住的朝鲜族农民李昌浩就种植了桑树，"李昌浩家的房前屋后种了四十多棵桑树，放养春蚕和秋蚕，手工抽丝，纺成丝绸，用丝绸缝制衣服"[3]。

20世纪20年代，日本学者藤冈启对东北的桑蚕业进行过调查。得出的结论是，"在满蒙，桑叶是十分繁茂……桑很能耐寒，西伯利亚、蒙古，都生长很多的野桑，鲁桑系之桑。依其育作之法，由五成以上之枯梢，若是用（日本）内地之东北地方之栽桑之方法做去，对于桑一点什么困难的事都没有的。在满洲于果树不适当，而于水稻、棉花、甜菜也不适宜的有水害的土地，能够适应于桑园，真是侥幸的事了。"至今，就连寒冷的东北北部也一直有桑树生长。

种桑是为了养蚕，而东北的气候又特别适宜于养蚕。"蚕最忌温气，而满蒙恰为干燥的农业地，很少温气，真是适宜养蚕的。"[4]这反过来又会促进桑树的种植。

既然在现在桑树都能够生存，那么比现在温暖的渤海时期就更能生存了。这些桑树的叶子虽然比南方的要小些、薄些，但渤海时期可能没有这样的差别，那时渤海国境内桑树很多，生长得也很好。"沃州之绵""龙州之紬"既然质量都非常好，应当都是用桑蚕丝织成的。

桑树在东北地区的种植并不始于渤海人。高句丽人就"种田养蚕，略同中国"[5]，但确实是渤海人把桑树引种到东北北部的黑龙江地区来的。从渤海不断

① 《册府元龟》卷971《朝贡》。
② 朱国忱、金太顺、李砚铁：《渤海故都》，第433页。
③ 李东源：《北满最初的韩人村庄高安村的开创者们》，韩国《中央月刊》1993年10号。
④ 藤冈启：《满蒙经济大观》，吴自强译，民智书局，1929，第88页。
⑤ 《旧唐书》卷199《东夷传·高丽》。

从唐和日本输入丝织品的情况看，渤海自己产的丝织品可能数量不足，花色、品种和质地不如唐朝和日本，无法满足渤海人奢华生活的需要。

二 麻布服饰

上层社会着丝织服装，普通百姓着麻布衣。据载渤海人生产"显州之布"，但渤海国的气候不适合种棉，[①]所以这个布应是麻布。1972年在吉林省和龙市八家子北大墓中发现了一小块麻布，"长8厘米、宽4厘米，是用纯麻线织成的平纹布，每平方厘米经12根，纬12根，属粗"[②]。因为这里是显州之地，所以这种布可能就是"显州之布"。渤海建筑材料最常用的长方砖、方砖、板瓦、筒瓦等都有布纹的痕迹，称为布纹瓦。在制造瓦坯时，先在模具内放一层布垫，所以瓦烧成后留有布纹。这种布纹也较粗，应当和"显州之布"一样属粗麻布。

黑水靺鞨曾向唐献"六十综布"[③]。"综"是织机上用以控制经线的工具，这里可能是指布的宽幅。既是用来作贡品献于唐朝，应该不同于上文所述出土的粗麻布，当是细麻布。这种布黑水靺鞨能织，比之先进的渤海似乎也应该能织。

丝织品可能是由官府经营的，由政府设立手工工场，集中生产，产品也很可能只供王室和贵族官员用，与普通百姓无关。但麻纺织则不同，它应该是家家户户分散进行的家庭手工业，产量很大。渤海国灭亡后，东丹国每年要"贡契丹国细布五万匹、粗十万匹"[④]。据魏国忠先生估计，十五万匹约合今200万米。[⑤]若再加上自用部分，渤海的布产量非常可观。

考古学家在俄罗斯滨海地区夹皮沟河岸的杏山渤海寺庙址一带的河谷里发现了大量野生亚麻，这亚麻就是由渤海农民栽培出来的。[⑥]现今，黑龙江省也是中国亚麻种植和生产加工的主要地区。另外，渤海遗址中还出土了陶纺轮。

---

① 方学凤：《渤海"显州之布"、"沃州之绵"辨析》，《延边大学学报》1982年第4期。

② 郑永振、延长录：《延边古代简史》，延边大学出版社，2000，第84页。

③ 《册府元龟》卷971《朝贡》。

④ 叶隆礼：《契丹国志》，上海古籍出版社，1985，第150页。

⑤ 魏国忠、朱国忱、郝庆云：《渤海国史》，第372页。

⑥ Э.В.沙弗库诺夫：《苏联滨海地区的渤海文化遗存》，《东北考古与历史》1982年第1期。

如在黑龙江省海林市三道河子乡河口村的河口遗址出土了5件，[1] 在俄罗斯滨海地区渤海遗址中发现多个，[2] 在上京城发现一件。[3] 看来，渤海人引种了亚麻等麻类植物，然后用陶纺轮把麻纤维织成麻线，再用麻线织成布。出土文物中渤海官员头像帽子的形制都十分清晰（见图4-1）。[4]

图4-1 渤海服饰复原图

资料来源：宋基豪：《再看渤海》。

三 皮革服饰

渤海国饲养业和渔猎业较发达，皮革来源丰富。皮革制品不像金属与陶瓷制品那样利于久存，所以现在已经很少见到渤海皮革的实物。不过，考古发掘发现了渤海人制革的遗迹和遗物，揭示了渤海人制革业的情况。

1996年，俄罗斯考古工作者在滨海边疆区乌苏里斯克的克罗乌诺夫卡村西

---

[1] 黑龙江省文物考古研究所、吉林大学考古系：《河口与振兴——牡丹江莲花水库发掘报告》，第50页。

[2] 列申科：《滨海地区渤海遗址中的粘土制品》，载杨志军主编《东北亚考古资料译文集》第4辑，第282页。

[3] 黑龙江省文物考古研究所、吉林大学考古系、牡丹江市文物管理站：《渤海国上京龙泉府宫城第二宫殿遗址发掘简报》，《文物》2000年第11期。

[4] 中国社会科学院考古研究所：《六顶山与渤海镇》，中国大百科全书出版社，1997，图版76。

南约 2 千米的地方发现了属于渤海时期的制革遗迹和制革工具。在一个专门放置皮革废弃物及其他垃圾的灰坑中发现了一些厚度为 3~5 厘米, 最大面积为 1 平方米的熟石灰块以及印有瓮底痕迹的熟石灰块, 这些石灰块是用来剔除动物皮毛的。此外还发现了铁制的用于裁制皮革的刀, 4 块陶质的用来清除兽皮内膜的刮刀以及包括瓮在内的各种形状的陶器残片, 瓮顶还带有横扳耳。根据这些遗物, 再结合当地的地理环境和当时一般的制革工艺, 俄罗斯考古工作者复原了渤海人制革的过程。"先是将毛沤掉, 即将毛皮运至距皮革作坊约 40~50 米处的河水里放置一段时间, 在上面置几块巨大的石头, 以使毛皮不被水流冲走。同时将生石灰放入陶瓮中, 为方便操作, 在陶瓮上安装了结实的横扳耳。然后用水浇石灰, 使其变成熟石灰。接着, 皮匠就把泡涨的皮革毛朝上平铺在地, 把陶瓮里的熟石灰浇在上面, 以便将毛剔除。过一段时间, 将石灰从兽皮上抖落下来, 然后将兽皮放入专门挖掘的坑内, 并开始清除它的内膜。这样可使兽皮脱灰, 即剔除石灰残余。下一个加工步骤是软化与鞣革。毫无例外, 在鞣革时, 皮革放入装有柞树皮津液的陶瓮内, 然后将皮革晒干。"[1]

渤海人也懂毛皮加工术。制革是去掉皮上之毛, 只要皮; 制毛皮则是既要毛又要皮, 即把生毛皮制成熟毛皮, 然后用熟皮缝制皮裘。制革用熟石灰, 制毛皮则用芒硝。渤海遣日大使杨成规曾赠日方接待人员都良香貂裘、麝香、暗摸靴。[2]貂裘既然是送给外国人, 质地一定上乘, 说明渤海人已有成熟的毛皮加工业。暗摸靴很可能是由皮革缝制, 质量一定很好, 同时也证明了渤海制革业的发展。

渤海人戴皮革制成的帽子。1994 年 10 月, 在奈良国立博物馆举办的第 46 次正仓院展上, 展出了收藏在南仓的作为废纸裱糊在红绢盔上的人物图 (见图 4-2)。此墨画人物图, 是口唇上蓄有短须、微胖的

图 4-2　正仓院红绢盔墨画人物

资料来源: 小岛芳孝:《渤海人的肖像》, 许永杰译,《北方文物》1996 年第 4 期。

---

[1]　Э.В. 沙弗库诺夫:《1996 年对阿波里科索沃村落遗址的调查》, 刘冬冰译, 载杨志军主编《东北亚考古资料译文集·高句丽、渤海专号》, 第 270 页。

[2]　《都氏文集》卷 4, 转引自孙玉良编著《渤海史料全编》, 第 336 页。

正面人像，其头戴毛皮帽檐的高顶帽。与面部轮廓线相比，帽顶的线条较粗。从帽檐内有左右下垂的长条毡片，尤以左耳后毡片更为清晰。头后帽檐还有缨穗状的毛皮。左肩的衣着有向头部作三重折叠的衣褶，右肩也绘有衣襟。[1]

四 装饰品

渤海人的装饰物有带饰、钗、耳环、手镯、指环和项链等，质地有鎏金铜、银、铜、铁（见图4-3、图4-4），但从出土的数量来看，铜居首位，铁次之，鎏金铜居第三，银质最少。据学者考证，腰带的质地使用一般与身份地位存在着相对应的关系。吉林省和龙市出土的渤海人腰带连接多块方形金块，一端有花纹带扣，另一端有半圆形带尾装饰。方形金块里刻精致花纹，中央镶珠玉（见图4-5）。

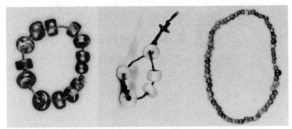

图4-3 虹鳟鱼场墓地出土的蓝黄琉璃串和玛瑙珠串

资料来源：黑龙江省文物考古研究所编著《宁安虹鳟鱼场》。

图4-4 康斯坦丁诺夫卡1号村落址出土的玛瑙坠饰和鎏金铜坠

资料来源：吉林省文物考古研究所等编著《俄罗斯滨海边疆区渤海文物集粹》。

---

[1] 小岛芳孝：《渤海人的肖像》，许永杰译，《北方文物》1996年第4期。

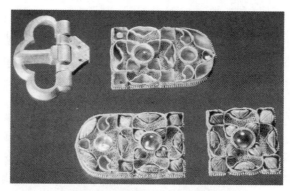

图4-5 渤海遗址中出土的带扣

资料来源：王永强：《中国少数民族文化史图典》（东北卷）。

第二节 饮食习俗

农业是渤海人的主要生业，基本食物来自农产品。主食是谷类作物，现在已知的有稻、麦、菽、稷、豆、黍等，菜类有葵、蒜、葱、韭、昆布（海带）等，水果类有梨、李等。

一 葵菜

葵是渤海人最主要的蔬菜。这是一种颜色正绿，生长期长，易于栽培，产量较高，口感肥滑，最宜做汤的蔬菜。葵菜又名"冬葵""冬寒菜""寒菜"等，是一种很古老的蔬菜。《诗经·邠风·七月》中就有"七月烹葵及菽"的记载。邠在今陕西彬县，可见，早在西周时期，关中地区就已开始种植葵菜。其后，葵的种植面积逐渐扩大，至晚到汉代已经成为全国各地普遍种植的蔬菜。《汉乐府》的《十五从军征》中说："采葵持作羹。"南北朝时贾思勰的《齐民要术》以《种葵》为蔬菜类的第一篇，对葵的栽培技术进行了详细的叙述。唐代，葵菜成了最大众化的蔬菜。白居易有诗云："贫厨何所有，炊稻烹秋葵，红粒香复软，绿英滑且肥。"不但贫者喜欢，上层人物甚至皇帝也很喜欢。辽宰相张俭用"葵羹干饭"招待上门为客的皇帝，皇帝"食之美"[1]。古人对葵评价甚高，如《农

---

① 《辽史》卷80《张俭传》。

桑通诀》谓:"葵为百菜之主,备四时之馔,本丰而耐旱,味甘而无毒,供食之余,可为菹腊,枯枿之遗,可为榜簇,咸无弃材,诚蔬茹之上品也。"[1]

《魏书》《北史》《通典》《太平寰宇记》等书的《勿吉传》记载南北朝时期的勿吉"菜则有葵",由此可以推测,葵菜在魏晋南北朝时期已被引种到东北北部。到渤海时已经广泛种植,成了渤海人最常吃的蔬菜。

二 豉

渤海国驰名中原的土特产之一,即"栅城之豉"。豉即豆豉,俗称腊八豆,是一种由大豆发酵而成的调味品,"有咸淡两种……淡的可入药"[2]。它是渤海人日常食用的佐餐食品,可以用来做汤,可以用来当佐料,也可以直接食用。

豉是一种很古老的食品,秦汉时期就已经出现了(比酱晚)。《齐民要术》卷八有记载制作豆豉的详细的方法,可见南北朝时豉的食用已很广泛了。到唐宋时期,豉已进入千家万户,成了最大众化的食品。据《原化记》记载,唐代崔希真请一老人吃大麦面,老人说:"能沃以豉汁,则弥佳。"[3]宋代还有"润江鱼咸豉""十色咸豉""诸色姜豉""波丝姜豉"[4]等多种用豉做的菜。金人也有"鱼咸豉"[5]这道菜。今天,豆豉在中国并未退出人们的餐桌,还有以它为佐料的菜肴和罐头,如大家都熟悉的四川名菜"麻婆豆腐"和"豆豉鲮鱼"。但总的说来,其重要性已大不如古代,不为大多数人所知。

现在,日本有一种调味食品叫纳豆,其制作方法有二。其一,将大豆发酵,浸于盐水之中,加香料,使之干燥而成,有咸纳豆、滨名纳豆、寺纳豆等异称;其二,将煮熟的大豆放在稻秆中,使温度适中,由纳豆菌繁殖而成,有很强的黏性,也叫抽丝纳豆。[6]这和《齐民要术》卷八所载的制作豆豉的方法十分接近。制成后可以用来做汤,或者像酱一样直接用来佐餐,这也和豆豉没什么两样。可以说纳豆就是豆豉。日本的豆豉既然叫寺纳豆,说明它最早是寺庙里和尚的食品,那就有可能是和佛教一同由大陆经朝鲜半岛传入日本的。鉴

① 吴其浚:《植物名实图考长编》卷3《蔬类》,商务印书馆,1959,第188页。
② 《辞海》,上海辞书出版社,1980,第603页。
③ 李昉等:《太平广记》卷39,哈尔滨出版社,1995。
④ 吴自牧:《梦粱录》卷16,浙江人民出版社,1984。
⑤ 楼钥:《北行日录上》,转引自刁书仁等编《奉使辽金行程录》,吉林文史出版社,1995,第252页。
⑥ 《广辞苑》,岩波书店,1969,第1661页。

于渤海与日本交往频繁，渤海还曾将《尊胜咒》传到日本，所以也不排除日本的豉由渤海传入的可能。另外，滨名纳豆的滨名可能是寺庙的名称。若果真如此，则该寺就是豉的最初传入地。

三　蒜

唐人喜欢食蒜，尤其在食肉时，蒜是必不可少的佐料。如《续神仙传》载有一道士，名宋玄白，"或食彘肉五斤，以蒜韭一盆，手撮肉吃毕"，而且，还认为蒜有去病延年益寿之神效："人间得蒜食者颇多……寿皆八九十。"[1]《法苑珠林》载："将肉就釜煮，余人贪料理葱蒜饼食之。"[2] 渤海人也和唐人一样喜欢食蒜。883 年，日本朝廷"下知越前、能登、越中国，送酒、肉、鱼、鸟、蒜等物于加贺国，慰劳渤海客也"[3]，日方既然以蒜来招待渤海客，必然是知道渤海人喜欢食蒜。中京显德府兴州下有蒜山县。既以蒜为县名，则该县当是以盛产大蒜而闻名，是蒜的主产区。蒜，已经成了渤海的家常菜。

四　藕

藕是莲的根茎，可以当作蔬菜。它也是渤海人常食的蔬菜。张缙彦的《宁古塔山水记》载，清初，在渤海上京龙泉府遗址东南十余里的地方有一长溪，"夏秋之交，荷花红敷数十里，灿若云锦，土人探莲者，荡小舟入之，浮游如画，真东京美景也"。另外，同一时期的方拱乾的《绝域纪略》也载："有小菱，有莲子，满人素不识，因游东京者往寻莲陂，土人遂撷之以市。"[4] 直至今日，这一带仍有不少以莲花命名的村屯，如东莲、西莲、前莲、腰莲等。1984 年，当地泡子里还盛开着莲花。现在，黑龙江省的林口、虎林、依兰、方正、东宁等地也还有莲花泡或莲花村之类的村名或泡名。

莲本非这一地区的产物，这里的莲必然是人们有意从其他地方引种的。那么，是什么人什么时候引种的？这些地方都在渤海国的辖域之内，所以渤海人引

---

① 　李昉等:《太平广记》，第 296 页。
② 　李昉等:《太平广记》，第 962 页。
③ 　藤原时平、菅原道真等:《日本三代实录》卷 43。
④ 　李兴盛、齐书深、赵桂荣主编《陈浏集（外十六种）》，黑龙江人民出版社，2001，第 1177 页。

种的可能性最大。莲花与荷叶十分具有观赏性，藕又可以做菜，引入它可谓一举两得。而且，莲花与佛教有关。佛寺中不少如来佛和观音菩萨塑像都是坐在莲花宝座上的，渤海人信奉佛教，也十分钟爱莲花。渤海国建筑材料中莲花瓦当、宝相纹方砖使用十分普遍。那么，引入莲或许还有宗教上的意义。但不管是由于什么原因引入的，可以肯定的是，渤海境内遍植莲花，藕也成了渤海人常吃的蔬菜。

五 萝卜

渤海人的蔬菜中很可能也有萝卜。838年秋，日本圆仁和尚入唐求法，在登州去长安的路上见到当地始"收蔓菁、萝葡"[①]。这个萝葡就是萝卜。唐时山东地区已普遍种植了萝卜。圆仁走的这条路也正是渤海使节入唐所走的路，圆仁在路上就遇到了归国的渤海使团和渤海王子。渤海人既然常走这条路，当然对萝卜也不陌生，而且渤海国的气候也很适宜萝卜的生长，将它引种到渤海的可能性是完全存在的。

第三节 建筑与居住

建筑是渤海人创造的物质文明中最辉煌的一章。从城市规划到建筑材料，从宫殿庙宇到普通民居，各个方面都超过了前代，取得了令人惊叹的成绩。城内多发现各种作坊、窑址、房址、寺庙址以及高台建筑基址等。[②]总之，渤海国持续200年的建筑发展使亘古荒原呈现城市林立、宫殿宏大、邸店有序、商贾使节云集的盛况。渤海国建筑制度对辽金朝产生了重要影响。

一 城市规划与设计

高句丽人以善于建造山城而闻名。渤海早期的城堡建筑显然受到了高句丽山城的影响。东牟山山城、仰脸山山城、五峰山山城、城墙砬子山城等渤海早期山城与高句丽山城，从形制到建筑方法，基本上没有多大区别。山城的

---

① 圆仁:《入唐求法巡礼行记》卷2，广西师范大学出版社，2007，第80页。
② 赵永军:《渤海中小城址的初步考察》，《北方文物》2000年第3期。

主要功能是军事防御，所以多建在战略要地，依山傍水，规模不大，非常
坚固。

后随着政治形势的逐渐好转，渤海人转而大规模修建平地城。建筑风格也
由高句丽式转向唐式。平地城除防御意义外，也强调政治、经济作用，所以更
能反映渤海的建筑水平。

上京城是渤海建筑成就的突出代表。该城完全以唐长安城为蓝本，不但
规模宏大，而且有较强的规划性。全城可分为内城和外城两部分。外城呈长方
形，周长约 16 千米，城墙宽 2 米余，是以夯土为基，用石块和土建造的。东西
两墙各 2 门，南北各 3 门，共 10 门。城正中有一条南北走向的大街，相当于唐
长安城的朱雀大街，暂且也称之为朱雀大街。全城的街道、里坊、城门都以这
条街为中轴对称分布，排列整齐，井然有序，呈棋盘状。城中共有 11 条主要
大街，除了 5 纵 5 横外，还有一条在现代都市中十分流行的环路。所有的街道
均宽阔笔直。其中最宽的达 110 米，几乎可与今日北京长安街相比。内城在外
城的中央偏北部，又分为皇城和宫城两部分，是官府衙署和王宫所在地。这种
布局是儒家南面而治、众星捧月思想的反映。内城的南部是皇城，是官府各衙
署的所在地，为横长方形，周长 3000 米。内有 10 处官署建筑，中间是一个大
广场。宫城在皇城和外城北墙之间，是国王办公和居住的场所。周长不足 4000
米，内有水池、假山、宫殿、回廊。彼此交相辉映，构成一幅完美的画卷。

上京城的设计基本是仿唐长安城的。黑龙江省博物馆刘晓东先生认为现存
上京城遗址是历经大钦茂、大仁秀、大彝震不断完善而形成的，是三重城制。[①]
整体格局正如白居易诗中描述的，"百千家似围棋局，十二街如种菜畦"。但也
并非完全照搬，渤海人还结合本民族的传统，形成了自己的城市设计风格。比
如，在皇城与宫城的关系上，唐是皇城在南，宫城在北，二者并列；渤海上京
是皇城与宫城两城环套，宫城完全被皇城包在其中，与长安有着很大的区别。
这样的布局更利于宫城的安全。

渤海人还引入了中原地区的园林设计，内城中有构思精巧的园林，即所
谓御花园。"在内城东垣以西，宫城东垣以东，周长约三公里。今存池塘遗迹，
面积近 2 万平方米，为一人工湖。池塘东西两侧有假山址，北部有亭榭址，础

---

①　刘晓东：《渤海上京城"三朝制"建制的探索》，《北方文物》2006 年第 2 期。

石仍旧原址存放，附近多黄绿色釉瓦。亭榭原是八角形建筑"[①]。园中植树种花，开渠搭桥，放置奇石，在园林这片小天地中再现了大自然的万千气象。园林的出现是当地建筑史上的一件大事，表明建筑设计不仅仅是为了提供居住的房屋，还升华为艺术上的追求。

渤海上京虽然比唐长安城少二三十坊，但比同时期日本的都城平城京大，平城京虽然也是仿唐长安城的，但面积仅及长安城四分之一。渤海上京在东亚称得上一大都会。建成一座这样大的城市，并使之正常运转，反映了渤海人的城市设计能力。他们已从讲究单个建筑的质量发展到了注重单个建筑与城市整体规划相协调一致的新阶段。渤海有 5 京 15 府 62 州，以及数量更多的县（县名可考者有 130 多个），所以渤海境内至少有 200 座城。其中，东京龙原府和中京显德府两城的格局与上京龙泉府相似，只是规模小得多（东京龙原府的外部未完工）。其他府、州城多分为内外两重，呈回字形。在府治一级的城里也有规模宏大的建筑，率宾城里的一个建筑物占地面积竟达 350 平方米。县城则简单得多，只是一个方形小城，这也和唐制一致。

二 宫殿与寺庙建筑

上京宫城里有五座大殿，各殿的建筑形制一依唐式。大型建筑都建在夯土台基上，金厢斗底槽，高台筑底，且有鸱吻设置。青瓦和釉瓦铺顶，顶瓦可能是绿边灰心的"剪边"做法。墙外涂泥。内壁和现在一样，涂以白灰。有的白墙上绘有彩色壁画，有的则嵌有花纹砖。屋檐下多有砖砌散水，宫殿建筑都很高大宏伟，华丽壮观。但有一点令人稍感不解：渤海人能烧砖，但为什么上京的宫殿等大型建筑的墙多是用土坯砖砌成的？比较合理的解释是出于保暖方面的考虑，因为砖性凉，而坯性暖。

渤海人懂得对大型建筑物进行基础处理。其方法是，在地上挖一个大于地面台基的基础坑。坑的深度要超过冬天的冰冻线，以减少强烈寒暑变化对建筑物的影响，一般在 1.8~2 米。坑内填充石块和沙土，夯实使之成为一个整体。然后在其上筑台基，最后再在台基上修建宫殿或寺宇。这种下大上小的结构有利于重力的分散，大大增强了建筑物的坚固性。这是一个里程碑式的进步，在

① 陈清柏：《唐代渤海国上京龙泉府遗址》，《黑龙江文物丛刊》1981 年创刊号。

渤海以前，黑龙江地区的建筑物还没有进行基础处理的。渤海的宫殿建筑像这样在技术上可圈可点的地方甚多，这里仅举几例。

　　王宫不但是渤海国王办公和生活的地方，也是保持王室神秘威严的地方，为了达到这一效果，渤海人在王宫的设计上下了一番功夫。上京宫城的五座大殿都建在一条主轴线上，从南到北依次为 1 号殿到 5 号殿，殿与殿之间的距离越来越小，前庭的宽度也越来越窄（见图 4-6）。"这样一来，相当于每一宫殿前庭东西两个角的回廊，将其北折的部分彼此连接便成为笔直的线，把连接起来的东角的线与连接起来的西角的线至终端合在一起，就形成一个等腰三角形。"① 这样的设计，使人向里走时，感觉宫殿一直排列到很远，幽深神秘感油然而生。反过来，如果让殿与殿之间的距离越来越大，前庭的宽度也越来越大，可以让人感觉宫殿更加宏伟、华丽，渤海东京八连城的宫殿就是这样设计的（见图 4-7）。而且，宫殿的整体结构经过了科学规划，每一个具体的建筑物也都根据其功能予以科学的设计。比如上京宫城 1 号殿（见图 4-8），是渤海国王处理政事、召见臣下的地方，应当高大庄严。所以设计者将两端的回廊与大殿连为一体，这样空间大了许多，人站在殿前会感觉自己非常渺小，这自然增加了王权的威严。可见渤海人在建筑方面的技术已经从简单地盖房子发展到了考虑整体效果，并且用建筑物营造某种气氛的阶段，这是建筑技术的一个升华。

　　减柱技术。中国古代建筑，不论是宫殿、官厅还是寺庙，多为木结构。木结构的特点是屋顶的重量全由一根根的木柱来承担，这使室内大柱林立，缩小了可用空间，也大大影响了视线。为此，工匠们减去了室内中心位置的若干柱子来增加空间，称为"减柱"。不过这要经过周密的计算和巧妙的设计，是当时建筑方面的重要技术之一。渤海人就掌握了这一技术。

　　上京宫城 1 号殿，"台基上有用熔岩做成的像大块岩石一样雄伟的柱础石。柱础石东西 5 排，每排 12 个，但第三排中间缺 6 个，只在两头各有 3 个"②（见图 4-9）。中间缺的 6 个柱子是有意减掉的，佛堂的中心是供奉佛像的地方，不宜有太多的柱子。

　　上京城 1 号佛寺的主殿"东西长 17.9 米，南北宽 14.32 米，里面每隔 3.58

---

① 朱荣宪：《关于渤海的建筑》，文一介译，《东北亚历史与考古信息》2004 年第 2 期。

② 朱荣宪：《渤海文化》，载吉林省考古研究室编《渤海史研究资料》第 1 辑，1981 年内部刻印本，第 39 页。

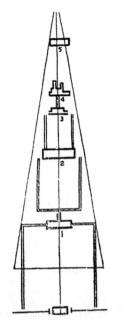 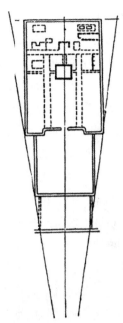

图 4-6　渤海上京宫城五座大殿排列示意图　　图 4-7　渤海东京八连城的宫殿排列示意图

资料来源：朱荣宪：《关于渤海的建筑》，文一介译，《东北亚历史与考古信息》2004 年第 2 期。

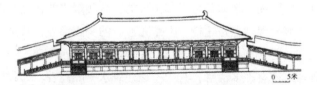

0　5米

图 4-8　渤海上京宫城 1 号殿立面图

资料来源：刘晓东主编《渤海的历史与文化》第 2 辑。

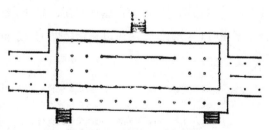

图 4-9　渤海上京宫城 1 号殿平面图

资料来源：刘晓东主编《渤海的历史与文化》第 2 辑。

米整齐地放五排柱础石，每排 6 个。只有中间一排当中（这里是佛坛的中心）少两个柱础石。这座殿是用减柱式方法盖成的带套间的建筑"[1]。

上京城 9 号佛寺的主殿"基坛上，28 个柱础石均匀放置。柱础石排成 5 行，每行各有 6 个，只有中行的中心部分缺两块柱础石。因此，此建筑与前面所谈 1 号寺址的正殿一样，是用减柱法构筑的"[2]。上京城里有一处官厅遗址，"柱础石 5 行，东西 11 个，南北各 5 个，只中间行的第 3 行，仅东西两端有柱础石，其中间则没有……总之，此房屋是减去中间的那一些柱子，把房屋整个构成一个大筒子间"[3]。

企口技术。现代建筑为了防止构件间发生位移和错动，在构件的衔接处制成凹槽和凸条，使之相互咬合，以增加建筑物的牢固性。渤海上京龙泉府宫城南门箭楼遗址上四角的石料就进行了这样的处理。

抢阳技术。渤海上京城的宫殿并不完全按子午线朝正南，而是略有偏差。据朱国忱先生考证，这并不是因为子午线测得不准，而是有意如此，以便更多地接受阳光，即建筑学上的"抢阳"。

此外，还有些建筑的细节也很有创造性。如用陶制柱围装饰大殿木柱柱底部分，"这种装饰不仅不见于中国中原地域，就连朝鲜半岛地域也看不到，这是渤海独特的建筑样式。这表明在渤海以前时期，该地域建筑以平面装饰为主，到渤海时期则向立体雕刻的装饰发展"[4]。

在中世纪的欧洲，教堂是可以和王公的宫殿相媲美的，是当地最高建筑水平的体现。渤海的佛寺也是这样。上京龙泉府的一座佛寺，其主殿仅次于王宫中的两座大殿，是渤海的第三大建筑，它的主殿台基面积就达 460 余平方米。此外，渤海各地还有许多佛寺，其中不乏建筑水平颇高者。如位于今朝鲜咸镜北道明川郡宝村里的改心寺，是由大雄宝殿、寻剑堂、音向阁、观音阁、山神阁五座殿堂构成的佛教建筑群。各殿阁屋顶均施绿釉瓦，华丽壮观。佛寺的建筑有共同的样式：都建在人工修筑的台基上；都是柱廊结构，木质柱下都有础石，础石埋于地下或简单地排列于地表；屋顶盖瓦，屋脊上装饰有雕塑的鸱吻；房檐上悬有铃铛（据说叮当作响的铃声可以吓跑魔鬼）。寺庙看起来都很高大、

---

① 朱荣宪：《渤海文化》，载吉林省考古研究室编《渤海史研究资料》第 1 辑，第 54 页。

② 朱荣宪：《渤海文化》，载吉林省考古研究室编《渤海史研究资料》第 1 辑，第 39 页。

③ 朱荣宪：《渤海文化》，载吉林省考古研究室编《渤海史研究资料》第 1 辑，第 39 页。

④ 李炳建：《朝鲜民主主义人民共和国的渤海建筑研究成果及批判》，李东源译，载郑永振、李东辉主编《渤海史研究》第 11 辑。

庄严，气派非凡，绝非低矮的民居所能比。

渤海宫殿、寺庙的建筑样式完全仿照唐的同类建筑，但其所用建筑材料却很有特色。上京城周围有很多火山熔岩（玄武岩），这种岩石呈黑色，上面有蜂窝状的小孔，是优良的建筑材料。上京城许多大型建筑的台基、望柱、石狮头、础石、石灯、门枢等都是用的这种材料，既美观又坚固。

正如魏国忠先生和朱国忱先生所说："毫无疑问，这一切决非一般的编户民工所能建造，必为专业人员所设计及专业匠人所修建。故知当时在各主要城市已出现专司建筑的行业。"[①]

三 民居建筑

渤海国时期的居住址是渤海时期的重要文化遗存，复杂的遗迹现象从侧面反映了当时的社会经济与社会形态。以往，对渤海的考古发掘主要集中在墓葬和城址方面，对居住址的发掘和研究往往被忽略了。1977年，黑龙江省文物工作者和吉林大学的师生首次发掘了东宁县团结上层渤海房址，随后陆续发掘了渤海时期的居住址。到目前为止，除黑龙江、吉林等省外，在俄罗斯滨海地区南部和朝鲜咸镜南道梧梅里、金山、北青等遗址中均有居住址的发现。

渤海的民居建筑分为地穴、半地穴式房屋，茅屋和瓦房。穴居是人类早期普遍采用的居住方式。肃慎族系也有穴居的传统，而且比中原地区持续的时间更长。南北朝时期的勿吉人仍然"筑城穴居，屋形似冢，开口于上，以梯出入"[②]。考古学发现也证实了这一点。在阿城小岭的一座山上有座"勿吉城"，"有上百个坑穴，分成南北两个部分，中间有一道明显的间隔，坑穴呈东西横列，每排有4至8个不等。最南端的坑穴最大最深，直径超过3米，其他的大都在两米左右，深在2米左右"[③]。

渤海人穴居的情况可能也差不多。地穴的建法十分简单，在高爽的地面挖一深穴，上排横木，留出出入口，再以厚土覆之。以梯出入。穴底呈方形或三角形，宽度大小不一，较大的达3米。这种地穴从外面看像坟墓一样，令见到

---

① 魏国忠、朱国忱：《唐代渤海的社会经济》，载平准学刊编辑委员会主编《平准学刊》第4辑上册。

② 《魏书》卷100《勿吉传》，第2220页。

③ 边丽艳：《金源文化之旅》，黑龙江人民出版社，2008，第123页。

它的中原人士惊讶不已。地穴尽管形象不佳，避寒却十分有效。不足之处是通风不好，夏天过于闷热。所以穴居者仅冬天住在穴内，春夏秋三季则在地面另建简易的茅屋居住。渤海时期，这种穴居方式仍存在于北部和东北北部的偏远地区。

穴居利于保暖，也易于修筑，但弊端同样明显：通风性能太差，潮湿，夏天居住过于憋闷。所以穴居只是冬季，夏季则在地面另建简易住室。半地穴式房屋下半部是挖出来的，上半部是构筑的，具体地说是先在地上挖一个比穴居浅得多，一般不到1米深的基坑，地表修一段墙壁，常常就是利用挖坑返上来的土，再用木封顶，用泥草苫盖。较之全地穴式，半地穴式房屋面积普遍增大了，同仁一期的一座半地穴式房址面积为6米×6米。建筑技术进步了，"出现了在四周穴壁底部挖槽立板为壁的新技术，即在穴壁底部挖出基槽，竖立木板，从而构成板壁，并在板壁的里侧挖坑竖柱支撑平放的圆木，屋椽搭于圆木上。圆木的高度与竖穴坑口齐平或约略高出，这样使圆木挤压住板壁不致内倾，更重要的是增加了整体直接承受屋盖载荷的强度。这样做法表明，支撑圆木的立柱和板壁还起着墙壁骨架的作用，免得墙体被压裂式塌垮。居住面四周铺板隔潮，灶坑设在居室中央，门口向东"[1]。这种半地穴式房屋不再憋闷，空间也扩大了，但还是比较潮湿。为了解决这一问题，有的将地面和下挖部分的墙壁用火烧过，形成半陶状，从而大大提高了防潮效果。

应用最广的居民建筑是茅屋。茅屋的室内面积都不大，一般不超过20平方米，是普通百姓居住的。其特点是有火炕类取暖设施。炕由石板或土坯筑成，多沿房屋的北墙和西墙呈曲尺状。宽度一般为1~1.5米，这表明人是顺烟道而卧的。18世纪，日本人间宫林藏详细记载了他在黑龙江下游地区见到的当地中国人的茅屋。书中说这种房屋"用方木制成，四面留有门窗，用于取光，并作出入之用。房顶用树皮覆盖，其上再覆以杂草。惧风刮，纵横置木以压之……屋内四周垒炕，外面以石砌成中空，于两端之近门处，从上凿孔修灶，故炊烟不外溢，均经炕洞达屋之四周后从屋之木筒中冒出。因此，严冬积雪季节，屋内亦感温暖"[2]。这虽说是近千年以后的情况，但在这1000年中，东北北

---

① 谭英杰、孙秀仁、赵虹光、干志耿：《黑龙江区域考古学》，中国社会科学出版社，1991，第55页。

② 间宫林藏：《东鞑纪行》，黑龙江日报《朝鲜文报》编辑部、黑龙江省哲学社会科学研究所译，商务印书馆，1974，第25页。

部地区的茅屋并无质的变化。所以，渤海的茅屋大体也应是这个样子。

地穴、半地穴和茅屋都是普通百姓的住宅。在各京府州县城里的贵族官吏住的是宽敞明亮的瓦房。1998年，在吉林省珲春市英安镇甩湾子村发现一处长方形石墙瓦顶房址，分左、中、右三室。因其内部无火炕遗迹，所以推测可能不是一般民居，也许是仓库或祠堂。不过，也不排除是采用了某种取暖方式的富有人家的住宅。其确切用途还有待于考古发掘工作的深入才能弄清楚。

值得注意的是上文提到的火炕设施，渤海的住房（包括宫殿）普遍有火炕这种取暖设施。渤海的先世勿吉人就已经使用了火炕，有的半地穴居址内部有原始的火炕设施。友谊县凤林古城七城区揭露出的一处半地穴式房址中就有类似的火炕设施。[①] 该房址大体呈正方形，灶塘和烟囱距离较远，几乎在对角线的两端，中间是长长的曲尺形的烟道，烟道上铺石板，石板上还应该有草泥。这就是火炕的雏形，是单洞火炕，后来的多洞火炕就是由它发展而来的。这种曲尺形的单洞火炕一直保存到20世纪初期，俗称"万字炕"。

从考古资料看，东北最早的火炕设施在黑龙江省东宁县的团结遗址中，在该遗址的一处房址中发现了很像现代火墙的取暖设施。"这座房址的年代据碳14测定为距今1925±80年，即相当于我国中原地区的东汉时期。这种由灶和低'火墙'组成的取暖设施，以往很少发现，我国北方流行的高火墙和火炕，当是它的发展。"[②]

火炕的发明大大增强了人们抵御严寒的能力，它使人们进一步摆脱了穴居，进而改善了居住条件和卫生条件，减少了疾病，增强了体质。所以，火炕是北方民族居住方面里程碑式的进步。

总之，渤海国建筑总体呈现唐代建筑风格和建筑水平，同时又具有地域性和民族性特质。究其原因，有以下几个方面。第一，渤海国建筑主流特质形成的政治因素。渤海国是唐朝的藩属国，渤海国诸王"恪守藩礼，远慕华风"，积极地遣世子诸生到京师太学习识典章制度，求写唐礼，创造了与唐朝"人文同源""车书本一家"的政治局面。这样的政治格局使渤海国的建筑审美具有唐代中原地区的建筑规划思想和建筑风格。第二，渤海国成熟的都城制度源于隋唐都城制。渤海都城为二重城制或三重城制，城市设施以中轴线布局，有大

① 友谊县人民政府编《黑龙江省友谊县文物遗址简介》，内部印刷，2006，第13页。
② 匡瑜：《战国至两汉的北沃沮文化》，《黑龙江文物丛刊》1982年第1期。

型宫殿建筑，华丽的鸱尾、精致的瓦当均为釉陶建筑构件。渤海国"宪象中原"的国策、经济发展水平等，是渤海国都城建制和宫殿建筑水平及装饰图案可以与唐朝比肩的因素。第三，渤海国建筑风格地域性特征的自然地理因素。自然环境会影响建筑文化的形成与发展，是塑造地域性建筑文化的基本要素。渤海国建筑取暖设施、石筑和土石混筑的城墙、门道与殿阁结合式的城门以及材料的选用充分体现了其气候寒冷的特点。第四，渤海国建筑风格中有很强的民族性，即靺鞨文化因素，同时兼有高句丽文化因素。渤海国自始至终都是一个多民族政权，其建立者及王室成员是靺鞨人，其国主体民族也是靺鞨族。渤海国建立者大祚荣曾是高句丽旧将，统治集团和民众中有大量高句丽人，渤海国在高句丽故地设置了西京鸭渌府。民族多样性是文化多元的根源。第五，佛教元素在渤海国建筑文化中占有重要地位。渤海国佛教盛行，渤海国王及王室成员笃信佛教。第三代王大钦茂派王子入唐朝贡期间，专门请示入寺礼拜，其尊号为"大兴宝历孝感金轮圣法大王"。在渤海国王的倡导下，官员及五京地区的民众多信仰佛教。目前发现渤海国寺庙址40处。如上京城内外有11处寺庙，这些寺庙不仅规模较大，而且从出土的琉璃瓦和瓦当纹饰来看，其规格也极高。第六，儒学是渤海建筑审美思想的渊源。渤海国都城宫殿建筑高大雄伟且以中轴线布局，宫城位于中轴线的北端，充分展现王权的威严。上京城、东京城、八连城的宫殿建筑位置和功能体现了等级差别，城内出土的殿阶螭首等釉陶建筑构件展现了封建礼制。

第四节　对外交通与交通工具

一　对外交通

据《新唐书·渤海传》载，渤海国的对外交通路线主要有5条，即朝贡道、日本道、新罗道、契丹道和营州道。

（一）朝贡道

朝贡道是从渤海都城上京城到唐朝都城长安城之间的交通线，因为渤海国赴唐朝贡使团多取此道，故称朝贡道。这是一条繁忙的交通线。在渤海国存在的二百余年中，遣使中原王朝 134 次，唐朝派使者出使渤海国 17 次，此外没有被史籍记载下来的双方往来人员必定更多，他们绝大多数都取道朝贡道，使之成为渤唐间的最主要的交通干线。

朝贡道从上京城出发向南，溯马莲河，越哈尔巴岭，入嘎呀河谷而下，经春阳、天桥岭、大兴沟、汪清、石岘，到达嘎呀河与布尔哈通河汇合处。到此转而向东，溯布尔哈通河、海兰江向西南，经龙井，再向前行百余里，就到了渤海五京之一中京，即"天宝中王所都"的中京显德府了。上京至中京显德府这段，是朝贡道陆路部分较好走的一部分，基本上是沿河谷较为平坦的地方行进，与今日的铁路、公路走向一致。

中京显德府位于今吉林省和龙市西城镇古城村，是朝贡道上的第一大都会。这里是渤海重要的经济中心之一。显德府所领的卢州产稻，以质优而闻名；铁州产铁，府治所在的显州更以产好布闻名。"显州之布"是渤海对外贸易的大宗出口商品。渤海使团向唐进贡或贸易所需的布大都取于此，使团"裹粮而行"，也要在这里补充稻米。

从中京显德府继续向西，经安图县二道白河镇马村（渤海兴州城）、抚松县（渤海丰州），折向西南，就到了鸭绿江边的临江。这段路穿越了长白山腹地的原始森林，是整个朝贡道最崎岖难行的一段。如果在今天，有人想从和龙去临江，实在算不了什么。可是在古代，穿越原始森林却是需要极大的勇气和毅力的。渤海人没有留下有关的记载，因而也无从知道他们走这段路时的详情。17 世纪时，浙江绍兴人士杨宾，出关到宁古塔（今宁安）看望流放中的父亲。他穿越长白山时的记录，形象地表述了人们在原始森林中跋涉的感受，"（森林里）万木参天，排比联络，间不容尺……而树根盘错，乱石坑呀，秋冬冰雪凝结，不受马蹄。春夏高处泥沼数尺，低处汇为波涛……蚊虻白蛾之类，攒啮人马，马畏之不前……夜据木石，燎火自卫。山魈野鬼啸呼，堕人心胆"[1]。这些并没有难倒渤海人，"三人渤海当一虎"。他们硬是在这"崎岖阴惨，不类人间"的大森林里开辟了一条道路。

临江是朝贡道上的第二大都会，到这里，行人一定有一种柳暗花明的感觉。崎岖的山路已被抛在了后边，宽阔的鸭绿江河谷展现在眼前。行人们把车

---

① 　杨宾等撰、周诚望等标注《龙江三纪》。

马留在西京城里,乘小船沿鸭绿江而下。这种小船称"小舫",速度很快,是渤海人内河航行的主要交通工具。经高句丽故都丸都(今集安)再下行500里,到达泊汋口,即今丹东市蒲石河口。由泊汋口下行30里,江面变宽,江水变深,于是换乘宽敞舒适,且更耐风浪,可以在海上航行的大船。再顺流行百余里,在鸭绿江口入黄海,然后沿辽东半岛东岸,经乌骨江(今叆河)、石人汪(今庄河市附近的石人岛)、杏花浦(今新金县杏树屯)、青泥浦(今大连),到达辽东半岛最南端的都里镇(旅顺老铁山),在此横渡渤海海峡。纵列在渤海海峡上的庙岛列岛成了天然的航标,先后过乌湖岛(隍城岛)、末岛(庙岛)、龟歆岛(砣矶岛)、大谢岛(长山岛),到达山东半岛的登州,即今蓬莱。唐在此专门建了渤海馆,接待渤海使者和商旅。从渤海上京城至此,水陆共2130里,得入唐境。

渤海使者和商旅在登州的外港青山浦下船,在渤海馆一边休息,一边等待唐许可入京的文书,就像现在等候入境签证一样。拿到许可文书后,向西经蓬莱州(今山东莱州)、青州(今山东益都)、兖州、汴州(今河南开封)、郑州、洛阳,入潼关到长安。

不仅渤海人朝唐走这条路,唐派往渤海的使节也走这条路。正由于此,中原人对这条路不陌生,以至于当时的地理学者能大概说出这条路的走向及各段的里数。文献中对朝贡道的记载远较营州道、日本道等其他几条主要交通线详细。朝贡道密切了渤海与唐的联系,也促进了双方的经济和文化发展。

(二)日本道

在渤海的几条主要对外交通线中,日本道是最艰险的一条。它不但要翻越哈尔巴岭和老爷岭的一座座山峰,还要横渡波涛汹涌的日本海。在那个木帆船时代,其艰难可想而知。但是,勇敢无畏的渤海人却以汗水和生命为代价,开辟了这条交通线。

日本道是因政治原因开辟的。渤海第二代王大武艺时,因击黑水靺鞨和"大门艺事件"与唐交恶;与新罗的关系也相当紧张;而一度十分强大,与唐抗礼多年的突厥也已为唐所败。渤海国举目四望,可以寻求的盟友只有隔海相望的日本了,所以才冒险开辟日本道,以与日本"亲人结援"[①]。后来,随着渤

---

①　藤原继绳等:《续日本纪》卷10,第111页。

海与唐关系的改善及渤海经济文化的发展，日本道的政治和军事意义逐渐降低，经济文化意义占了主导地位。

日本道包括陆路和海路两部分。陆路的路线也分为前后两个时期。当渤海都城在旧国时，陆路的路线是从旧国出发，向东翻越哈尔巴岭余脉，沿布尔哈通河到达今延吉、图们，再沿图们江下行，到达位于今吉林省珲春市西7.5千米的东京龙原府，由此向东南不远就到了出日本海的海港盐州。陆路后期路线的出发点是上京龙泉府，向南溯马莲河，越哈尔巴岭，入嘎呀河谷，经春阳、天桥岭、大兴沟、龙泉坪、松林洞，过凉水、密江，到达东京龙原府转向南，到南京南海府的外港吐号浦港出海。但绝大多数时候是从盐州出海的。

从渤海去日本的海路有三条。其中两条是以盐州为起点，称为筑紫线和北线；还有一条起点是吐号浦，称南海府线。

南海府线是从南海府吐号浦港出发，沿朝鲜半岛东海岸南行，过对马海峡，到筑紫（今日本北九州）的大津浦港（又称博多大津、日本福冈），然后向东过濑户内海，达难泊江口（今日本大阪），转赴京都。这条路多沿海岸航行，看似安全，实则不然。它的一大段离新罗海岸很近，有遭到与渤海人长期对立的新罗人袭击的可能；更为严重的是，对马海峡虽然不宽，但洋流是顺向的，横渡非常困难；而且，这条线路行程太远，在海上多航行一天，就多一分危险，所以渤海使团不愿选择此路。但日本因为要接待的外国船只都在大津浦港，在那里安排有专门的人员和设施；更重要的是，这条路经过的是日本最富庶的地区，日本人当然愿意让远方的客人看到自己好的一面。所以，日方力促渤海人走南海府线。于是渤海使团于776年走了一次这条线，但行至对马海峡一带时遇风暴，舵折帆落，167人中121人遇难，仅余46人死里逃生，漂到日本。这是渤海访日使团人员损失最大的一次。此后，渤海人再也没有走过这条海路。

筑紫线是从盐州出发，沿朝鲜半岛东海岸向南航行，过了吐号浦一带以后与南海府线重合。所以它也与南海府线一样有诸多不利。渤海人只应日方要求于759年走过一次，不幸遇风，船只漂到对马。以后再未走此线。

北线是条捷径。从盐州出发，向东南直接越过日本海，在本州西海岸的能登、加贺一带登陆，再走陆路向东南，入日本京都。实践证明，这条线是渤、日间的最佳航线，水路只900千米，不但路程近，而且有洋流和季风可以利用。日本海西岸附近有自北向南的洋流——里曼寒流，东岸附近有自南向北的洋流——对马暖流。海面上秋冬刮北风和西北风，夏季则刮南风和东南风。渤海人了解了这些自然规律后，对之加以充分的利用。他们秋末冬初出航，在海流和风力推动下，可迅速而省力地到达日本本州中部西海岸，第二年夏天再利用东南风和北向洋流返回。走这条路又快又安全，所以尽管日方反对，渤海人还是更愿意这么走，日方后来也不得不开禁，并在能登等地修造客院，以备接待，又禁伐当地山上之大木，以备渤海使团修造归舟时取用。渤海国存在 200 年间，共 34 次遣使访日。除了南海府线和筑紫线各走一次外，其余 32 次都走此线。所以，所谓的日本道在多数情况下就是指的这条路。

关于日本道，学术界还有一些不同的看法。这里择其与上文所述差异较大者简要介绍一下。

朝鲜学者李太熙认为，盐州所在的波谢特湾不可能是日本道水路的出发点。理由是波谢特湾冬季有三个月的冰期，而渤海使团多次冬季到达日本，从渤海国到日本航行只需 1~2 周，所以他们是冬季出发的。但是，结冰的波谢特湾冬季是不能航行的。可见，这个出发点当在南方不冻海岸。他认为应当是今朝鲜咸镜北道青津市青岩区富居里附近的连津港或龙渚港。

日本学者新野直吉认为，从渤海去日本，在上文所述的北线之北，还有一条航线，他称之为"北方之海路"。即从盐州出发，利用洋流，沿海岸线向东北，到库页岛南端后州折而向南，至北海道或出羽（今秋田县、山形县）登陆。前期的渤海使团多走此路。这条路虽有洋流之便，但须经虾夷人辖区，当虾夷人与日本关系紧张时，这条路是危险的。786 年和 795 年，渤海使团两次遭虾夷人劫掠后，才不再走此路。

（三）新罗道

新罗道是渤海去新罗的交通线。从上京城（前期是从旧国）出发，沿日本道到东京龙原府。沿图们江到海，再沿朝鲜半岛东海岸狭窄的平地向南，到南京南海府，即今朝鲜咸镜南道北青附近。之后，再向南行，经今咸州、定平、金野、过泥河（今龙兴江），进入新罗境内，又经高原、川内、文川，到新罗泉井郡，即进朝鲜江原道元山市德源。有些渤海史著述认为德源在咸镜南道，这与实际情况有误。自东京龙原府至此"凡三十九驿"。考虑到渤海人善于航海，则新罗道可能还有一条水路。它可能是从盐州或南海府出发，沿海岸直抵新罗东部各港。水路显然比陆路方便。

由于渤海与新罗的政治军事关系长期紧张，加之双方上层贵族交换奢侈品的互补性不大，所以双方交往较少，新罗道也就不如朝贡道、日本道繁忙。但渤海与新罗的关系并非一直紧张，新罗道也并非一直受冷落。大祚荣建国之初，国小力弱，外交上对新罗也表示臣服，接受了新罗所授的"五品大阿餐"之职，双方关系良好。此时，新罗道当不寂寞。第二代王大武艺继位时，经过二十多年苦心经营的渤海国实力已大大增强，不再把新罗放在眼里，并开始与新罗争夺进朝鲜半岛东北部的土地。双方刀兵相向，往来几乎停止。737年，文王大钦茂继位后，渤海国偃武习文，对内着重发展经济，完善各项制度，对外与唐、新罗缓和关系。新罗也乐于实现双方关系正常化。新罗曾于790年和812年两次遣使访问渤海，显然是为了改善双方关系。此时的新罗道，使节、商旅常来常往，兴旺一时。但到818年，大仁秀继位后，渤海向南扩张领土，新罗"筑浿江长城三百里"以拒之，双方关系再次恶化，使节断绝，商旅不行，新罗道随之废弃。这种情况一直持续到渤海灭亡，一百余年没有大的变化。

（四）契丹道

渤海是靺鞨人借契丹反唐之机逃离营州建立的，最后又亡于契丹，真可谓"成也契丹，败也契丹"。契丹是渤海的重要交往对象，所以在渤海的几条重要对外交通线中有一条是通往契丹的契丹道。

契丹道分前期和后期两条线路，旧国时期为前期，迁都上京后为后期。前期路线是从旧国出发，大体沿今日长图铁路向西，经蛟河、吉林、九台，越饮马河到农安。农安是渤海西部重镇扶余府所在地，渤海在此"常屯劲兵捍契丹"。由农安向西南，在今吉林省双辽市一带入契丹境，然后，经通辽、开鲁、阿鲁科尔沁旗，达契丹上京临潢府，即今内蒙古巴林左旗。后期路线是从上京龙泉府出发，向西直接翻越崎岖陡峭的张广才岭，到扶余府。以后的路线与前期路线相同，契丹灭渤海时，走的就是这条路。

渤海与契丹最初是反唐的盟友，双方关系较为密切，契丹道一度较为繁荣。但随着双方各自力量的壮大，都有了强烈的扩张领土的愿望，逐渐化友为敌，长期武装对峙，军事冲突时有发生。特别是到渤海晚期，双方互为水火，血战数十年，成了"世仇"。在经济上，契丹较为落后，不能生产渤海贵族们所需的奢侈品，而契丹的许多物质需求也可以方便地从唐得到，无须求助于渤海，所以双方几乎没有贸易。这一切使渤海中后期的契丹道十分萧条。

契丹道上的重镇扶余府还是渤海通往室韦、乌洛侯、豆莫娄等部的交通枢纽。另外，渤海还一度通过契丹道与回纥汗国、南西伯利亚各族来往。

（五）营州道

营州道是从渤海经营州（今辽宁朝阳）去唐长安的交通线。安史之乱以前，它是唐、渤往来的主要交通线，是唐"入四夷之路与关戍走集最要者"的七条交通线之一；安史之乱以后，由于契丹和其他游牧民族兴起，营州道时常受阻，经鸭绿江的朝贡道代之而成为主要干线，但营州道并未完全废弃，仍是渤海对外交通线之一。

营州道的起点是渤海都城。旧国、中京显德府、东京龙原府、上京龙泉府都曾为渤海都城。但在上京龙泉府时间最长，所以，暂以上京龙泉府为营州道的起点。

从上京出发，逆牡丹江到旧国，然后向西越威虎岭，过第二松花江，溯辉发河到渤海长岭府，即今桦甸市苏密古城（长岭府一说在今梅河口市西南）。出长岭府不远，就出了渤海国境，再向前就到了新城，即今抚顺市。新城城不大，但因唐安东都护府一度驻于此，故小有名气。又经盖牟城（今沈阳附近），到辽东城，即今辽阳市。从上京龙泉府至此 750 千米。以上路径，大体和今日的铁路、公路走向一致。

辽东城是营州道上最重要的城池之一。自秦汉以来，它一直是辽东地区的政治、经济中心和军事重镇。虽历经隋唐与高句丽之间数次战祸，仍不失为一大繁荣都市。往来的使节商贾，可在此休整。

出辽东城西渡辽水，经汝罗守捉（在今北镇市境内）、燕郡城（在今义县附近大凌河畔），向西再经 54 里，就到了营州城了。

营州道以营州命名，足见营州在这条交通线上地位之重要。营州，两汉魏晋时称柳城，隋唐时始称营州，一直是中原地区入东北的门户，也是中原政权控制东北各族的重要机构所在地。汉在此设辽东属国都尉，管辖附近各少数民族。三国时，三郡乌桓割据于此，袁绍败亡后，其子袁尚、袁熙来投，曹操发兵偷袭，击败乌桓与二袁联军。隋唐时，中央王朝监控东北的机构设于此，也把来归附和被平定的各少数民族安置于此。以大氏为首的粟末靺鞨就是在高句丽灭亡后被迁于此，后乘契丹人叛乱之机回到故土建立了渤海国。

到了营州也就到了唐的直辖区，算是正式进入了唐境内。唐在东北直辖区的界限时有变动，但营州始终是唐的直辖区。所以唐以营州为入渤海、契丹、室韦、黑水靺鞨等部族交通线的起点。从营州继续前进，沿辽西走廊或直接翻越燕山山脉，经幽州（今北京）赴长安。

除上述五道外，还有一条不见史籍记载，但经考古发现确实存在的渤海国北部交通路线，即黑水靺鞨道。[①]据《新唐书》载，上京龙泉府"其北经德里镇，至南黑水靺鞨千里"[②]。据《中国历史地图集》，德里镇在牡丹江与松花江交汇处，即今黑龙江省依兰。则此路是从上京城出发，顺牡丹江向北，到牡丹江入松花江口，再折向东北，顺松花江而下，到达三江平原和黑龙江下游地区。史载黑水靺鞨数次入唐朝贡，走的应该就是这条路。这条路夏为水路，乘船而行，十分便捷；冬可走江边陆路，或在江中冰上行走。

这条路到黑龙江入海口后并没有停止，而是继续向前，沿鄂霍次克海岸，或乘船横渡鄂霍次克海，一直延伸到堪察加半岛。史载，"流鬼在北海之北，北至夜叉国，余三面皆抵大海。南至莫设靺鞨船行十五日"[③]。这个流鬼就在堪察加半岛。贞观十四年（640），流鬼首领孟蚌遣其子可也余志入唐朝贡，走的就应该是这条路。

二　交通工具

渤海国对外交往频繁，城市林立，使节、商旅云集，这就要求有相应的交通工具，车船制造业遂应运而生。

渤海人能制车。南北朝时期，中原人就知道渤海人的先世勿吉人"有车马""车则步推"，那时的车当然是十分简陋的。渤海建国后，在唐的影响下，造车技艺大大提高，能够制造十分复杂的车了。在渤海遗址发掘中，常常发现铁质肖栓、轮毂、饰物等车的零部件。如果根据这些部件把车复原，当是铁木

---

① 魏存成：《渤海考古》，文物出版社，2008。
② 《新唐书》卷43下《地理七下》，第1147页。
③ 杜佑：《通典》卷200《边防十六·流鬼》，第2852页。

结构的两轮大车。贞惠、贞孝公主墓志中都提到"辕马",可知当时的车辆是以辕马为中心的由几匹马拉的大车。这种车是"车身较长,车体较重,前有车辕,两侧车轮包有铁瓦并以中轴相接,轴端小孔插有铁辖,车毂口孔裹有铁棺的以铁木为结构的坚固耐用的车辆"①。车的结构复杂,涉及木工、铁工、皮工等多个工种,非单个普通人所能造,必已形成了一个分工明确的造车行业,有很强的造车能力。这种车与同一时期中原地区的车大体一致(这样的车,直到20世纪60年代,在我国某些农村仍能见到)。当时的诗人说渤海与唐"车书本一家",表明渤海车的形状大体与唐一致,渤海造车技艺源于唐。清初流人张贲等踏访上京遗址时,仍可看到"城门石路,车辙宛然"。可见渤海人确实是大量制造和使用车辆。正因为渤海人善于造车,渤海国灭亡后,契丹人还役使渤海工匠造车,"富谷馆居民多造车者,云渤海人"②。不过,从对"城门石路"上辙迹的测量可知,渤海车辆轨距与中原地区是不同的。渤海与中原书虽同文,车却不同轨。

与陆路交通相比,水上交通更加重要。渤海的五京和绝大多数府治或沿海,或沿大江大河,就连一般的居民点也多临河而建,所以渤海对内对外交通主要靠水路。这种需求促进了渤海造船业的发展。渤海国34次派使团横渡波涛汹涌的日本海出访日本,又多次循海路朝唐,还曾派水军(一说利用海贼)渡海攻唐登州城。这说明他们能够制造经得起风浪的海船。海船小的可载20人,外加少量货物,大的可载65人以上,外加一定量的货物。与同一时期唐的海船相比,这样的船算不上很大,但对于起步较晚,财力有限的渤海来说已经是很了不起了。这些海船主要靠风前行,都是帆船,但也装备了橹和桨,没有风时就靠摇橹划桨行驶,因为吃水较浅,在大海和大一点的江河中都能航行。船身主体为木结构,只有钉和其他少数部件用铁,船上舵、桅、楫、锚、碇、缆绳等设备一应俱全。渤海的海船虽然不大,但数量较多,访日的船队多时达17艘,攻唐的渤海水军能攻下重镇登州,出动的船数也绝不可能太少,这说明渤海的海船生产规模不小,而且造船技术也不比唐落后多少。考古发掘发现,位于俄罗斯滨海地区埃克斯佩孚齐亚湾楚卡诺夫河河口的盐州是一个主要的造船中心,出访日本的船大都是在这里建造的;位于朝鲜咸镜南道北青附近的南京

① 魏国忠、朱国忱:《唐代渤海的社会经济》,载平准学刊编辑委员会主编《平准学刊》第4辑上册。

② 叶隆礼:《契丹国志》卷24《王沂公行程录》,上海古籍出版社,1985,第231页。

南海府也是一个重要的造船基地，制造的船用于渤唐间的航运。渤海人还能制作一种简单轻便的小船，称为"小舫"，用于内河航运。这种小船工艺简便，随处都可以制作。虽然史料对这种"小舫"记载极少，但它必定是内河航运的主角，数量应当很多。契丹人也很看重渤海人的造船技术，渤海国灭亡后，役使了大批渤海工匠为其造船。

第五章

婚姻与丧葬

婚姻家庭是人类最基本的社会生活内容之一，婚姻丧葬的演变直接地反映了人类社会的发展。渤海人的婚姻与丧葬习俗具有鲜明的民族性和阶层性，其社会上层追逐唐朝风格，基本上与唐朝比肩；一般民众以靺鞨、高句丽族等本族特点为主。一夫一妻制婚姻是社会主流。丧葬方式，渤海王室贵族效仿唐朝丧葬礼仪，依山为陵，修建石砖墓；一般民众为竖穴土坑或石室墓。

第一节　渤海人的婚姻生活

一　一夫一妻制的婚姻

渤海社会的婚姻制度基本上是一夫一妻制，妇女在家庭和社会中享有较高的地位。贞惠和贞孝两公主墓志，称赞出嫁的女子要"六行孔备，三从是亮"，即以儒家的封建伦理约束和衡量妇女：未嫁从父，既嫁从夫，夫死从子。墓志描绘丧失的公主衔悲守志是"学恭姜之信矢，衔杞妇之哀凄"。宋人洪皓《松漠纪闻》中记载，渤海"其王旧以大为姓，右姓曰高、张、杨、窦、乌、李，不过数种……妇人皆悍妒。大氏与他姓相结为十姊妹，迭几察其夫，不容侧室及他游。闻则必谋置毒死其所爱。一夫有所犯而妻不之觉者，众人则群聚而诟之，争以忌嫉相夸。故契丹、女真诸国皆有女姅，而其良人皆有小妇、侍婢，唯渤海无之"。这种"不容侧室"的习俗，说明渤海时期，渤海妇女往往联合起来抵制丈夫纳妾，并以此为荣。为了保证丈夫为己专有，采取毒杀侧室的手段。渤海女子对一夫一妻制野蛮极端的维护，也证明了在家庭中正妻比小妾的地位高。渤海国第三代王大钦茂的二公主贞惠和四公主贞孝早年丧夫不再嫁的史实说明渤海实行了较严格的一夫一妻制。

近年来对渤海聚落和墓葬的考古发掘也证实了这一点。1971年9月，考古工作者在吉林省和龙县东北25千米的古城中，清理了一座渤海贵族夫妇的合葬墓；1980年10月发掘的贞孝公主墓，根据骨骼鉴定为男女两人的骨骼，被判断是贞孝公主夫妻二人的合葬墓。另外，吉林敦化六顶山墓群、和龙北大地渤海墓葬以及黑龙江绥芬河一带发现的墓葬和居住址都如此，发掘的两人合葬墓多是一男一女的夫妻合葬墓。二次葬的合葬墓虽然人数较多，有的同为男，有的同为女，或者是多男多女的合葬，但这种二次葬多是家庭成员的合葬，是渤海存在封建制家庭的一种反映。一般平民，有的住在半地穴式住室，面积不大，一般平面呈方形或长方形，边长多在3.4米左右，有一个炉灶，显然只能容纳一夫一妻制的小家庭居住。1977年在黑龙江省东宁县团结遗址挖掘的渤海房屋址共四座，悉为平民住宅，这种小型居室正是一夫一妻制个体家庭的写照。①

辽金时期，随着渤海族与外族通婚的逐渐普遍，严格的专偶婚制首先在族际婚中被破坏，一些渤海女子成为契丹、女真统治民族的侧室、小妾。渤海上层多与契丹、女真统治集团通婚，辽朝时，渤海大族女子多被选进皇宫纳为嫔妃，也有契丹公主下嫁渤海世家大族的。金太祖天辅年间，选渤海士族女子有姿德者赴京师（今黑龙江省阿城区），嫁与女真亲王为妃。此后女真皇帝不断纳渤海女子为妃。渤海族尽管与契丹、女真族通婚，但在某些方面却抵制、拒绝接受契丹、女真族的婚姻习俗。金世宗的父亲完颜宗辅先故，按女真旧俗：妇女寡居，宗族男子可以接续为妻。世宗的母亲渤海人李氏为了抵制这种落后的婚俗，竟然削发出家为尼。渤海人男女自媒的自愿婚，即男女定情后，"必先攘窃以奔"，在金代被严令禁止。金世宗为全面推行封建礼法，于大定十七年（1177）十二月颁诏令："以渤海旧俗男女婚娶多不以礼，必先攘窃以奔，诏禁绝之，犯者以奸论。"②从此渤海族的自由恋爱婚嫁被视为非礼行为予以限制，

① 干志耿、孙秀仁：《黑龙江古代民族史纲》，黑龙江省文物出版编辑室，1982，第188页。
② 《金史》卷7《世宗纪中》。

聘娶婚逐渐取代自愿婚成为渤海族的主要婚姻形式。金朝后期渤海人已逐渐抛弃本族的传统婚俗，全面采用汉族的婚姻习俗了。

二　抢婚习俗

渤海传统的婚俗是抢婚。《金史·世宗纪》所谓的"渤海旧俗，男女婚多不以礼，必先攘窃以奔，亡后二百余年犹然"，表明金代中叶时的渤海遗民还在很大程度上保持着以两情相悦为前提的古老"抢婚"习俗，妇女在选择配偶方面显然存在着一定的"自由"。这是靺鞨先民的风俗沿袭。早在肃慎—挹娄时期，其"将嫁娶，男以毛羽插女头，女和则持归，然后致礼聘之。妇贞而女淫"①；勿吉时，则"初婚之夜，男就女家，执女乳而罢，便以为定，乃为夫妇"②。无论是"以毛羽插女头"，还是"执女乳以为定"，都是以相互间的爱慕即两情相悦为基础的。当然，这里的"抢婚"只是象征性的"抢"，也是以男女双方两情相悦为前提的。渤海人的"抢婚"习俗一直延续到金世宗大定十七年才被废除，但这时距渤海亡国已有250余年了。由此可见，渤海人的"抢婚"习俗是相当稳定的，并未因朝代的更替而很快发生变化。

三　女性教育

渤海女性，更准确地说渤海王族中的女性享有受教育的权利。有关渤海国女性状况的文献资料阙如，仅能从考古资料中得知渤海国第三代王大钦茂的贞孝和贞惠公主的有关情况。这两位公主都是大钦茂的女儿，其中，贞惠公主为国王的第二女，贞孝公主为国王的第四女。可见，仅大钦茂就至少有四个女儿，那么，其他国王与其加在一起，渤海国公主数量一定非常可观。从两位公主墓志可知贞惠、贞孝两公主从15~20岁接受教育，"早受女师之教"。二公主贞惠卒于渤海国宝历四年（777），按去世"春秋四十"计算则当生于737或738年。大钦茂对女儿的教育即以唐朝儒家的伦理道德、礼教为准。贞孝、贞惠公主生于深宫，由于早年受到女师的教诲"克比思齐，每慕曹家之风，敦诗

---

① 《晋书》卷97《四夷传》，肃慎条。
② 《魏书》卷100《勿吉传》。

悦礼"，按封建道德的要求做到既多才又为善。及至出嫁"柔顺且都，履慎谦谦"做一个贤妻良母。夫亡子夭，衔悲守志，终身不再嫁。含悲结愁的生活使两公主"长途未半"而过早地死去。死后被分别赠以贞惠、贞孝的谥号，则是对她们一生以封建伦理道德为行为标准的褒美，同时又为渤海国女性树立了学习典范。

在古代，社会教育具有鲜明的阶级性，而女子由于社会角色的原因，她们根本没有接受学校教育的权利和机会，只能接受不系统的家庭教育。渤海国普通女性的教育为家庭教育，即大都由父母或者其他长辈对女儿进行教育。教育内容与宫廷女子教育的内容基本相同。

第二节　渤海人的丧葬习俗

渤海国境内不同社会阶层和族群的丧葬习俗不同，呈现多样性的特点。上层社会追逐唐朝的风格，一般平民社会则表现出靺鞨族风格。

一　渤海王室仿效唐陵寝制

商周时，人死之后，平地而葬，墓地上不起坟，也不栽树，称作"不封不树"。战国时，诸侯国君的墓已明确称为"陵"，并规定"民不得称陵"。"陵"字的本意是山，称墓为陵是指墓上的封土像山那样高大，封土之下行地宫，地宫之内有棺椁，棺椁之内有随葬品，棺椁之外还有陪葬品。渤海国接受唐朝册封之后，与唐朝的往来十分密切，在葬俗方面渤海上层社会效法唐朝的一些丧葬习俗。渤海王也建造陵寝。目前所见文献中不见渤海王陵方面的资料，但墓志材料已有发现。如贞惠公主墓志中提到的"陪葬于珍陵之西原"[1]，顺穆皇后墓志中提到的"迁安□陵"[2]，其中"珍陵"，金毓黻认为是贞惠公主之父大钦茂的陵号。[3]

①　阎万章：《渤海"贞惠公主墓碑"研究》，《考古学报》1956年第2期。
②　吉林省文物考古研究所、延边朝鲜族自治州文物管理委员会办公室编《吉林和龙市龙海渤海王室墓葬发掘简报》，《考古》2009年第6期。
③　金毓黻：《关于〈渤海"贞惠公主墓墓碑"研究〉的补充》，《考古学报》1956年第2期。

　　一般认为三陵1号墓是渤海王的陵寝,当然也不排除渤海王与后妃合葬。[①]
三陵1号墓位于宁安市三陵乡三陵村的牡丹江北岸台地上,与渤海国上京龙泉
府遗址隔江相望,系封土石室墓。墓葬由墓室、甬道、墓道、地面建筑组成。
墓室由加工规整的玄武岩石块砌筑,呈南向。墓室长3.9米、宽2.1米、高2.4
米,以石板由东西两壁内平行叠涩封顶(见图5-1)。甬道开在墓室南壁中间,
长约4米,呈扇形,与墓室相接处宽度为1.36米,与墓道相接处为2.09米。墓
道长9.8米,宽约2米,墓道底部发现了用玄武岩雕凿的所谓"踏道"。封土
上有础石排列,说明墓上有享堂类祭祀性建筑。墓的四周砌有围墙,规划了明
确的墓域。

　　三陵2号墓,位于1号墓东北30米处,与1号墓和3号墓属于一个陵园
内的墓葬。三陵2号墓为石室墓,由墓室、甬道和墓道组成。整个墓室建于地
下,长3.9米、宽3.3米、高2.45米,四壁用工整的玄武岩石块砌成,结实讲
究,叠涩起顶,四壁和藻井以及墓门甬道两侧皆有壁画。墓南向,北壁残存人
物像。藻井壁画以团花宝相纹为主(见图5-2)。另据黑龙江省考古研究所的
勘察,三陵墓葬群中已探知的至少有5座,是在王城北部建置的渤海王室贵族
陵园区。三陵2号墓中壁画和贞孝公主墓壁画的绘画风格一样,均与中原唐墓
中的壁画风格极为类似,无论是"铁线描"的技法,还是人物的体态容貌、装
束服饰乃至神态表情等,都酷似中原壁画。六顶山墓葬中出土的两尊石狮子的
"造型风格和雕刻手法"均与唐昭陵、乾陵前面的石狮"十分相似"[②],只是小、
大不同的区别而已。

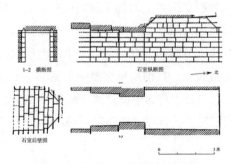

图5-1　三陵屯M1平面图、剖视图

　　资料来源:魏存成:《渤海考古》。

────────────

①　刘晓东:《渤海文化研究——以考古发现为视角》,黑龙江人民出版社,2006,第165页。

②　王承礼:《敦化六顶山渤海墓清理发掘记》,《社会科学战线》1979年第3期。

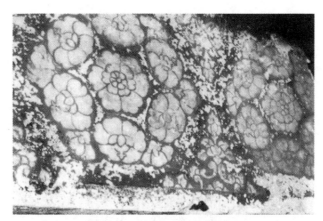

图 5-2　三陵屯 M2 中的壁画

资料来源：魏存成：《渤海考古》。

二　渤海贵族的厚葬习俗

渤海权贵与富室人家的安葬方式效法唐朝社会贵族的丧葬礼仪，追求厚葬，幻想死后能像生前一样享乐。从贞惠公主墓志来看，贞惠公主卒于 777 年（渤海宝历四年），葬于 780 年（宝历七年）。这位公主去世后，并没有直接入葬，而是采用中原的堪舆迷信之说，停厝三年，择吉而葬，采用挽郎送丧的中原仪式。[1] 更重要的是贞惠公主的墓制也基本仿照唐朝的昭陵而建，可见渤海的葬俗深受中原唐王朝的影响。

大钦茂在给贞惠和贞孝两位公主办丧事期间，停止了所有的国务活动，而且还专门委任官吏负责安排丧事的礼仪。仪式开始后，送葬队伍边护送灵车边唱挽歌，沿纵横交错的田间小路盘桓而行，一路上马嘶人啼，一派悲痛哀愁的凄凉景象。到达墓地后，先将公主的棺椁下葬，然后再置碑志于甬道石门内。上述这些礼仪，基本上是比照《大唐开元礼》中"将葬"和"掩圹"的规定进行的，完全符合唐朝公主在去世后举行丧礼时的那些程序。

渤海贵族的墓葬多是砖石墓。最具代表性的是 1980 年发掘的贞孝公主墓。该墓位于吉林省和龙市龙水镇西南的龙头山上。墓用砖和条石砌筑，由

---

[1] 王健群：《渤海贞惠公主墓碑考》，载王承礼、刘振华主编《渤海的历史与文化》，延边人民出版社，1991，第 448 页。此文原载《文物集刊》（2），文物出版社，1980。

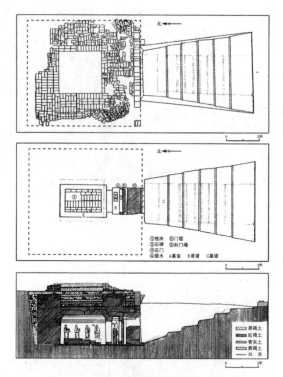

图 5-3　贞孝公主墓葬平面图、剖视图

资料来源：魏存成：《渤海考古》。

墓室、甬道、墓道组成（见图 5-3）。墓顶建塔，仅存塔基，塔身毁坏无存。墓南北长约 15 米，东西宽约 7 米，墓道在南，水平距离 7.10 米，东西两壁夯筑，外抹一层草泥。部分墓道有阶梯，以黏性土筑成。墓道后接墓门，墓门后接长 1.90 米的甬道。甬道接墓室，两者之间设一门洞，高 1.34 米、宽 1.42 米。墓室用方砖平铺砌筑，其上抹白灰，呈长方形，南北长 3.10 米、东西宽 2.10 米。墓底中部用长方砖砌筑棺床，棺床南北长 2.40 米、宽 1.45 米、高约 0.40 米。甬道后部东、西两壁和墓室的东、西、北三壁绘有壁画，横排竖列绘有人物十二人，绘法铁线描，用墨线绘出轮廓后再加涂朱、红、赭、青、绿、黑、白等颜料。

　　吉林省和龙市河南屯大墓，是夫妇异穴合葬的封土砖室墓。四壁以青砖垒砌，白灰勾缝，方砖铺底，墓顶以两层大石板封顶，以土封培，封堆高大，封堆有成排础石和砖瓦残件，还有陵园围墙残迹，出土金带以及金银饰件。

三 渤海平民的薄葬习俗

一般普通民众实行薄葬，死后即土葬，保持了靺鞨族系的丧葬文化及其风俗。《旧唐书·靺鞨传》："死者穿地埋之，以身衬土，杀所乘马，于尸前设祭。"杀猪与杀马都是渤海先民为死者所做的祭奠，人们相信这些祭品能被死者享用。猪代表的可能是死者之粮，而马则是另外一种含义，既代表着财富，也代表着其生前的珍爱之物。《北史·勿吉传》："其父母春夏死，立埋之，冢上作屋，令不雨湿。"渤海"冢上作屋"的习俗，在六顶山渤海墓葬发掘中得到了验证。① 这是渤海先民的葬俗，主要反映了渤海建国前期的一些习俗特点。

火葬也是渤海人埋葬方式之一。在大海猛上层发现 2 座，老河深上层发现 5 座火葬墓，查里巴发现 33 座。盛行二次葬：大海猛 40 座墓葬中有 6 座，老河深上层有 28 座，查里巴 15 座。主要的随葬陶器为筒形罐和鼓腹罐。②

渤海人还有"毁器"的习俗。在吉林省和龙市北大地渤海墓葬清理报告中，可以分辨出渤海人死"毁器"的习俗。③ 北大地有 54 座墓葬保存比较完整，在这些墓葬中，有随葬品而无陶器者共计 41 座，在余下的 13 座墓中，有 9 座墓在其填土或墓底，明显有陶器残片，或有打掉陶壶、陶瓶颈口的"毁器"现象。

平民墓葬下葬时有的用木棺，有的不用。使用木椁等木质葬具的情况不尽相同。大海猛上层 40 座墓葬中有木棺痕迹的只有 7 座；老河深上层 37 座墓葬中发现木棺痕迹的只有 6 座。查里巴墓与之却大不相同，在清理出的 47 座墓葬中有 38 座墓葬使用了木棺。该墓中，木质棺椁的形状比较特殊，将粗加工的原木或板材用钉子连接打制成长方形框，省略了盖和底，部分在头部和足部留有边箱放置随葬品，不同于六顶山出土的典型的棺椁构造，其墓葬形式明显

---

① 吉林省文物考古研究所、敦化市文物管理所编《六顶山渤海墓葬——2004~2009 年清理发掘报告》，文物出版社，2012，第 185~186 页。

② 宋基豪：《六顶山古墓群的性质与渤海建国集团》，金太顺译，载杨志军主编《东北亚考古资料译文集》第 4 辑，第 253 页。

③ 延边朝鲜族自治州博物馆、和龙县文化馆：《和龙北大地渤海墓葬清理简报》，《东北考古与历史》1982 年第 1 期，转引自张英《我国东北古代民族"毁器"习俗》，载李德润、张志立主编《古民俗研究》，吉林文史出版社，1990。

不同于大海猛、老河深这两处墓群。① 说明传统粟末靺鞨的埋葬习俗受到了外部文化影响而发生了一些变化。

查里巴墓地是渤海早期粟末靺鞨的一处公共墓地。地处永吉县乌拉街镇查里巴村南约 1 千米处的漫岗上，紧临第二松花江。1987~1988 年在该墓地的漫岗西部清理墓葬 45 座，出土文物近 500 件。墓葬多数是长方形土坑竖穴墓（见图 5-4）。以略经加工的原木或木板围成四壁作木棺。墓中有单人葬、双人葬与多人葬，流行二次葬，盛行火葬，墓内出土文物较丰富，但多寡悬殊。其中装饰品数量较多，还有陶器、兵器与马具等。陶器中多见筒形罐，其俗称"靺鞨罐"，样式繁多，以双唇花边锯齿附加堆纹最为常见。另外有鼓腹罐、长颈壶、盘口壶、敛口钵等器物为基本组合。青铜牌饰较为引人注目，其中一套完整的牌饰腰带，制作精美，花纹细致，颇具特色（见图 5-5、图 5-6）。兵器和马具有矛、镞、衔、镳。还出土了一枚"开元通宝"铜钱可资断代。

渤海上京城遗址附近的虹鳟鱼场渤海墓葬群是渤海平民阶层墓葬群的代表。在虹鳟鱼场发掘的墓葬中，薄葬、二次葬是主要的埋葬方式。现已经发掘清理的墓葬为 323 座，方坛 7 座，房址 1 座，面积共 4 万多平方米，出土文物 2000 余件。是目前发掘数量最多、跨越时间最长、形制最复杂、出土文物最丰富的一处渤海

图 5-4 查里巴靺鞨墓地发掘场景

资料来源：吉林省文物考古研究所编《田野考古集粹》。

---

① 　宋基豪：《六顶山古墓群的性质与渤海建国集团》，金太顺译，杨志军主编《东北亚考古资料译文集》第 4 辑，第 253 页。

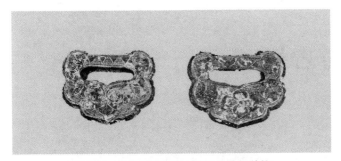

图 5-5　查里巴墓地出土的云头形铜牌饰

资料来源：吉林省文物考古研究所编《田野考古集粹》。

图 5-6　查里巴墓地出土的方形铜牌饰

资料来源：吉林省文物考古研究所编《田野考古集粹》。

墓葬。所发掘的 323 座墓葬，可以断定均为封土墓。葬俗多为二次葬，有少数一次葬，个别有火葬，二次葬主要是多人合葬。出土文物 2000 多种，包括生活用具、生产工具、兵器、马具、装饰品等，从质料上看，陶器数量最多，其次为铜器、铁器、青器、玉器、金银器、玛瑙饰件。陶器种类繁多，有短颈壶、长颈壶、鼓腹罐、敛口罐、折肩罐、重唇罐、小口罐、板状耳罐、碗、盅、器盖等，其中最具特色的是传统的靺鞨罐。金银器物的制作也相当精细，造型优美；玉管则光润精莹，可以说是渤海出土文物中的艺术珍品；而铜镜、铜牌饰更在渤海文物中所罕见。

第六章

教育与艺术

渤海国实施的教育是以唐王朝儒家思想和伦理道德为核心内容，受教育人员多为王室贵族，普通民众基本上没有受教育的权利。渤海国派遣世子诸生到长安太学习识儒学经典，同时仿照唐朝教育模式，建立了一些学习场所。在京师设立胄子监，作为本地区的教育管理机构和最高学府，在地方设府、州、县学，开创了黑龙江地区学校教育的先河。渤海人的艺术创造深受唐代艺术的影响，虽然存世的艺术作品很少，但反映出其在盛唐艺术的影响下，形成了雍容华贵、丰腴饱满、文静典雅、舒展大方、洗练刚健的艺术风格和神韵。

第一节　渤海国的教育

渤海国建立后全面推行唐化政策，一方面派遣学生到长安学习儒家文化，另一方面仿照唐朝教育模式，建立起一套比较完整的儒学教育制度。在其首府设立胄子监，作为本地区的教育管理机构和最高学府，在地方设府、州、县学，开创了黑龙江地区学校教育的先河。渤海国时期是黑龙江地区古代教育和儒学发展的重要历史时期，渤海国仿唐制建立了自己的教育制度和教育管理机构，并不断派遣学生到唐朝求学，极大地促进了当地教育的发展。教育的发展是"海东盛国"诞生的重要因素。

一　渤海国通用汉字

《旧唐书》《册府元龟》等文献记载渤海国"颇有文字及书记";《新唐书·渤海传》记载渤海国"颇知书契";日本文献《类聚国史》记载渤海国"俗颇知书";《契丹国志》记载渤海"知书契,习识古今制度,为海东盛国"。通过考古资料的发现和学者的不断研究,现在可以证明,史书上所载的"文字"是指渤海国使用汉字;所谓"书契",是指渤海国可以用汉字著书籍。

金毓黻先生认为上京遗址中的瓦上文字"其体殊异,应与渤海有关",并且称"盖渤海既通习汉字,而其语言中必有汉字所不能赅之音,故别制字以表明之,此奇异难识之字所由来也"[1],"此如日本汉字中之有'辻''込',化学名词中之有'钾'、'锌'……等字,盖以固有汉字不敷于用,故别造新字以济其穷",事实上提出了渤海人制造少量的"补充汉字"即"殊异字"的问题。但他也正确地指出:"若因有此少数之奇异字,遂谓渤海人已别造新字,弃汉字而不用,则不免强作解人也。契丹、女真皆别造字,然以不能行远垂久,故不久而失其用。渤海立国之后,浸淫于唐之文教,习用汉字,而鲜别造新字之机会,故不能以契丹、女真为例。"[2]即谓其和契丹、女真人不同,并没有"造"出自己的文字。

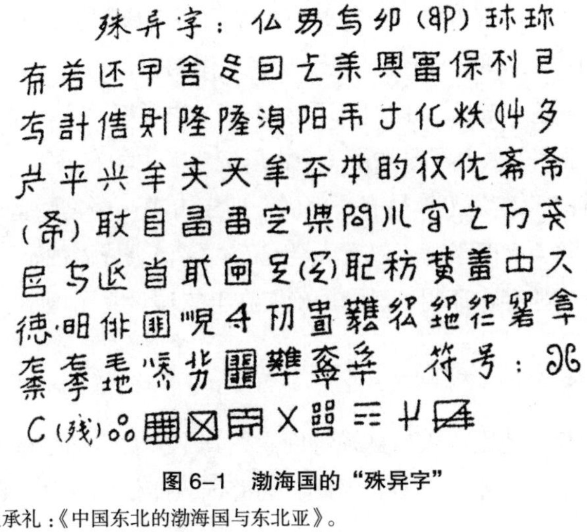

图6-1　渤海国的"殊异字"

资料来源:王承礼:《中国东北的渤海国与东北亚》。

---

① 金毓黻:《渤海国志长编》卷20《补遗》,第578页。
② 金毓黻:《渤海国志长编》卷16《族俗考》,第377页。

据国内外发现和著录的渤海"文字瓦"上的文字，以单字而言已达到了300多个。除去其中极少数的文字符号外，绝大多数都为正规的汉字。在这些"汉字"中，又有五成多为正楷，即与今日通用汉字同，只有四成多的奇异难认者可称之为"殊异字"（见图6-1）。又据近人的研究、比较，在这些奇异难认的"殊异字"中，既有相当多的数量为中原地区早已有之并曾通用的"别体字"，如"仏"字作"佛"字，可谓古已有之，并非渤海人的发明；又有较大数量的形似致误者，而此种情形即使在内地的匠人中也是不可避免的。这样一来，即"除别体字和误写的以外"，真正奇异难辨之"殊异字"也就"所剩无几"了。[1]

二　中央官学

（一）仿唐设立"国学"——中央官学

唐朝中央官学主要是由国子监领导下的六学，即国子学、太学、四门学、书学、算学和律学组成的。渤海三世王大钦茂将王城迁上京后，仿唐制定中央官学为"国学"，作为渤海国最高学府，并在新王城修建了规模宏大的官学校院。

渤海王城上京龙泉府设有国学，这已为考古研究所证实。清代学者杨宾在《柳边纪略》中记载："宁古塔……往时有一紫石碑。康熙初，大兴刘侍御命人往观，其人椎而碎之，取一角还。仅十三字，作四行，首行曰'深契'，次曰'圣'，次曰'儒生盛于东观'，次曰'下瞰阙庭'。书类率更令，盖国学碑也。"[2]清代吴兆骞《秋笳集》及其子吴桭臣《宁古塔纪略》中均有关于"国学碑"的记载。吴桭臣写道："石壁之上，另有一郎岗，即宁古镇……宫殿基址尚存，殿前有石台，有八角井，有国学碑，仅有天会纪元数字，余皆剥蚀不可辨识……"[3]由此可见，国学碑的存在证明了渤海国确实在上京城设立了国学。

（二）中央官学的规模

渤海国由于管辖范围、人口规模等因素，其中央官学的规模不可能有唐朝那样大，种类也不可能那样繁多。因此，渤海国只能依据自己的国情，在上京

---

① 李强：《论渤海文字》，《学习与探索》1982年第5期。

② 《柳边纪略》卷2，收入杨宾等撰、周诚望等标注《龙江三纪》。

③ 吴桭臣：《宁古塔纪略》，收入杨宾等撰、周诚望等标注《龙江三纪》。

城设国学而兼有六学的教育职能，这一点同当时的新罗及日本是相似的。新罗作为唐朝的藩属国，在京城设有"国学"作为最高学府，日本在其京都也只设有"太学"。渤海国的国学虽不如唐朝国子学的规模，但在东北地区及同新罗和日本相比，其规模和人数都是居于上峰的。这一点从渤海国上京城的国学碑上得到了证实，国学碑上记载有"下瞰阙庭""儒生盛于东观"。"下瞰阙庭"是说国学的校舍建筑相当高大、宏伟，从上京城规模比长安城小，比同时代的日本奈良平城京略大，是当时亚洲第二大城市①来看，国学碑的记载是符合历史的。"儒生盛于东观"是指国学中的儒生人数非常多，远远超过了后汉宫廷藏书之所的"东观"。由此可见，当时渤海国国学中的学生人数是不少的，规模也是相当大的。

（三）渤海国学的教学制度和内容

渤海国国学是胄子监直接领导下的全地区最高学府。仿唐制，国学内设"博士""助教"作为教师，其博士为教师中的正职，助教为博士的助手，分别负责教务管理和教学业务。其业务不是以讲为主，而是以个别指导、答疑为主，他们的级别和品位也是比较高的。国学的学生主要是王公、贵族及官僚的子弟，平民子弟能入国学的极少。国学学生一般在十八岁入学，学习形式以自学为主，以其天资和勤奋来诵背经书。学生在学时间为六年或九年，到二十五岁结束全部学业。

按照《唐礼》，渤海国国学学生入学时要行"束修"之礼。束修之礼盛行于春秋时期，与孔子关系密切。孔子说："自行束修以上，吾未尝无诲焉。"说明向老师敬献一束肉干是学生对老师的基本礼仪。束修与尊孔重教紧密相连。唐王朝是个尊孔重教的政权，自其建国之初，高祖就下诏立孔子庙于国子监。太宗时又以孔子为"先圣"，玄宗时又追封孔子为文宣王。唐朝的历代皇帝对孔子都四时奉视并亲临释典。唐朝尊孔如此，在唐朝影响下的海东诸国日本、新罗等无不熏染此风，如新罗就建有"孔子庙堂"。全面"宪象"唐朝的渤海国自然也会尊孔重教而行"束修"之礼了。《唐礼》规定：国子生、太学生每人送绢三匹；四门生每人二匹；律、书、算等学生每人一匹；另外每生必备酒一壶、肉一案作为入学的敬师之礼。渤海国学生入学大体仿之。束修之礼，博

---

① 董万伦：《东北史纲要》，黑龙江人民出版社，1987，第174~175页。

士得三成，助教得二成。束修之礼也是渤海国尊师重教的一种表现。

由于唐朝内地以及新罗、日本等都普遍实行"督课、试举"之法，所以渤海国的国学也实行这种考试制度。按唐制：考试分旬考、年核及毕业考试。旬考："旬（十天）给假一日，前假（假前）博士考试。读者千言试一贴，贴三言；读者二千言问大义一条，总三条通二为第（及格），不及者有罚。"① 这段话的意思是说十天放一天假，放假前要进行一次考试。先让学生把经书送给老师，老师从中任选一页，将左、右两边盖上，只留中间一行，再用纸贴盖上三字令学生填读此行全文，这种考试方法叫"贴经"；然后老师联系旧课，提出三个问题，能答出两个即算及格，不及两个的要受罚，这叫"口义"。年考："选艺业优长者为试官，仍长官监试，其试者通计一年所授之业，口问大义十条，得八以上为上，得六以上为中，得五以上为下。"② 又根据同时代新罗"诸生读书，以三品出身（太学生），读《春秋左氏传》、若《礼记》、若《文选》而能通其义，兼明《论语》《孝经》者为上；读《曲礼》《孝经》《论语》为中；读《曲礼》《孝经》为下"③ 的情况，可以看出渤海国学的年考是以学生一年的学习进度为考核标准的。毕业考试，唐朝的学生完成学业后，由国子监丞将本届应毕业的学生，送请祭酒、司业举行毕业考试。"凡三下（连续三年考试为下品者）与在学九岁（上三学的肄业年限）、律生六岁，不堪贡者罢归。"④ 将那些毕业考试不及格、学无成就的学生，一律斥退回家，而毕业成绩好的学生，可送往礼部安置。渤海国国学毕业生则是由其博士、助教等将他们送请胄子监进行毕业考试，优秀者要送交忠部等安置为官，有的可选派到唐长安求学深造。

由于渤海国经常派人到唐长安城学习和抄写经史典籍，可以推测，其各级各类学校的教学内容也大体上和中原内地一样，以儒家的经史典籍作为必修的主要内容，即其最高学府的学习内容与内地国子学"凡教授之经，以《周易》《尚书》《周礼》《仪礼》《礼记》《毛诗》《春秋左氏传》《公羊传》《穀梁传》各为一经，《孝经》《论语》兼习之"⑤ 的规定相类。

---

① 《新唐书》卷49《选举志上》。
② 王溥：《唐会要》卷35，中华书局，1955。
③ 金富轼：《三国史记·杂志7·职官志上》，台北东方文化书局本。
④ 《新唐书》卷49《选举志上》。
⑤ 《旧唐书》卷44《职官志三》。

渤海国很重视医学教育。唐王朝在中央和地方都设有医学教育机构，学习的内容有《本草》、《甲乙经》及《脉经》等医书，学习完上述医书后，再分体疗、耳目口齿、少小、疮肿和角法五科进行学习。渤海国沿袭了这些教学内容。正是由于渤海教育中存在着上述专业教育的内容，渤海国的官职中有"右发事"、"试大理评事"（相当于法官），并且在出访日本的使团中有"大录事"、"中录事"、"小录事"及"医师"等官员的配置。渤海国设置太常寺，"掌礼乐、郊庙、社稷之事，总郊社、太乐、鼓吹、太医、太卜、廪牺、诸祠庙等署，少卿为之贰"。设置司宾寺，相当于唐的鸿胪寺，"掌四方夷"[①]，即主管外交与民族事务的机关。各部族的"酋渠首领朝见者，给廪食；病，则遣医给汤药；丧，则给以所须；还藩赐物，则佐其受领，教拜谢之节"[②]。地方州县设医药博士，"以百药救民疾病"。但是，渤海国医药方面还没有完全脱离原始宗教所造成的巫医混合的状态，而是由巫医混杂向医学独立发展的方向前进。

三　地方官学

（一）仿唐建立地方官学

渤海国仿唐制在其辖境内实行京府州县制，在中央设立了胄子监，在上京城建立了国学。关于渤海国的地方官学，史书并没有直接的记载，但是从胄子监的设立来讲，其京、府、州、县学是应该存在的，因此在地方也可能建立了地方官学。如按照其效仿唐朝的基本方式，渤海国的地方官学主要是府、州、县学。在京设立京都学、府设都督府学、州设州学、县设县学，基本上确立了一整套较完整的地方官学体系。有学者考证，从国学学生"盛于东观"的记载来看，这不是上京龙泉府一地的学生所能达到的盛况，即或一时达到了，若没有各府、州、县的学生不断的予以补充势必成为无源之水而陷于枯竭。[③]所以说，渤海的京、府、州、县学作为渤海国的初、中级教育机构不仅可能存在，而且应是其高等教育即国学生源的主要培养基地。诸京、府、州、县学的所学内容，则依次递减于最高学府。

---

① 徐坚等：《初学记》卷12《鸿胪卿第十七》，中华书局，1960，第306页。
② 《新唐书》卷48《百官志三》。
③ 高丹枫：《渤海国教育探幽》，《黑龙江教育学院学报》1988年第1期。

（二）地方官学发展的不平衡性

由于渤海国疆域辽阔，民族复杂，各地社会经济发展程度相差很大。因此其地方官学的发展也是很不平衡的。一般说来，五京地区及扶余府、长岭府等地，其农业、手工业及商业经济较为发达，具备了设京、府、州、县学的社会基础，因此其京、府、州、县学发展较快。而北部的铁利府、怀远府、安远府及东部的定理府、安边府、率宾府、东平府等边远地区，社会经济发展较为落后，有些地区根本不具备设府州县学的条件，因此其地方官学发展缓慢。

四　私学

渤海国除了中央官学和地方官学两种教育形式外，还有私学这种重要的教育形式。渤海国的私学主要分为两种形式，一种是私塾教育，另一种是家庭教育。

（一）私塾教育

渤海国的私塾教育也叫"扃堂"教育，来源于高句丽，是民间对平民子弟进行教育的一种私学教学方式。早在渤海国建立之前，其南部原高句丽政权统治地区就出现了被称为"扃堂"的私学。据《旧唐书·高丽传》记载，高句丽"俗爱书籍，至于衡门厮养之家，各于街衢造大屋，谓之扃堂，子弟在未婚之前，昼夜于此读书习射。其书有《五经》及《史记》、《汉书》、范晔《后汉书》、《三国志》、孙盛《晋春秋》、《玉篇》、《字统》、《字林》；又有《文选》，尤爱重之"。文中的"扃堂"即是学生闭门读书的场所，"衡门厮养"即为普通平民中的孩子。由此可见，"扃堂"是平民子弟学习的场所，儿童及没有结婚的青少年都可以在这里接受启蒙教育。随着高句丽政权的灭亡及渤海国的建立，不仅高句丽的旧地成为渤海国的领土，许多高句丽遗民也成为渤海国的编户。这样，"扃堂"教育也沿袭下来并成为渤海国平民教育的一种形式，即后来的私塾教育。在渤海国建立初期官学教育没有确立之前，这种私学教育是渤海国教育的主要形式。大祚荣时代派往唐朝的使臣或"生徒"中，有些人就曾经在扃堂中学习过。即使在渤海国官学体制建立以后，这种私学也仍然是渤海国教育的一种重要形式，是官学的补充和基础。渤海国的屇堂教育发展较快，其效果也是很明显的。仅从渤海国通用汉字以及建立初期民间便"颇知文字书契"即可以看出，屇堂教育不仅只是汉学教育，还应该有专业技术教育。在渤海国旧址上京、东京、中京等地发现了大量"文字瓦""文字砖"，一般认为这些文字是工匠们戳印而成，有的文字书法娴熟，有一定功夫。匠人们的文字知识只能是接受屇堂私学教育的结果，这表明渤海国的私学屇堂教育是相当发达的。

（二）家庭教育

家庭教育也是渤海国私学教育的一种形式。以家庭为单位的教育非常盛行，渤海国的王公、贵族及官僚模仿中原，聘请良师到自己家中，对子女进行启蒙教育。渤海国家庭教育只是封建统治集团中上层子弟才享有的教育形式，其教育内容及教学方法基本与唐朝内地相似。家庭教育可以说是渤海国贵族上层子弟所必受的启蒙教育，它使许多大贵族、大官僚的子弟包括国王子女在内，成为才华出众的政治家、文学家。如后来仕辽的渤海后裔张氏、高氏、王氏三大名门望族成员，青年时都受过良好的家庭教育。

在吉林省敦化市六顶山出土的渤海贞惠公主墓志及和龙市西古城出土的贞孝公主墓志，是渤海国家庭教育存在的最好例证。贞惠公主和贞孝公主分别是渤海文王大钦茂的第二个公主和第四个公主，在《贞惠公主墓志》及《贞孝公主墓志》中都有"早受女师之教，克比思齐，每慕曹家之风，敦诗悦礼"的文句，这句话不仅说明两位公主年轻时都曾受到"女师"的教育，这种教育当然只能是在宫中接受，而且还揭示了有关渤海王族家庭教育的情况：渤海国王族的教育无论男女，即女子也有权接受教育；渤海国的家庭教育是根据学生的性别聘请教师和选择教学内容的，女子的教学内容主要是与女性修养关系密切的儒家封建伦常、妇德女仪等。渤海国的家庭教育水平是很高的，教育效果明显：两位渤海公主都非常仰慕东汉时期曾经做过和帝皇后及诸贵人家庭教师的号称"曹大家"的曹世叔之妻班昭。班昭是我国古代教育史上最早的女教育家和史学家，而能得到地处偏远地区的渤海公主的仰慕，这是渤海国私学教育效果好、水平高的体现。

第二节　异地教育——入唐接受教育

渤海国不但仿唐实行了中央官学、地方官学、私学的教育制度，还不断派人到唐朝学习，这种入唐接受教育的异地教育是渤海国教育的最高层次。唐王朝是当时世界上最富庶繁荣、开放包容的国度，长安城是世界政治、经济及文化的中心。东北亚各国如新罗、日本等，都十分仰慕盛唐文化，和唐王朝友好往来密切，派学生到唐朝学习更是当时的一种潮流。作为唐朝藩属国而又久慕华风的渤海国更是重视派人到唐朝学习和接受教育之事。渤海国派人到唐朝学习主要有三种方式：一是直接派遣生徒到唐朝学习；二是派王室成员以朝贡和宿卫的名义到唐朝学习；三是派使臣等到唐朝进行短期学习培训。

一　向唐朝派遣学生

早在开元二年（714），即大祚荣接受唐朝册封的第二年，渤海国便派出6名"生徒"入唐学习，揭开了渤海国向唐派遣生徒的序幕。此后，渤海国不断派遣学生入唐学习，"（开城）二年三月，渤海国随贺正王子大俊明并入朝学生共一十六人，敕渤海所请生徒习学，宜令青州观察使放六人到上都，余十人勒回"①。又"文宗太和七年春正月己亥，银青光禄大夫、检校秘书监、忽汗州都督、国王大彝震奏：'遣学士解楚卿、赵孝明、刘宝俊三人附谢恩使、同中书右平章事高赏英赴上都学问。先遣学生李居正、朱承朝、高寿海等三人，事业稍成，请准例递乘归本国。'许之"②。这些求学于唐朝的生徒主要是渤海国的贵族、官僚及其子弟，他们大多是国学中成绩优秀者。到唐朝学习的学生，其学习时间根据所学专业及学习情况而定，食、衣、住等由唐朝提供，待遇很好。学习结束后，应由唐朝官府通过驿站护送回渤海国，或随本国使臣乘船由海路返国。渤海国到唐朝学习的学生学成归国时，一般携带回大量唐朝的儒家

---

① 王溥：《唐会要》卷36《附学读书》。
② 《册府元龟》卷999《外臣部》。

经典，这对渤海国的发展影响很大。738 年，文王大钦茂直接派人到唐朝求写
《唐礼》及《三国志》、《晋书》、《三十六国春秋》等，并开始仿唐制建立中央
政权机构，这与赴唐学习的学生归国后的影响是分不开的。正因为如此，赴唐
学生在渤海国的地位很高，他们受到国王及贵族的重视，许多人后来都位居高
官，如李居正后来位列公卿，考中唐朝进士的乌炤度归国后竟位至国相。派遣
学生到唐朝接受教育是渤海国实行全面"唐化"政策的必经之路。

二　以宿卫和朝贡形式赴唐朝学习

这是渤海国王族接受中原先进文化教育的一种特殊形式。705 年（唐中宗
神龙元年），大祚荣接受唐使张行岌的"招慰"，遣次子大门艺到唐朝"入侍
宿卫"。此后，渤海历代诸王都相继派遣王室子弟到唐朝入侍。这些王室子弟
在唐朝的入侍时间一般都在数年以上，如大门艺曾侍唐 7 年。入侍期间，他们
或任朝廷命官，或在京师戍卫，同时也接受良好的高层次教育。渤海国王族子
弟在唐都广交名流，或拜为师，或结为友，对儒学思想耳濡目染。很多王子在
入侍期间接受了这种文化浸染，成为渤海国才俊。大门艺在唐入侍 7 年回国后
便成为一名既通文墨又能带兵的儒将；晚唐诗人温庭筠有一首诗名为《送渤海
王子归本国》，诗文如下：

> 疆理虽重海，车书本一家。
> 盛勋归旧国，佳句在中华。
> 定界分秋涨，开帆到曙霞。
> 九门风月好，回首是天涯。[①]

一位渤海王子的诗歌竟能得到温庭筠的"佳句在中华"赞誉，可见这位王
子入侍唐朝学习后，在诗歌造诣上取得的成就之高。渤海国通过派遣王室子弟
到唐朝入侍宿卫的方式，使这些王室子弟有机会直接学习中原儒学文化及唐王
朝的统治经验，为渤海王室培养了后备人才。

---

① 孙玉良：《车书本一家——订正一则有关唐代渤海史料的传讹》，《历史研究》1982 年第 1 期，第
161 页。

三　派遣使臣到唐朝进行短期学习和培训

渤海国自其高王大祚荣接受唐朝册封后，便和唐朝保持着密切的君臣关系，年年派使臣到唐中央朝贡。第二代王大武艺在位 18 年，向唐朝派使臣朝贡 23 次；第三代王大钦茂在位 56 年，向唐朝派使臣朝贡 49 次，甚至有时一年就达四五次之多。从高王大祚荣到文王大钦茂，正是渤海国封建政权从建立到健全和完善的关键时期。这种较大的地方政权的建设，仅仅通过派遣学生或几个王子、王弟到唐学习是远远不够的。那么唯一可行的教育渠道就是不断地派使节到唐朝以朝贡形式进行短期学习。为了向周边少数民族及外地传播中原地区的先进文化，唐王朝还在专门用于接待藩属政权使节和宾客的鸿胪寺中聘请儒士给各地使者讲授经文，便于他们学习唐朝的先进文化。这对渤海国使臣来讲，无疑是一个绝好的学习机会。唐王朝为了便于渤海国使臣及学生的来往及商业贸易，还在登州设立了渤海馆，作为从海路来往的使臣们的中转站。渤海国派往长安的使臣，大多是中央政权中的重臣和高官。他们每次入唐，除了完成朝贡的任务外，还必须有目的地学习一些政权建设经验或典章制度，他们可能在鸿胪寺接受短期培训，也可能到国子监等大学及唐中央的相关机构去参观学习。他们的学习时间不长，因为他们的学习任务较单一，回国后便将所学的知识向国王汇报或直接用于政权建设和制度的完善。正是由于渤海国不断派使臣以朝贡形式赴唐学习取经，到文王大钦茂时仿唐制建立了三省六部、十二卫、京府州县以及品阶勋爵等各种制度，渤海国最终成为"海东盛国"。

由此可见，派人赴唐接受教育对渤海国的建设与发展至关重要，它是连接渤海国与唐朝的重要纽带和桥梁。没有这种教育的存在与发展，渤海国的其他各项封建制度的建立与完善是不可能的，至少不会那么全面与迅速。

第三节　文学

渤海文学是中华文化遗产中的重要组成部分，出现了文赋、诗歌等多种文学形式。迄今保存下来的渤海文赋具有较高的水平，并明显地受到了唐代骈文的影响，主要有书牒、表文、碑文等。其中数量较多的是书牒，即渤海王致日本天皇的"国书"及中台省致日本太政官的"牒"文。有的书牒文字优美、内容充实，如大武艺致日本圣武天皇的国书，就是保存至今的最早的渤海文章。全文仅172字，却包罗了通报本国情况、表明睦邻愿望、倡议友好结盟以及介绍使节身份等多层内容，是一篇文采动人、颇富情趣的佳作。而地下出土的两公主墓志，更是骈体文中相当出色的作品。以偶句为主，讲究对仗、音律；文字简洁精练，既有四六句式及其变体，又有四四句式及承上启下的中间环节；而且用典贴切，比喻得体，表明渤海前期的文赋已达到较高的水平。进入中期以后，人才辈出，逐渐涌现了杨成规、周元伯、王文矩、李居正及裴氏父子等著名的作家。他们皆以娴于词翰、工于文采而闻名遐迩。从保存在日本古籍中的渤海"国书"及文牒看，其中不乏优秀的作品，而且同内地的骈文比较，似少有靡丽、堆砌的颓风。但由于此种文体自身发展的结果，越到后来越陷入了形式主义，这在当时的渤海也是如此，如收录在《松漠纪闻》里的《贺正表》就是属于这类作品。

一 诗歌

渤海的诗歌成就大体可分为前后两期，从建国之初到简王之世（818年）为前期。当时的诗歌主要有五言、七言律诗，七绝及乐府等体裁。已知的诗人主要有杨泰师、王孝廉、高景秀、释仁贞等。

杨泰师是渤海早期诗人的杰出代表，他在文王大钦茂时期官至归德将军。渤海文王大兴二十二年（758），杨泰师作为副使随杨承庆率团出使日本。在日本期间，他和日本的官员、诗人赋诗唱和，表现出惊人的才华，他的诗作深受日本诗人赞赏。759年正月，在离日返程之前，"太保藤原惠美朝臣押胜，宴蕃客于田村第。当代文士赋诗送别，副使杨泰师作诗和之"[1]。日本古籍《经国集》卷十三，收录了他的诗歌两篇。其中七律《夜听捣衣声》为其中之一。

> 霜天月照夜河明，客子思归别有情。
> 厌坐长宵愁欲死，忽闻邻女捣衣声。

---

[1] 金毓黻：《渤海国志长编》卷18《文征》。

声来断续因风至，夜久星低无暂止。
自从别国不相闻，今在他乡听相似。
不知彩杵重将轻，不悉青砧平不平。
遥怜体弱多香汗，预识更深劳玉腕。
为当欲救客衣单，为复先愁闺阁寒。
虽忘容仪难可问，不知遥意怨无端。
寄异土兮无新识，想同心兮长叹息。
此时独自闺中闻，此夜谁知明眸缩。①

　　这首七言长诗，是现存可考的渤海诗歌中最长的一篇。这首诗的个别字句虽不甚合韵律之法，但也正是该诗的特色所在。诗人不顾韵律的限制，把客居异国驿馆的那种思念故乡亲人的情绪表现得淋漓尽致。"霜天月照夜河明，客子思归别有情。厌坐长宵愁欲死，忽闻邻女捣衣声。"在月明之夜，诗人思乡情正浓时，忽然听到邻女的捣衣之声，由此更加重了思乡之情，这声音与家乡的捣衣之声如此相似，就像家里那个洗衣人就在身边一样。"不知彩杵重将轻，不悉青砧平不平。遥怜体弱多香汗，预识更深劳玉腕。"我们通过诗句看到的是夜深风寒中日本妇女娇举彩杵、捣衣劳作的场面，而诗人却因此思念起故乡的人，故乡的事。整首诗沿着绵绵的思绪写出，情真意切、通俗易懂，格调清丽柔婉，既具有写实风格，又富有浪漫色彩。艺术上写情写景交织成文，其思想性、艺术性足可以与唐代诗人张若虚的《春江花月夜》相比，足见杨泰师深厚的文学功底，也体现了渤海早期乐府诗的最高成就。他保存下来的另外一首诗是《奉和纪朝臣公咏雪诗》。

昨夜龙云上，今朝鹤雪新。
祗看花发树，不听鸟惊春。
回影疑神女，高歌似郢人。
幽兰难可继，更欲效而颦。②

---

① 《经国集》卷 13，转引自孙玉良编著《渤海史料全编》，第 252 页。
② 《经国集》卷 13，转引自孙玉良编著《渤海史料全编》，第 252 页。

这首诗风格与唐诗非常相似。全诗对仗工整，韵律谐和，用典巧妙，寓意深刻。诗人将乌云喻为龙云，白雪喻为鹤雪，把"上"与"新"作动词使用，互相对应。之后由树枝上的雪花联想到盛开的梨花，甚至连鸟鸣的声音都不能掩盖雪后的盛景。舞女就是巫山神女的身影，歌者的美妙歌喉就像善唱的楚国郢人。这美好的歌舞恰似芬芳的幽兰，令诗人自己这个"东施"也想去"效颦"了。

杨泰师这两首仅存的诗篇虽然都为即兴之作，但与同时代的唐代诗歌相比，也堪称上乘之作。其水平不逊于《全唐诗》里的大多数诗作。

王孝廉，也是渤海诗坛的代表性人物，在僖王大言义时任太守，朱雀二年（唐宪宗元和九年，即814年）出使日本。据日本《类聚国史》《经国集》等记载，日本嵯峨天皇于弘仁六年正月七日，授渤海国大使王孝廉以从三位官阶。正月二十二日，天皇于朝集堂宴飨王孝廉等，同观打毬并演奏渤海乐，天皇还写了一首七律《早春观打毬》，其下注"使渤海客奏此乐"。二十二日，王孝廉等归国离去，天皇有致僖王书。同年五月十八日，王孝廉等于海中遇逆风漂回，舟楫裂折，不可更用。二十三日，日本命越前州官员择大船将王等接回，并为之另造新船。尚未及行，王孝廉却因患疮疾而卒，时为六月十四日。王孝廉的诗现存仅有五首，都是在日本时所作，保存在日本《文华秀丽集》（上）中。

奉敕陪内宴

海国来朝自远方，百年一醉谒天裳。
日宫座外何攸见，五色云飞万岁光。

这是王孝廉在天皇宴飨时的应制之作，诗作中不难看出王孝廉的诗意才情。王孝廉擅长诗赋，在渤海国诗人中他的诗作保留下来的最多。这些诗作主要是记述和描写他在日本的活动，抒发他的羁旅思乡之情。

春日对雨得情字

主人开宴在边厅，客醉如泥等上京。
疑是雨师知圣意，甘滋芳润洒羁情。

在边亭赋得山花戏寄两领客使并滋三
芳树春色色甚明，初开似笑听无声。
主人每日专攀尽，残片何时赠客情。

　　《在边亭赋得山花戏寄两领客使并滋三》是一首七律，是王孝廉与领客使坂上今雄、安倍吉人以及滋野贞主等日本友人唱和之作。诗人触景生情，用形象生动的语言，描绘出他国的春天景致，抒发了怀念家国和思归的迫切心情。同时，也表现了他和日本友人的真挚友情，读来十分感人。

　　其中《和坂领客对月思乡之作》是一首出色的五言律诗。

寂寂朱明夜，团团白月轮。
几山明影彻，万象水天新。
弃妾看生怅，羁情对动神。
谁云千里隔，能照两乡人。

　　诗人在月夜里触景生情，思念家乡故国，感情真切，格调明快，清新喜人。诗的前四句中的"朱明夜""白月轮""明影彻""水天新"是为咏月，后四句则为抒情。"弃妾看生怅，羁情对动神"，遥想被自己舍弃在数千里之外的妻子看到此轮明月时心中必然百般惆怅，而自己羁旅在外思乡思亲之感更是油然而生。"谁云千里隔，能照两乡人"，虽然与亲人远隔千里，但在同一轮明月的照拂之下，亲人之间的距离仿佛缩短了许多。整首诗颇有大诗人李白的名作《静夜思》的意境。

出云州书情寄两敕使
南风海路连归思，北雁长天引旅情。
赖有锵锵双凤伴，莫愁多日住边亭。

　　《出云州书寄两敕使》是王孝廉回国之前，赠予日本领客使的别离之作。"南风海路连归思，北雁长天引旅情"，描写了诗人归乡的喜悦与离别的惆怅交织在一起的复杂心境。虽然思乡心切，但日本友人对诗人的关怀与友谊，让他又不舍离开，这种矛盾的心情最后都寄托在"莫愁多日住边亭"中了。这首诗情怀与文采俱佳，是难得的佳作。

王孝廉以其卓越的外交才能和超群的诗艺，受到日本朝野的敬仰。815年6月病逝于日本越前方，噩耗传至日本朝廷，日皇对他的病故深深惋惜，赠王孝廉官正三位。日本友人对他感念尤深，曾和他作诗唱和的日本名僧空海，写诗吊祭，情谊深切。其诗题为《伤渤海国大使王孝廉中途物故》，其中两句"一面新交不忍听，况乎乡国故园情"，寄托了他的哀思。

渤海后期诗坛较前期更为繁荣，从宣王之世到渤海灭亡（818~926年）是渤海诗歌发展和繁荣的时代，涌现出更多的诗人。较著名的有周元伯、释贞素、杨成规、裴颋、裴璆、高元固等人，其中以裴颋、裴璆父子最为突出。

裴颋在渤海国第十三代王大玄锡时，官文籍院少监，是文苑领袖人物。"十一年冬，遣文籍院少监裴颋等百五人聘于日本。"[1] "颋以硕学通才，典领文籍，风仪甚美，邻国雅重视之……先是日皇以颋富文藻，乃以式部少辅、文章博士菅原道真权治部大辅、美浓介岛田忠臣权玄蕃头，至是又择五位以上有容仪者三十人接伴之……道真、忠臣、长谷雄等与颋唱酬甚欢。"[2] 裴颋与菅原道真同年生，更是互相爱重。裴颋赞菅原道真"诗似白香山"，道真称裴颋"裴大使七步之才也"。日皇也是爱诗之人，十分欣赏裴颋的才华，予衣一袭。在日期间，裴颋与日本的文人唱和酬答，写下了许多动人的诗篇。遗憾的是裴颋的诗没有保存下来，只有残章断句。不过从日本诗人对他的诗才的高度评价和赞美中，可以断定他的诗歌誉满国内外，为两国诗坛所重。如菅原道真的诗《重依行字和裴大使被酬之什》云：

> 寒松不变冒繁霜，面礼何须假粉光。
> 灌溉梁园为墨客，婆娑孔肆是查郎。
> 千年岂有孤心负，万里当凭一手章。
> 闻得旁人相语笑，因君别泪定添行。[3]

岛田忠臣的《继和渤海裴大使见酬菅侍郎纪典客行字》：

---

① 　金毓黻：《渤海国志长编》卷3《世纪》。
② 　金毓黻：《渤海国志长编》卷10《诸臣列传》。
③ 　金毓黻：《渤海国志长编》卷18《文征》。

非独利刀刃似霜，毫端冲敌及斜光。

多才实是丹心使，少壮犹为白面郎。

声价随风吹扇俗，诗媒逐电激成章。

文场阅得何珍货，明月为使秋雁行。①

又岛田忠臣的《酬裴大使答诗》一诗中有云：

惊见裴诗逐云成，客情欢慰主人情。

与君共是风云会，唯契深交共一生。②

其他如"座客皆为君后进，任将领袖属裴生"等赞美的诗句很多，可见裴颋的诗歌成就是相当高的。894年裴颋第二次访日，与菅原道真等相逢，朋友重聚倍加欢欣，又赋诗唱和写了一些诗篇。

裴璆继其父裴颋在渤海国末代王大諲撰时任文籍院少监，后任政堂省少卿。渤海灭亡后为东丹国文官。裴璆亦有其父之风，擅长诗文。曾三次出使日本（最后一次是渤海亡后），日本文人称他"词露莹珠""诗流琅洁""凌云逸韵"，很为日本朝野推高崇，影响很大。

僧人释贞素，僖王之世负笈入唐，结识日本学问僧灵仙于唐，议论投契无间。"宣王建兴四年，灵仙入五台求法，遂留于铁勤寺。七年，贞素携日本寄灵仙百金并书，自唐京涉长途，抵五台，致于灵仙。灵仙乃以舍利万颗、新经两部、造敕五通，别具表文，属贞素致之日本。未几，贞素返国。是年冬，遂与高承祖同聘于日本，盖重灵仙之托也。及承祖等还，日廷又以百金托致于灵仙。九年冬，贞素随贺正使重入唐地，不辞跋涉，访问灵仙。十年四月，达于五台，而灵仙已先移居灵境寺，并为人毒死矣。"③因此贞素以诗怀念灵仙。

哭日本国内供奉大德灵仙和尚诗并序

起余者谓之应公矣。公作而习之，随师至浮桑，小而大之，介立见乎缁林。余之身期降物，负笈来宗霸叶。元和八年穷秋之景，逆旅

---

① 金毓黻：《渤海国志长编》卷18《文征》。

② 金毓黻：《渤海国志长编》卷18《文征》。

③ 金毓黻：《渤海国志长编》卷11《士庶列传》。

相逢，一言道合。论之以心素，至于周恤小子，非其可乎。居诸未几，早向鸽原。鹡鸰之至，足痛乃心。此仙大师是我应公之师父也。妙理允契，示于元元。长庆二年，入宗五台。每以身罹青痴之器，不将心听白猿之啼。长庆五年，日本大王远赐百金，达至长安。小子转领金书送到铁勣。仙大师领金讫，将一万粒舍利、新经两部、造敕五通等，属附小子，请到日本答谢国恩。小子便许。一诺之言，奚惮万里重波，得遂钟元外缘，期乎远大。临回之日，又谢百金。以大和二年四月七日却到灵境寺求访，仙大师已来日久。位（泣）。我之血，崩我之痛。便泛四重溟渤，视死若归，连五同行李如食之倾者，则应公之原交所致焉。吾信始而复终，愿灵凡分表悉，空留涧水鸣咽千秋之声，仍以云松惆怅万里之行。四月冀落如一，首途望京之耳。

　　　　不体尘心泪自涓，情因法眼奄幽泉。
　　　　明朝倘问沧波客，的说遗鞋白足还。[①]

　　渤海国诗人在中原的影响也是有据可查的。如深受晚唐大诗人温庭筠赞赏的渤海某王子。温庭筠为这位离开长安返国的王子作诗送别一首七律《送渤海王子归本国》：

　　　　　　疆理虽重海，车书本一家。
　　　　　　盛勋归旧国，佳句在中华。
　　　　　　定界分秋涨，开帆到曙霞。
　　　　　　九门风月好，回首是天涯。[②]

　　显然，这位渤海王子是因其"盛勋""佳句"——即出众才华，而受到以晚唐大诗人温庭筠为代表的中原人士看重的。"佳句在中华"明确地告诉人们，这位王子是一位诗歌创作达到很高水平的诗人。另一位唐代诗人韩翃有诗《送王诞渤海使赴李太守行营》：

---

①　金毓黻：《渤海国志长编》卷18《文征》。
②　金毓黻：《渤海国志长编》卷18《文征》。

> 少年结客散黄金，中岁连兵扫绿林。
> 渤海名王曾折首，汉家诸将尽倾心。
> 行人去指徐州近，饮马回看泗水深。
> 喜见明时钟太尉，功名一似旧淮阴。①

大诗人刘禹锡《酬杨司业巨源见寄》：

> 辟雍流水近灵台，中有诗篇绝世才。
> 渤海归人将集去，梨园弟子请词来。
> 琼枝未识魂空断，宝匣初临手自开。
> 莫道专城管云雨，其如新似不然灰。②

此外，渤海人高元裕在唐期间也曾留下断句，被收录在《全唐诗》中。题为《赠知贡举陈商》，"中丞为国拔贤才，寒俊欣逢藻鉴开"。高元裕，字景圭，于唐文宗开成年间仕唐，充翰林侍讲学士，后任吏部尚书。这首诗描写了他入唐应试宾贡及第后的喜悦心情。

在唐宾贡科及第的渤海人高元固对唐诗人徐寅非常仰慕，特到闽中相访。交谈中，高元固说起了徐寅的诗在渤海大受欢迎的情况："本国人写得寅《斩蛇剑》《御沟水》《人生几何赋》，家皆以金书，列为屏障。"徐寅听了很受感动，因赠诗曰：

> 折桂何年下月中，闽山来问我雕虫。
> 肯销金翠书屏上，谁把乌茎过日东。
> 郊子昔时遭孔圣，繇余往代讽秦宫。
> 嗟嗟大国金门士，几个人能振素风。③

唐代诗歌影响所及，造就了一批渤海诗人，想来渤海的诗歌也曾出现过繁

---

①　彭定求：《全唐诗》卷245，中华书局，1960。
②　彭定求：《全唐诗》卷361。
③　《四库全书·集部二·别集类一·唐·徐正字诗赋》，上海人民出版社、迪志文化出版有限公司电子版，1999。

盛的景象。这种局面的出现，一方面源于中原内地大量诗歌作品的传入，另一方面，恐怕也是更重要的方面，即许多渤海王室贵族子弟及生徒、学问僧等到中原内地学习深造，这些人在长安国子监受业，他们和内地的诗人彼此唱和酬答，诗歌水平得到了极大提高。学成归国时，往往带回大量的诗文集。唐代诗人刘禹锡《酬杨司业巨源见寄》诗云："辟雍流水近灵台，中有诗篇绝世才。渤海归人将集去，梨园子弟请词来。"描述的便是这种情景。这些人回到渤海后，即在渤海国内，特别是在上层社会形成了一股吟诗作诗酬酢唱和的风气，极大地推动了渤海诗歌创作的发展。从唐朝中原诗人与渤海文人之间的交往唱和中不难看出，渤海诗人的作品是受到中原文人肯定的，这也从另一个侧面反映出渤海诗歌水平是很高的。

二　散文

渤海人不仅能诗，而且擅文。保存下来的渤海文章不多，计有国书 15 篇、牒 5 篇、笺 1 篇、墓志铭 2 篇。[①]渤海王给唐朝所上的贺正表 1 篇，渤海王致日本天皇的国书 16 篇、别状 1 篇，渤海国中台省致日本太政官牒 7 篇，渤海使臣致日本天皇笺 1 篇，谢状 1 篇。这些虽然都是应用文章，不是纯文学作品，但也都有流畅的行文，丰富的修辞手法，表现出渤海人很深的文学修养。

南宋洪皓的《松漠纪闻》中记载了一篇渤海的贺正表，这篇贺正表多被认为是渤海朝唐的贺正表，其文如下：

> 三阳应律，载肇于岁华；万寿称觞，欣逢于元会。恭惟受天之祜，如日之升。布治惟新，顺夏时而谨始；卜年方永，迈周历以垂休。臣幸际明昌，良深抃颂。远驰信币，用申祝圣之诚；仰冀清躬，茂集履端之庆。[②]

金毓黻在《渤海国志长编》卷十八《文征》下注中云，"松漠纪闻载此表，题曰渤海贺正表。殆为渤海盛时，遣使臣朝唐贺正旦所用之表，流传于后而洪

---

① 墓志铭事实应为三篇，在吉林省还出土了渤海国"皇后"墓碑，碑上有墓志铭，只是尚未发表，不得详情。

② 金毓黻：《渤海国志长编》卷 18《文征》。

氏钞之者"。在这篇作品中，三阳、岁华、元会、履端等词，皆是指元旦或新春，为避免用词重复，作者用多个同义词来表述同一意思，实在是用词考究，显示出较高的文学功底。"恭惟受天之祜，如日之升"一句，是恭维唐朝皇帝受上天庇佑，正是如日中天的好时候；"臣幸际明昌，良深抃颂"，一句说明渤海使对唐称臣献贺；由"远驰信币，用申祝圣之诚"一句可知，远道而来的使节不仅上表还献上了礼金，以表诚意。总之，整篇表文充分表达了渤海对唐恭顺祝贺之良好意愿，用词用典恰当得体。由此可知，此表的作者深受中原汉文化熏染，有良好的文学功底，是一篇不错的骈体文。不过该文也受到了形式主义的影响，过分追求辞藻，显得有些华而不实。

除去上篇贺正表之外，属于渤海人自己的散文作品还有国书和牒等，多保留在日本文献中。

见于史料的最早的一篇是渤海武王大武艺致日本圣武天皇的国书。武艺启：山河异域，国土不同，延听风猷，但增倾仰。伏惟大王天朝受命，日本开基，奕叶重光，本支百世。武艺忝当列国，监总诸藩，复高丽之旧居，有扶余之遗俗。但以天涯路阻，海汉悠悠，音耗未通，吉凶绝问。亲仁结援，庶叶前经；通使聘邻，始于今日。谨遣宁远将军郎将高仁，义游将军果毅都尉德周，别将舍那娄等二十四人赍状，并附貂皮三百张奉送。土宜虽贱，用表献芹之诚；皮币非珍，还惭掩口之诮。主理有限，披膳未期，时嗣徽因，永敦邻好。[①]

这篇国书是已知的渤海国最早的文献资料，开篇"山河异域，国土不同，延听风猷，但增倾仰"，表明了虽然两国相距遥遥，国情不同，但是对日本的情况有所耳闻，希望再多加了解。"武艺忝当列国，监总诸藩，复高丽之旧居，有扶余之遗俗"，一句则把本国的国情清晰分明地介绍给了对方。接下来便表达了"亲仁结援""通使聘邻"的友好愿望，并逐项介绍使臣姓名、身份及聘礼等内容。通篇文章语言流畅生动，颇具文采，具有较高的文学价值。

渤海中期的这篇《宣王致日本嵯峨天皇书》，也是一篇文采颇佳的应用型散文。仁秀启：仲秋已凉，伏惟天皇起居万福，即此。仁秀蒙免，慕感德等迥到，伏奉书问，慰沃寸诚，欣幸之情，言无以喻。此使去日，海路遭风，船舶摧残，几漂波浪。天皇时垂惠领，风义攸敦，嘉贶频繁，供亿繁重，实赖船舶归国，下情每蒙感荷，厚幸厚幸。伏以两邦继好，今古是常；万里寻修，始终

---

①　金毓黻：《渤海国志长编》卷 18《文征》。

不替。谨遣文籍院述作郎李承英赍启入觐，兼令申谢。有少土物，谨录别状，伏垂昭亮，幸甚。云海路遥，未期拜展，谨奉启。[①]

渤海宣王大仁秀建兴元年（819），渤海使臣慕感德等从日本返回，修此篇国书。目的有二：一则，"此使去日，海路遭风，船舶摧残，几漂波浪"，感谢日本天皇对渤海使臣给予的关照，并表示"两邦继好，今古是常；万里寻修，始终不替"的良好愿望；二则，"谨遣文籍院述作郎李承英赍启入觐，兼令申谢"。整篇文章虽没有华丽的辞藻，却也流畅自然，用典准确，不卑不亢地表达了与日本友好往来的愿望。

渤海人对六朝至唐初流行的四六骈文掌握得十分熟练，其对外文书多用此种文体书写。从保留下来的篇章中可以看到，这些骈文对仗工整，行文流畅，层次清楚，状物传神。如大虔晃元年（858）渤海中台省致日本太政官牒：

> 牒奉处分，扶桑崇浪，日域遐邦。欲占风而挂席，期阻岁而寄音。泛泛轻舟，罕过沃云之水；拳拳方寸，弥增披雾之情。所以隔年度日，天转律移，想寻修之旧贯，近周回之星纪，酌展亲于古典，遵继好于前章。凭事表情，善邻置礼。恋怀转切，不待前期。谨差政堂省左允乌孝慎令觐贵国者。准状，牒上。[②]

渤海国后期的牒一篇，王大玄锡二十年，中台省致日本太政官牒：奉处分，来若不往，则乖，礼谓太方不孤，只难阙邻约，岂乃不以守其盛风，而呈此敦诚。肆月尽推年，星行遍汉，已近旧制之限，将投满纪之期。远书一封，常企踵于下国；思绪万恋，久驰心于中朝。慕仰旧规，瞻举尊德。溟海而不患遥阔，梯航而早勤经过。定望云霄，无因展谒。谨差文籍院少监王龟谋等入觐贵国，令寻前踪者。[③] 也是讲究修饰的应用文书，可谓一篇极美的散文。

在渤海国遗留下来的为数不多的文学作品中，最有文采、最能表现渤海人汉学水平的作品，当是目前可见的考古发掘出土的贞惠与贞孝两位公主的墓志。

贞惠公主墓志，1949年发现于敦化六顶山贞惠公主墓甬道内，出土时已经破裂为七块。志石呈圭形，花岗岩质，通高90厘米，宽49厘米，厚29厘米。正面镌刻

① 金毓黻：《渤海国志长编》卷18《文征》。
② 藤原时平、菅原道真等：《日本三代实录》卷2，第31页。
③ 金毓黻：《渤海国志长编》卷18《文征》。

志文，竖行阴刻，汉字楷书。志文 21 行，首行为标题，序 13 行，铭六行，末行为刻志年月。志文计 725 字，字迹三分之二清晰可识，其余三分之一已斑驳难辨。

贞孝公主墓志，1980 年出土于吉林省和龙市龙水乡龙海村西龙头山贞孝公主墓甬道内。志石呈圭形，花岗岩质，通高 105 厘米，宽 58 厘米，厚 26 厘米。保存完整。正面镌刻墓志，竖行阴刻，汉字楷书，共 18 行，序 12 行，铭五行，首行为标题，无刻志年月。志文计 728 字，字迹清晰，除两字外，均可辨识。

两块墓志体例、内容几近相同，都是墓志通行的骈体文，有序、有铭，序文记载公主的一生，铭文对公主进行赞颂和悼念。贞孝公主墓志较贞惠公主墓志多三个字，相同的字 450 字，有疑问的字 14 个，不同的字有 22 个，所以贞孝公主墓志的出土不但补正了贞惠公主墓志残损的大量文字，也让我们领略了完整的渤海贵族墓志骈体文的文学艺术风采。

贞孝公主墓志并序

夫缅览唐书，妫汭降帝女之滨；博详丘传，鲁馆开王姬之筵。岂非妇德昭昭，誉名期于有后；母仪穆穆，余庆集于无疆。袭祉之称，其斯之谓也。公主者，我大兴宝历孝感金轮圣法大王之第四女也。惟祖惟父，王化所兴，盛烈戎功，可得而论焉。若乃乘时御辨，明齐日月之照临；立丞握机，仁均乾坤之覆载。配重华而旁夏禹，陶殷汤而韬周文。自天佑之，威如之吉。公主禀灵气于巫岳，感神仙于洛川。生于深宫，幼闻婉。瑰姿稀遇，晔似琼树之丛花；瑞质绝伦，温如昆峰之片玉。早受女师之教，克比思齐；每慕曹家之风，敦诗悦礼。辨慧独步，雅性自然。□□好仇，嫁于君子。标同车之容义，叶家人之永贞。柔恭且都，履慎谦谦。箫楼之上，韵调双凤之声；镜台之中，舞状两鸾之影。动响环佩，留情组纴。敝藻至言，琢磨洁节。继敬武于胜里，拟鲁元于豪门。琴瑟之和，苏蕙之馥。谁谓夫婿先化，无终助政之谟；稚女又夭，未延弄瓦之日。公主出织室而洒泪，望空闺而结愁。六行孔备，三从是亮。学恭姜之信矢，衔杞妇之哀凄。惠于圣人，聿怀闻德，而长途未半，隙驹疾驰，逝水成川，藏舟易动。粤以大兴五十六年夏六月九日壬辰，终于外第，春秋三十六，谥曰贞孝公主。其年冬十一月廿八日己卯，陪葬于染谷之西原，礼也。皇上罢朝兴恸，避寝驰悬。丧事之仪，命官备矣。挽郎呜咽，遵阡陌而盘桓；辕马悲鸣，顾郊野而低昂。喻以鄂长，荣越崇陵，方之平阳，恩加立唇。荒山之曲，松槚森以成行，古河之隈，泉堂邃而永翳。惜千金于一别，留尺石于万令。乃勒铭曰：

丕显烈祖，功等一匡，明赏慎罚，奄有四方；爰及君父，寿考无疆，对越三五，囊括成康。

惟主之生，幼而沟美，聪慧非常，博闻高视；北禁羽仪，东宫之姊，如玉之颜，舜华可比。

汉上之灵，高唐之精，婉娈之态，闻训兹成；嫔于君子，柔顺显名，鸳鸯成对，凤凰和鸣。

所天早化，幽明殊途，双鸾忽背，两剑永孤；笃于洁信，载史应图，惟德之行，君贞且都。

愧桑中咏，爱白舟诗，玄仁匪悦，白驹疾辞；莫殡巳毕，即还灵辕，魂归人逝，角咽箛悲。

河水之畔，断山之边，夜台何晓，荒陇几年；森森古树，苍苍野烟，泉扃俄閟，空积凄然。[①]

据统计，墓志内容涉及汉文典籍达数十种之多，主要有《诗经》《易经》《周礼》《礼记》《尚书》《春秋》《论语》《孟子》《晋书》《汉书》《三国志》《大唐开元礼》等。据王承礼先生考证，仅贞孝公主墓志内容所反映出的思想、典故、词源等直接或间接地与《诗经》有关的就达20余处，与《易经》有关的有十几处。如"妫汭降帝女"出自《尚书·尧典》；"鲁馆开王姬"则见于《春秋》、《左传》和《诗经》[②]；"标同车之容义，叶家人之永贞"一句中，"同车"一词源自《诗·郑风·有女同车》；"家人"一词源自《周易·家人》；"永贞"一词源自《周易·贲》。"动响环佩，留情组纴"一句中，"环佩"一词源自《礼记·经解》中的"行步，则有环佩之声"一句；"组纴"一词源于《礼记·内则》中"织纴组纴，学女事"一句等。"丕显烈祖，功等一匡"一句中，"丕显"一词源于《诗经·周颂·执兢》中"丕显成康"一句；"烈祖"一词源于《诗

①　延边朝鲜族自治州博物馆：《渤海贞孝公主墓发掘清理简报》，《社会科学战线》1982年第1期。
②　王承礼：《中国东北的渤海国与东北亚》，第334页。

经·商颂·烈祖》中"嗟嗟烈祖"一句等。可见，墓志作者熟悉《庄子》《史记》《汉书》《三国志》等汉文典籍，对屈原、刘向、曹植、潘安、谢灵运、阮籍等人的作品也十分娴习，又从唐诗中汲取了许多营养。墓志中"箫楼之上，韵调双凤之声"一句，似是脱胎于初唐诗人卢藏用《奉和安乐公主山庄制》中"箫楼韵逐凤凰吟"一句。

墓志铭的结尾更是富有感染力，"愧桑中咏，爰白舟诗，玄仁匪悦，白驹疾辞；奠殡已毕，即还灵轝，魂归人逝，角咽笳悲。河水之畔，断山之边，夜台何晓，荒陇几年，森森古树，苍苍野烟，泉扃俄闛，空积凄然"①。

墓志全文骈偶讲究、用典贴切、对仗工整、辞藻华丽。行云流水般表述了贞孝公主的一生：生于深宫，早受女师之教，敦诗悦礼，柔恭且都，嫁于君子，琴瑟之和，谁知夫君先逝，稚女又夭，她出织室而洒泪，望空闺而结愁；但是，公主妇德昭昭，母仪穆穆，夫死不嫁，守节终身，然而长途未半，公主却魂归人逝。碑文有赞颂、有哀思、有悼念，谁读了这样的文字能不顿生悲凉，喟然兴叹！

从文体上说，"渤海的文章初期极力追随骈骊文的形式，越到后期文章的体例越自由"②。这也反映了渤海人学习汉文文学由表及里、由浅入深的一个过程，是实质性的进步。

关于渤海人在汉文文学方面成就的评价，孙进己先生说："渤海人的这些作品和元代蒙古族的一些汉文作品、明代的女真馆来文、清代满族皇帝的朱批等看来，在汉化程度和汉文化功底上远远超过了他们。"③诚如是。

三　后渤海时期作品

渤海灭亡后，其遗民在辽代以及金代仍以能文著称，并对后世文坛有显著的影响，而这反过来又进一步证明渤海国存在时期文学水平之高。

辽代出自渤海遗民之手的文学作品保存下来的极少，能够确知的只有可算作散文的裴璆《谢状》，以及天祚帝文妃的两首诗。但仅此也可以看出其对辽

---

①　孙玉良编著《渤海史料全编》，第414~418页。
②　宋基豪：《渤海文化史的研究现状和课题》，金锦子译，载郑永振、尹铉哲主编《渤海史研究》，延边大学出版社，2005。
③　孙进己：《唐代渤海族的文化》，载孙进己、孙海主编《高句丽渤海研究集成·渤海卷》，哈尔滨出版社，1994，第35页。

文学的影响。

渤海国存在时，与日本往来频繁，关系良好。其中裴璆曾出使日本两次，不但是友好的使者，也与日方一些人士建立了深厚的友谊。渤海国灭亡后，时任文籍院监的裴璆随末王大𬤝撰降契丹。东丹国建立，裴璆任东丹国文籍大夫。东丹国的内政外交大都沿用渤海时期的旧制，也试图维持与日本的关系，乃于辽天显三年派裴璆率使团出使日本。是年十二月二十四日（930 年 1 月 26 日）到达日本丹后国竹野郡大津滨。此时，日本不知渤海国已亡，仍以待渤海国使臣之礼待之。但裴璆等自称东丹国使，所携文书亦有前后相违之处，详问之，裴璆等回答说："本虽为渤海人，今降为东丹之臣。"而且，"对答中，多称契丹王之罪恶"①。日本认为裴璆朝秦暮楚，有失臣节，责其进谢状，裴璆乃进《谢状》曰：

> 裴璆等背真向伪，争善从恶。不救先主于樽俎之间，猥诣新主于兵戈之际。况乎奉陪臣之小使，紊上国之恒规；望振鹭而面惭，咏相鼠而股战。不忠不义，向招罪过，勘责之旨，曾无避陈，仍进过状。裴璆等诚惶诚恐，谨言。②

单从文学的角度看，这篇《谢状》确是语言简练，用典准确，表现了裴璆很高的文学素养，更表达了他作为亡国之民的痛苦与哀伤。在渤海国已经灭亡的历史背景下，像裴璆这样有才华的文人，无力反抗新的政权，要想生存下去，只能将亡国的伤痛背负在自己的身上。

辽天祚帝之文妃即为渤海大氏女子，"聪慧娴雅，详重寡言"③，"小字瑟瑟，国舅大父房之女。乾统初，帝幸耶律挞葛第，见而悦之，匿宫中数月。皇太叔和鲁斡劝帝以礼选纳，三年冬，立为文妃。生蜀国公主、晋王敖卢斡，尤被宠幸。以柴册，加号承翼"④。文妃大氏擅长诗词，颇有文采，又有很强的忧国之心。天祚帝后期，女真起兵反辽，连下州县，势不可挡，强盛一时的辽帝国江河日下，摇摇欲坠，形势日益紧迫。而天祚帝依旧行猎作乐，毫不体恤民情，

① 《扶桑纪略》第 24，转引自孙玉良编著《渤海史料全编》，第 374 页。
② 金毓黻：《渤海国志长编》卷 18《文征》。
③ 《本朝文粹》12，转引自孙玉良编著《渤海史料全编》，第 375 页。
④ 《辽史》卷 71《后妃传》。

忠臣良将多被疏斥，文妃见状多次作词规劝天祚：

讽谏歌

勿嗟塞上兮暗红尘，勿伤多难兮畏夷人；

不如塞奸邪之路兮，选取贤臣。

直须卧薪尝胆兮，激壮士之捐身；

可以朝清漠北兮，夕枕燕、云。①

还有另一首讽谏歌：

咏史诗

丞相来朝兮剑佩鸣，千官侧目兮寂无声。

养成外患兮嗟何及！祸尽忠臣兮罚不明。

亲戚并居兮藩屏位，私门潜蓄兮爪牙兵。

可怜往代兮秦天子，犹向宫中兮望太平。②

这两首诗歌把辽廷当时存在的问题表现得清清楚楚，那就是忠贤之臣被疏远排斥，奸臣当权，大逞淫威，以至于国之将倾。解决问题的方法唯有避小人、用贤臣、激壮士，以挽救危机。诗意表达准确，押韵而又不失意境。太平兴国六年（981），定安国王乌玄明上宋太宗的表，也表现了渤海遗民很高的文学素养。

定安国王臣乌玄明言：伏遇圣主洽天地之恩，抚夷貊之俗，臣玄明诚喜诚抃，顿首顿首。臣本以高丽旧壤，渤海遗黎，保据方隅，涉历星纪，仰覆露鸿钧之德，被浸渍无外之泽，各得其所，以遂本性。而顷岁契丹恃其强暴，入寇境土，攻破城砦，俘略人民，臣祖考守节不降，与众避地，仅存生聚，以迄于今。而又扶余府昨背契丹，并归本国，灾祸将至，无大于此。所宜受天朝之密画，率胜兵而助讨，必欲报敌，不敢违命。臣玄明诚恳诚愿，顿首顿首。元兴六年十月日，

---

① 《辽史》卷71《后妃传》。
② 《辽史》卷71《后妃传》。

定安国王臣玄明表上圣皇帝前。①

　　这篇渤海遗裔定安国王上宋太宗的表，主要内容讲其"以高丽旧壤，渤海遗黎，保据方隅"，然而"顷岁契丹恃其强暴，入寇境土，攻破城砦，俘略人民"，而且近期扶余府又背叛契丹投奔了定安国，担心大祸将至，遂有意联合大宋皇帝共同讨伐契丹。整篇文章叙事清楚、言辞恳切，既表述了自己政权的来历，又表达了侍宋的愿望，真正隐含的目的则是恳请大宋与其联手共同对付契丹。也让我们了解到，渤海遗民反抗辽朝统治的斗争是此起彼伏的。

　　此外，金代渤海遗民王庭筠也是位作品较多的文学家和书画家。王庭筠，字子端，辽东人。七岁学诗，十一岁赋全题。稍长，涿郡王翛一见，期以国士。登大定十六年进士第。调恩州军事判官，临政即有声。金章宗明昌五年（1194）八月，上顾谓宰执曰："应奉王庭筠，朕欲以诏诰委之，其人才亦岂易得。近党怀英作《长白山册文》，殊不工。闻文士多妒庭筠者，不论其文，顾以行止为訾。大抵读书人多口颊，或相党。昔东汉之士与宦官分朋，固无足怪。如唐牛僧孺、李德裕，宋司马光、王安石，均为儒者，而互相排毁，何耶？遂迁庭筠为翰林修撰同知制诰。"②

　　庭筠仪观秀伟，善谈笑，外若简贵，人初不敢与接。既见，和气溢于颜间，殷勤慰藉如恐不及，少有可取极口称道，他日虽百负不恨也。从游者如韩温甫，路元亨、张进卿、李公度，其荐引者如赵秉文、冯璧、李纯甫，皆一时名士，世以知人许之。为文能道所欲言，暮年诗律深严，七言长篇尤工险韵。有《藁辨》十卷，文集四十卷。书法学米元章，与赵沨、赵秉文俱以名家，庭筠尤善山水墨竹云。③其文学作品存世者，诗28首，词12首，文5首，现录一诗、一词、一文如下：

示赵彦和

　　四柳危亭坐晚阴，殷勤鸡黍故人心。
　　儿孙满眼田园乐，花木成阴年岁深。
　　十亩苍烟秋放鹤，一帘凉月夜横琴。

①　《宋史》卷491《列传》，第14128页。
②　金毓黻：《渤海国志长编》卷13《遗裔列传》。
③　《金史》卷126《文艺下》，王庭筠条。

家山活计良如此，归兴秋风已不禁。①

大江东去

山堂晚色，满疏篱寒雀，烟横高树。小雪轻盈如解舞，故故穿帘入户。扫地烧香，团栾一笑，不道因风絮。冰澌生砚，问谁先得佳句。有梦不到长安，此心安稳，只有归耕去。试问雪溪无恙否，十里淇园佳处。修竹林边，寒梅树底，准拟全家住。柴门新月，小桥谁扫归路。②

香林馆记

承安四年春二月，上以右宣徽使张公出守沂州。明年，公以书抵庭筠。曰，吾下车奉宣诏条，夕惕不敢暇逸。逮今，州民始孚。僚属一日谓吾曰，民则安矣，公亦勤矣，盍谋所以燕息者，于是筑香林馆。馆在思贤堂之东南，环阶植青梅、细梅、腊梅数十株，开时花气宜人，故以名焉。旁有坏垣，崇卑不齐，乃砌石，络以蔓草，苍然如幽山斫竹开径，回缭蔽翳。地才数亩，行者跬步相失，疑其无穷也。南亭曰双清，东庵曰香界。夫为是者，非徒燕息而已，盖将以致思于其中。人之思出于心，心为俗物所败则乱。故治心者，先去其败之之物，然后安。既安，而思则思之精。吾退食自公，隐几孤坐，每阅书至酉，耳目之所接及者，乃林、风、竹、月耳，无一物相败，吾心甚安。乃益思所以事君，与夫治身、治家、治民，凡有为者，庶几乎无愧焉。僚属初阅吾勤，而不知重吾勤也，尔当以此意为之记。庭筠复书谢曰，公之治沂也，驭民宽，驭吏严，桥梁修，学校举，野无废田，庭无留讼。其为政播于人者，如此。政陈游戏翰墨，诗句高远似唐人，书画图美似晋人，岂特似之真得其意焉。其游艺散落于人者如此，乃日坐香林，思而得之者欤。则其事君，与夫治身、治家、治民之道可触类而知。异时端委庙堂，以绍父兄发为勋业者，亦必思之审矣。贱子其拭目观之。庭筠既以此谢，且以为记。公名汝芳，字仲贤，太师南阳郡王之子，平章政事莘

① 金毓黻：《渤海国志长编》卷18《文征》。
② 金毓黻：《渤海国志长编》卷18《文征》。

国公之弟。高才绝识，言议英发，风标玉映，气压一世云。[①]

渤海遗民在文学艺术方面对契丹人的影响很明显。如东丹王耶律倍，性喜读书，"市书至万卷，藏于医巫闾绝顶之望海堂。通阴阳，知音律，精医药、砭焫之术。工辽、汉文章，尝译《阴符经》。善画本国人物。如《射骑》《猎雪骑》《千鹿图》，皆入宋秘府"[②]。他渡海投后唐时立木海上刻诗曰："小山压大山，大山全无力。差见故乡人，从此投外国。"[③] 短短20个字，把自己出走的原因、心境、去向表达得清清楚楚，而且文字通俗易懂，毫无余饰，颇有杜工部的风格。

第四节　艺术

完善而有序的教育制度，殷实祥和的生活，以及对大唐艺术文化的追逐，使渤海国在其存世的二百多年间，优秀的书法、绘画、雕刻等艺术作品层出不穷，为我国艺术的多元化发展贡献了一份特别力量。

一　书法

渤海国效仿唐朝，学习书法之风盛行。渤海国在中央设立胄子监，相当于中原王朝的国子监，同时，各府州县也普遍设立学校。书法是学校教学的重要内容，渤海书法艺术因此发展迅速，成绩斐然。

渤海国的书法明显地受到晋、唐书法艺术的影响，同时又有自成一体的功力。从保存至今的、较少的渤海国书法作品中，可窥豹一斑，略知其书法艺术的成就。

渤海国墓志出土较少，目前能见到的墓志主要是贞惠、贞孝公主墓碑。近年来，在吉林省和龙市龙海渤海王室墓葬有渤海孝懿皇后墓志、顺穆皇后墓志的两方墓志出土，[④] 但碑文还没有发表，所以暂且只能从渤海贞惠、贞孝公主墓志中探

① 金毓黻：《渤海国志长编》卷18《文征》。
② 《辽史》卷72《义宗倍传》。
③ 《辽史》卷72《义宗倍传》。
④ 吉林省文物考古研究所、延边朝鲜族自治州文物管理委员会办公室编《吉林和龙市龙海渤海王室墓葬发掘简报》，《考古》2009年第6期。

图6-2 贞孝公主墓志拓片
资料来源：魏存成：《渤海考古》。

究渤海的书法艺术。尽管这两方墓志是前期的作品，但在书法艺术方面达到了较高水平。贞孝公主墓碑（见图6-2），碑文有王羲之、欧阳询、柳公权等晋唐书法大师的影子，又不拘成法，自创意境，对某些字的点画做了必要的改动，以求字的结构在不失原貌的基础上，变得更为生动协调，结果使碑文"通体一致，完整统一，从起首到结束，纵有行，横有列，错落有致，浑穆畅达……上下呼应，左右避让，给人以一气呵成，浑然一体的感觉"①。所以，这篇碑文"既具有魏晋人的风貌，又汲取了隋唐以来名家之长……有王羲之的，用笔轻灵活泼，妍美流便；有欧阳询的，笔力险劲，俊逸潇洒；还有柳公权的，笔势精悍，刚健峻洁"；"还融合了魏碑的某些笔法，点划峻厚"；"结构端庄严谨，雅肃清秀"，充分显示出盛唐书法之风韵，即使是"放到唐王朝书法艺术中也不失为一篇佳作"②。

此外，大量出土的渤海文字砖、文字瓦上的文字，也显示了渤海普通工匠的受教育程度及书法水平。在一块文字砖上有"会邦于广"四字，酷似唐褚体楷书。可见"在民间一些工匠人之中也不乏书法之俊秀"，反映了渤海书法艺术在广度上的发展成就。

渤海书法中不但有楷书，还有草书。在珲春马滴达塔基"发掘出土两块文字砖，一块是'马必行'（？）文字砖，是在一块长方形砖的一端斜刻草书'马必行'三个字，书写熟练，字体浑厚，苍劲有力。另一块'斤两'文字砖，是在小方砖一端直刻草书'一两一斤'字样"③。裴颋、裴璆父子在出访日本时都曾留下墨迹，日本同行称赞他们的书法作品"笔下雕云""毫含松烟"，这也是中日书法艺术交流史上的一段佳话。

---

① 魏存成：《渤海考古》，文物出版社，2008，第298页。
② 李凌阁：《渤海国书法艺术初探》，《牡丹江师范学院学报》1987年第3期。
③ 张锡英：《珲春马滴达渤海塔基清理简报》，《博物馆研究》1984年第2期。

二 绘画

渤海国文献记载的绘画作品很少，目前仅能从渤海贞孝公主墓、和龙河南屯渤海墓葬、敦化六顶山渤海墓群、宁安三陵屯渤海墓出土的壁画残片中探究渤海绘画艺术。

渤海壁画相当普遍，绘画艺术也已达到一定水平。从考古资料看，渤海上京龙泉府寺庙址、宁安三陵屯贵族墓、吉林省敦化等地的渤海墓葬与和龙市渤海遗址，都有壁画残片的发现。有些壁画残片不仅纹饰清晰可见，还可辨出彩绘颜色。其中保存较为完整的贞孝公主墓壁画，使我们对渤海的绘画艺术有了更清晰的了解。

（一）贞孝公主墓壁画

贞孝公主墓位于吉林省延边朝鲜族自治州和龙市，发掘于 1980~1981 年。这一墓葬是渤海考古极其重要的发现，特别是墓室墙壁上留有彩绘人物的壁画，使我们第一次看到了渤海人完整的体态容貌、丰富的服装与装饰，十分珍贵。

贞孝公主墓在甬道后部东、西两壁和墓室的东、西、北三壁上，绘有横排竖列人物共 12 人（见图 6-3）。系用铁线描，先以墨线画出轮廓，然后涂染朱、红、赭、青、绿、黑、白等色颜料，最后用墨笔勾勒完成。线条流畅，色彩明丽，形象生动，富有立体感和运动感，显示绘画技巧较高。因长年的腐蚀以及盗墓人的破坏，有些地方漫漶不清或剥落，但人物的原貌基本上仍得到了保存。

甬道后部东、西壁各绘有门卫一人，东西相对，身高约 0.98 米。西壁门卫，粉面朱唇，颊颐丰腴，眉目漫漶不清；头戴兜鍪，上饰红缨，身着战袍，对衽束腰；肩披朱边黑穗鱼鳞甲，卷袖，套白色护腕，饰有黑色花纹。右手握铁挝，荷右肩上，左手扶长剑，斜垂膝下，剑鞘饰黑白相同的竹节纹，下部剥落不详。东壁门卫，其形象、服饰、持物等与西壁门卫相同。因上部漫漶而面颊、披甲、护腕等看不清楚。下部保存较西壁门卫好一些，留有饰黑穗战袍下摆和着黑靫左脚。不同的是佩剑佩于身后，斜直下垂于右膝下。

墓室东、西两壁南边绘有对立侍卫各一人，身高约 1.17 米。西壁侍卫，粉面朱唇，颊颐丰腴，眉目已漫漶不清；梳髻戴红帕首；着褐色圆领紧袖袍，卷袖，套饰绿色花纹的朱色护腕，腰系白色革带，袍前襟撩起系于带内，露出黄色

图 6-3　渤海贞孝公主墓壁画全景

资料来源：延边朝鲜族自治州博物馆：《渤海贞孝公主墓发掘清理简报》，《社会科学战线》1982 年
第 1 期。

饰以红绿花纹内衣。左手握铁挝，扛在左肩上。左腰佩弓囊，囊为黄底，饰有黑
色云纹，囊中弓弢有饰 "<" 形图案的彤弓。右手扶剑，斜垂于身后。右腰佩一
物，因剥落而不清。东壁侍卫，面容头饰与西壁者同，着褐色圆领紧袖袍，系黑
色革带，袍襟撩起系在带内，露出黄色饰绿色花纹内衣。套朱色护腕，护腕饰绿
色花纹。脚蹬黑靴。右手握铁挝，扛在右肩上，左手扶剑斜垂于身后。

　　西壁中、北部壁绘有乐伎三人。三人身高均约 1.13 米，皆面向墓门，作行
走或伫立状（见图 6-4）。头戴展脚幞头，身着圆领宽袖袍，腰系革带，足着
麻鞋。从北数第一人，穿白袍，袍上饰有朱色花纹。在袍服开衩处露出朱色、
白色内衣，双手抱一褐色锦囊，囊上饰有黑色花纹，持物形似琵琶。第二人，
眉目清秀，细眉细眼，矮鼻、小口、身着深青色袍，袍上饰朱色花纹，在袍服
开衩处露出白色中单和朱色内衣。双手抱一物，物上披有红色巾，巾上饰绿色
花纹，下部露出褐色一长杆。杆子中部有一红色花瓣结，下垂两带。持物形似
箜篌。第三人，容貌同第二人，身着红色袍，袍上饰有绿色花纹，在袍服开衩
处露出白色内衣。腰系黑色革带。在左腰革带下下垂有舌形白色铊尾。双手抱
赭色锦囊，囊上饰有绿色花纹。持物形似拍板。

　　北壁绘有侍从二人。二人微斜对相向，面向墓门，作站立等候状，身高约
1.17 米。西侧一人，粉面朱唇，颊颐丰腴，身着圆领白色宽袖袍，袍上饰有赭色花

图 6-4　贞孝公主墓西壁

资料来源：延边朝鲜族自治州博物馆：《渤海贞孝公主墓发掘清理简报》，《社会科学战线》1982 年第 1 期。

纹，在袍服开衩处露出白色中单和朱色内衣。腰系黑色革带，足穿麻鞋。身后背赤弭卢弓，右腰佩圆底圆筒形箭囊，中贮红色箭多枝，箭囊有黑色背带，背在左肩上。东侧一人，头戴折脚幞头，身着紫色圆领宽袖袍，袍上饰黑色棱形花纹，在袍服开衩处露出红色内衣。腰系黑色革带，在左腰带下垂有白色舌形铊尾，足蹬麻鞋。背后背弓囊，囊上饰黑色花纹，囊内有红耳弓。左腰佩箭囊，囊上部垂有兽尾饰，囊中部绘有回顾奔鹿，下部饰黑色花纹。双手捧一红色伞状物，形似华盖（见图 6-5）。

东壁中，北部壁绘有内侍三人。三人均身高 1.13 米，头戴展脚幞头，身穿圆领宽袖袍，腰系革带，足着麻鞋。面向墓门，作行走或伫立状（见图 6-6）。从北起第一人，眉目清秀，身着白袍，袍上饰

图 6-5　贞孝公主墓北壁右侍从

资料来源：延边朝鲜族自治州博物馆：《渤海贞孝公主墓发掘清理简报》，《社会科学战线》1982 年第 1 期。

图 6-6　贞孝公主墓东壁

资料来源：延边朝鲜族自治州博物馆：《渤海贞孝公主墓发掘清理简报》，《社会科学战线》1982 年第 1 期。

有朱色花纹，在袍服开衩处露出朱色中单和白色内衣，双手捧一红色包裹，在包裹上饰有白色花纹。第二人，眉目漫漶不清，身着深青色袍，袍上部饰有以朱色和白色组成的花纹，下部饰有黄色花纹。在袍服开衩处露出白色中单、朱色内衣，双手捧一白色包裹，包裹上饰有朱色花纹。第三人，眉目漫漶不清，身着红袍，袍上饰有以绿色和白色组成的花纹，双手捧一黑色圆状物，中间系有红缨。

　　贞孝公主墓的发现，不仅展示了渤海书法艺术的风采，也展示了渤海较高的绘画成就。墓室内壁东、西、北三面绘着反映公主生前活动的壁画。壁画所表现的人物共有 12 个，有持挝佩剑的武士，有持伞盖相从的内侍，有弹奏乐曲的乐伎，所有人物均仪态生动，活灵活现。武士孔武威猛，内侍则谨慎小心，乐伎更是谦恭专注，均属墓主生前的侍从和门卫。他们衣着华丽，或手扶宝剑，肩背弓囊，腰佩箭囊或手执、手抱、手捧各种锦囊、器物。这些人物均粉面朱唇，面颊丰腴，着圆领长袍，腰系革带，足蹬黑靴或麻鞋，头戴幞头或红帕首。这种服饰、造型、内容与画风、画技，均具有唐墓壁画的风格，可见贞孝公主墓壁画渊源于内地。从壁画结构简练，色彩鲜艳，技巧娴熟，人物栩栩如生看，渤海的画工技艺精湛。画工以写实的手法，运用流畅的线条、明丽的色彩，绘出了富有立体感和运动感的人物形象。可见，渤海的画工非常擅长人物、花卉和禽兽，具有较高水平。

（二）三陵2号墓壁画

三陵 2 号墓是在 1989 年和 1990 年进行物探时发现的，1991 年 9~10 月进行发掘。这是继渤海贞孝公主墓以来渤海壁画墓的又一次重大发现。其墓室四壁、藻井及甬道两侧壁面上均绘有精美的壁画。

壁画内容可分花卉和人物两类。墓室上部的抹角叠涩藻井部分的壁画全部为花卉，基本形式为二方连续的宝相团花，图案美观，颜色为黄、绛、橙、红等，色泽艳丽，画工和构图都很精巧（见图 6-7）。墓室四壁及甬道两侧为人物形象，大部分脱落，但部分人物形象、姿态和服饰等还依稀可辨。墓室四壁画面似多为女性，面相丰腴，颇具唐风。甬道两侧的人物为门卫、武士形象，着袍束带，持兵器，双目前视，虬髯威武，造型生动传神，是难得的渤海人物画作珍品。[①]

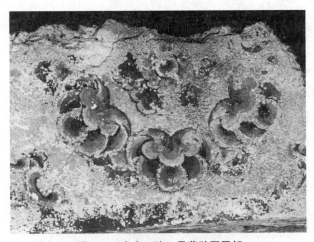

图 6-7　宁安三陵 2 号墓壁画局部

资料来源：李陈奇、赵哲夫：《海曲华风——渤海上京城文物精华》。

渤海壁画早年也有发现，发现于上京城外南部的一处寺庙址，1939 年出版的《东京城》一书中有壁画残片的摹本。1945 年后，吉林敦化六顶山渤海墓葬（贞惠公主墓），以及和龙河南屯渤海墓地也都发现有壁画残片，甚至上京城以西的西石岗子（即熔岩台地）的渤海大型石室墓等都曾发现壁

---

① 朱国忱、朱威：《渤海遗迹》，文物出版社，2002，第 247 页。

画残片。在边远的滨海地南部的夹皮沟河谷地的杏山寺遗址也曾出土壁画残块等。①

（三）渤海壁画承继了唐代壁画的内容、形象和画法

唐代绘画艺术水平较前代有了很大的提高，特别是人物绘画已经发展到了鼎盛时期。人物造型准确生动，人物内在精神和性格的刻画已达到相当的高度。画面的构图组织能力增强，墓室壁画的表现技巧比北魏时期有了飞跃式发展，其人物排列有序、掩映对比，基本延续北魏时期的以人物为主，摒弃烦琐的背景内容，突出主题，加强了画面的人物比例和平面空间的"经营位置"。唐代的墓室壁画，随着帝王厚葬之风的盛行，规模和艺术水平均令前代望尘莫及。其绘画手法与纸本、绢本异曲同工，已经达到了非常纯熟的绘画技巧。②墓室壁画作为唐代绘画原作，虽然没有像在纸绢上描绘得那么精细，但以其特有的形式向我们展现了唐代的绘画面貌，展现了唐代不同人物形象的不同特点，显示出当时画师高超娴熟的技艺。下面笔者将从以下几个方面来论述渤海壁画受唐代壁画的影响之深。

从画法上来看，唐代的壁画一般是先在墓壁上抹一层草泥，再搪一层石灰，然后绘画。作画时，先画好轮廓，再涂颜色，然后用笔勾勒，笔法都极其简练，线条流畅有力，所用颜色以红、黄、绿、紫、赭色为多。贞孝公主墓壁画的画法，是先在青砖壁上抹一层白灰，厚约0.8厘米，然后在白灰面上再刷一层白灰浆，就在上面作画。作画先用墨线画轮廓，然后涂颜料，再用墨笔勾勒线条，最后绘服饰图案。线条采用传统的铁线描。除勾线外，在人物面部的两鬓、眉间、脸颊及衣褶处敷色，使之具有立体感。因此，渤海壁画的画法、着色和用料，与唐代壁画相似。

从壁画反映的内容来看，贞孝公主墓的壁画虽没有唐代壁画，如永泰公主李仙蕙墓、章怀太子李贤墓和懿德太子李重润墓中的壁画那样布局宏大，丰富多彩，但从壁画人物的身份来看，有宫廷中的护卫、出行或行猎时的侍卫和侍从、有乐伎和内侍等；虽没有描绘宴饮、狩猎、出行等场景，却含蓄地反映了贞孝公主生前起居、宴乐、出行、狩猎等一系列活动，也体现了墓主人高贵的

---

① 朱国忱、朱威：《渤海遗迹》，第248页。
② 朱国忱、朱威：《渤海遗迹》，第261页。

身份和奢侈的宫廷生活。

从壁画中人物的形象来看，贞孝公主墓壁画的人物均粉面朱唇，颊颐丰腴，细眉细眼，矮鼻小口，整体感觉是丰颊肥体。这与唐代壁画人物的形象，特别是盛唐时期丰颊肥体的人物形象极为相似。

从壁画人物的服饰来看，贞孝公主墓壁画人物头戴幞头或者红帕首，身着圆领花纹长袍，在袍服开衩处可看到各色中单和内衣，腰系革带，足蹬黑靴或麻鞋，服色有赭石、朱红、黄、青、紫、白等色。同时代的唐代壁画中，男性人物一般也是着圆领长袍、腰束带、足着靴、头戴幞头，而且服饰有内外两层，内衣都是不显露的，只能从外衣的衣领或是外衣开衩的地方看到一部分，不能知其全形。服色有紫、绯、绿、青等色。由此可见，贞孝公主墓壁画人物服饰的颜色完全仿照着唐朝之服饰，这一点是显而易见的。箭囊与唐李贤墓壁画中仪卫佩带的箭囊相似，侍卫戴的帕首与唐李贤墓壁画中仪卫戴的帕首也相似。《唐会要》卷36载："开元二十六年六月，渤海遣使求写唐礼及《三国志》《晋书》《三十六国春秋》，许之。"在大钦茂在位五十七年间（737~793），36次派遣使者贡谒唐廷，唐王朝五次遣使渤海宣谕。因而渤海国的服饰器用也效仿了唐朝。

（四）渤海壁画不同于高句丽壁画

高句丽和粟末靺鞨，是古代东北两支较大的部族，二者在历史发展的长河中，各自创造了本民族的光辉灿烂的文化。两个民族在绘画艺术上，都有着卓越的成就，在古代东北民族绘画宝库中，同样绽放出光辉的异彩。然而二者，无论在题材的选择还是艺术处理上，绘画风格迥然不同。

在题材上，贞孝公主墓内所画的人物，乃是墓主生前的侍从、内侍、乐伎、门卫，不见墓主人的形象。生前这些侍从朝夕服侍墓主人，主人死后又把他们的形象彩绘于陵壁之上，仍然服侍护卫主人。这一绘画题材的选择与高句丽上层统治阶级的陵墓壁画题材，有着很大的差异。高句丽壁画墓，早期绘在白灰壁上，内容多是墓主人生前的各种场面，诸如宴乐、歌舞、出行等。一般来说，在墓室主壁都是画墓主夫妇对坐或居家宴饮，在左右壁上画主人率家人奴仆出行、狩猎、歌舞、礼辇、争战等场面。而后期直接在石面上作画的壁画墓，四壁主要绘青龙、白虎、朱雀、玄武四神，藻井之上作伎乐仙人图。就题材的选择上，高句丽壁画题材广泛，内容丰富；而渤海贞孝公主墓壁画，题材单一，且最大的不同是墓主人不出现，只绘侍从，侍立于陵床周围的壁面上。

在构图上，高句丽所有的壁画墓，墓室四壁、藻井满施彩绘，不留空间。有的是几壁连绘一个主题，如角抵墓主壁画墓主家居宴饮场景，在其后壁（主壁）绘夫妇对坐宴饮，其右壁绘庖厨，厨夫正在做菜，侍从捧杌为墓主人进馔。有的一壁之上又绘两个主题，在壁中用褚石线分成上、下两部分，上画墓主人率家人奴仆郊外出行，下画狩猎等。布局丰满，题材多样。而渤海贞孝公主墓题材单一，布局显得呆滞。在构图的处理上，二者有着截然不同的风格。

壁画作法上，也有明显的不同。高句丽早期的壁画墓是在石造墓室上涂以白垩土，在白垩土上以淡色的赭石起稿，墨线勾勒，平涂着色。渤海贞孝公主墓的人物画，是先在纸上起稿，把起好的壁画稿平铺壁上用竹签在白垩土壁上针刺过稿，然后晕染着色，浓墨勾勒。至今还有针刺过稿的痕迹。[①]针刺过稿的原理与现代的针式打印机非常相似，都是通过点来组成文字或图像。针刺过稿的作画方式否定了渤海绘画继承高句丽绘画方法与风格的观点，可以明显地看出这是两种不同习惯的作法。

在人物的形象上，二者各有自己的特色。高句丽壁画人物，男人多着短襦肥裤，仕人头戴折风，上插二鸟羽，上层统治阶级头顶乌纱笼冠，一般留有短髭，面目清秀，足登尖头黑履，"行必插手"。这些特点充分反映了高句丽人的固有风习。渤海贞孝公主墓的人物图像，均粉面朱唇，面容丰腴，头戴展脚幞头或红帕包发，身着圆领袍服，革带束腰，内穿中单、内衣，足登黑靴、麻履。

从以上对比中可以看出，渤海贞孝公主墓壁画与高句丽墓葬壁画从题材、绘画技巧及人物面貌和服饰等方面，都存在着迥然不同的风格。

（五）其他绘画及艺术作品

从保存至今的渤海绘画作品看，渤海人有高超的绘画技巧。渤海的绘画作品有的色彩鲜艳，有的白笔素描，有的朦胧写意，多种多样。渤海人喜欢给烧制的陶佛身上画上花纹，有的至今仍可辨识。

在朝鲜咸镜北道清津市锦城里的渤海墓葬中也有色彩鲜艳的壁画，可惜大部分已残，只余一角。"壁画色彩主要有红、黑、白、紫等色。在墓室北壁东端下侧有双腿分开，正面站立的人物。因膝盖以上部分不存在，这一人物穿

---

① 　李殿福：《唐代渤海贞孝公主墓壁画与高句丽壁画比较研究》，《黑龙江文物丛刊》1983 年第 2 期。

着的衣冠及面部形象已不清，从遗留下来的画面看着着浅色衣服，双腿缠裹，穿黑色鞋。"在脱落的壁画残片中还有云纹等多种画面，尤其是站在莲花座上的神仙形象最为生动。神仙只存腰以下部分，"着浑红色衣服，衣服的轮廓用细墨线勾勒。莲花座为双重台。装饰纹样以黑色为主，具有动感"①。

白笔素描画发现的极少，上京城出土的陶质砚台残片上的官员头像比较有代表性。该像头戴幞头，眉目清晰，形象十分生动②（见图6-8）。

渤海线刻作品发现的很少，其中可以代表渤海线刻水平的是一件桶状银盒。它是1975年4月发现于上京外城东区北部舍利函中的第六重，高8.5厘米。由盒盖与盒身两部分组成，制作工巧，纹饰精美（见图6-9）。银盒正面用小型银锁锁着，银锁长3厘米，呈六棱形，刻箍状纹饰。银盒盖刻火焰、祥云纹，边刻西番莲、忍冬纹。盒身四壁每面刻三位人物，中间一人形象高大，左右为侍立者。四面人物形象各异，装束与持械亦不同，但皆着长袍（戎装），头戴冠饰，背环佛光，脚蹬长靴，座下"夜叉"。这四位显系佛家的"四大天王"，不同的天王面相和神态各不相同，有的端庄慈祥，

图6-8　渤海上京城遗址出土的陶砚

资料来源：李陈奇、赵哲夫：《海曲华风——渤海上京城文物精华》。

图6-9　渤海上京龙泉府遗址出土的银舍利函

资料来源：李陈奇、赵哲夫：《海曲华风——渤海上京城文物精华》。

① 郑永振：《富居里一带的渤海遗迹》，香港亚洲出版社，2011，第90~91页。

② 中国社会科学院考古研究所：《六顶山与渤海镇》，中国大百科全书出版社，1997，第97页。

犹如贵妇之状，有的面目狰狞可怖。在如此有限的范围内，仅用线条表现不同纹饰和人物表情等，需要有深厚的功底和熟练的技巧。其采用我国传统的线刻技法，线条简洁明快，刀法娴熟。

渤海国能有如此出色的画作，则必定有一较大的画工群体。其优秀的画作应该不止贞孝公主墓的壁画，可惜未能流传下来。大简之是渤海遗民，史载他"工松石小景"①。唐代画坛流行画山水、花卉、鸟、树等，工于"松石小景"显然是受到了唐人画风的影响。

三　雕塑

（一）石雕艺术

渤海国的石雕艺术品，以佛教建筑及佛像为主，气势恢宏，雍容典雅，刀工刚健，舒展大方，目前保留下来的以石雕为多。

石灯幢是渤海国流传下来最大的雕塑作品，位于渤海上京龙泉府遗址今称"南大庙"的佛寺遗址中。早在300多年前，清初流人学者就对它进行过实地踏查和记录，这些记录成为有关石灯幢的最早文献资料。

吴兆骞《秋茄集》："（渤海上京）禁城外莲花石塔，微向东敧。石佛高二丈许，在塔之北。"

张贲《白云集》"（渤海上京）：城南有古寺……前有石浮屠，八角形。"

高士奇《扈从东巡录》："（渤海上京）禁城外有大石佛……前有石塔，向东小敬。"

杨宾《柳边纪略》："沙阑城内存石塔一，石观音一。"

此外，《盛京通志》、《宁古塔纪略》、《宁古塔山水记》以及稍后的《吉林通志》等书也有记载。民国时纂修的《宁安县志》等称石灯幢为石香炉。

渤海石灯幢，俗称石灯塔。从外形观察它似塔似亭；就其灯室而言好像是建在"空中"的亭榭。简称石灯、灯幢、灯台、石塔、灯笼、灯塔、石亭、香炉等。因为它是由多层岩石结构雕件叠筑起来的，故亦可称为石雕建筑。

石灯幢整体从上至下由灯幢室、幢身柱和幢基座三大部分构成（见图6-10）。上部较繁，中部单一，下部从简。如果细分则由以下各部分构成：刹

---

①　金毓黻:《渤海国志长编》卷13《遗裔列传》。

顶、相轮、幢盖、幢室、幢室座、仰莲托、幢身柱（中柱石）、覆莲（盘）座、幢基座和幢底石等。按现在的石灯幢实际情况来说，它是由 12 "节块"（层）组成（但不是 12 块石头雕成），共计用大小不等的 40 余块石头雕件叠筑而成。所谓 12 "节块"是指石灯幢雕刻所用石头的自然"层节"，不是以雕筑一节（层）为一块，因为有的雕筑"层节"是由两块或两块以上石雕筑件构成。我们姑以"层节"（块）称之，下面简要叙述一下。

图 6-10　石灯幢外景
资料来源：李陈奇、赵哲夫：《海曲华风——渤海上京城文物精华》。

石灯幢现在的刹顶是后期补制的，不是原刹顶。若按原刹顶计算，石灯幢全高约为 6.4 米。今高近 6 米，原刹顶比今刹顶高，但已不存，见于《宁安县志》和《东京城》报告。据照片及附图观察，其为盘状八角形石刻，当即宝盖，大小与第一层相轮接近。其上置圆形刹尖，状如桃，或为阿末罗果；下石刻成瓜状，当为宝瓶，呈长圆形，两端（上下）细些中间鼓出（卷刹），置于相轮上的仰莲状露盘之上。盘状八角形石刻（宝盖）略大于莲状露盘，故成伞状罩之。

今刹尖为馒首状石刻，无纹饰，置于仰莲状露盘之上，直径 17~19 厘米，高 13.5 厘米，自成一节块（即由一块石头制成），不与其他层节相连刻。其下之露盘和相轮等均由一块石头雕凿而成，置于幢室盖顶。露盘犹如莲花盛开，雕刻工细，直径 24~25 厘米，高 5~6 厘米。相轮为四轮重叠，从上至下层层趋大；每一相轮厚 5~6 厘米，轮间距 5~6 厘米。相轮直径由上至下分别为 32 厘米、35 厘米、40 厘米、42 厘米。每一相轮轮圈中间刻一道箍索状圈饰，轮边刻成花瓣齿状。第四层相轮（最下一层）下刻联珠，高 6 厘米，比相轮小，似为联珠承托相轮。联珠以下刻莲花覆钵，置于幢盖顶。覆钵呈圆形，高 16.5 厘米、直径 51.5 厘米，上刻球形圆饰 47 个。莲花覆钵略大于幢盖顶。刹顶、相轮、覆钵连刻而成，即用一块石头刻成，成一自然节块，全高 88~90 厘米。

　　幢室盖是由两块石头雕成的，对缝很严密，用工精细，雕凿工巧，反映出匠人高超的雕刻技术。幢盖是一个整体，表面看似乎由一整块石头雕成，脊和瓦垅从顶至檐很直，不细致观察不易发现对缝。两块石头大小不同，上层（节）高 38 厘米；下层（节）宽圆，有斜坡，雕成亭榭棚盖形式，高约 27 厘米，八角形，略呈伞状。相对各角对角线约为 1.92 米。盖顶雕刻圆方形垂脊八道，至檐成八角八面形，脊端为角，脊间成面。脊间雕出筒瓦铺成的瓦垅五道，瓦垅间刻成仰瓦状。中间一道瓦垅由顶通至盖檐，还有两道瓦垅由脊间二脊翘头分出通至盖檐。每一道瓦垅临檐刻出略呈圆形的瓦当，隐约可见刻纹。八脊比瓦垅大而高，脊间每面刻瓦垅五道，八面共 40 道瓦垅。从幢盖雕刻脊、筒瓦垅和仰瓦等结构来看，具有明显的亭榭建筑特点。整个幢盖及刹顶为八角攒尖式，八脊垂檐略翘起。幢盖呈伞状盖于幢室之上，比幢室大，檐口挑出 25.5 厘米。幢盖下部同幢室衔接处，雕成方形檐椽，不用"飞子"，与幢盖上部之瓦垅对应。幢盖八脊对应的下部刻出角梁，与幢室斗拱似为"把头绞项造"。

　　幢室镂空，方八角形，高 88~90 厘米。内部对角线约 90 厘米，外部对角线为 1.41 米。每面仅有一间，整个开间都做成"火窗"，共 8 个。开间有上槛、下槛和槛框。上槛置阑额，宽 7 厘米；下槛刻地栿；槛框里口高 3 厘米、宽 30 厘米，外口高 40 厘米、宽 41 厘米（柱间距）。阑额以上，转角铺作之间有"空档"，上窄下宽，为 10.5~21 厘米，高 16.5 厘米，同"火窗"上下相对。所谓"空档"也是转角铺作间空，未作"眼壁"（拱垫板）而出现的。

　　幢室八角八柱，呈方圆形。铺作在转角，柱头上部刻栌斗，其上刻一泥道拱，左右各刻一散斗，栌斗以上又刻一齐心斗，大致与散斗在一平面上。散斗上刻成替木，其上刻柱头枋，与幢室盖相接。均为转角铺作，没有补间铺作。这虽然是石件雕刻（浮雕），但它明显地反映出我国木结构建筑的传统特点及技法。对研究复原渤海建筑，甚至唐代某些建筑，石灯幢雕刻的斗拱结构是有相当重要的参考价值的。幢室用一块巨石镂凿雕刻而成，雕工复杂，立体层次鲜明，要求严格，需要有相当熟练的雕凿技术才能完成这种精细复杂的雕刻，这表明渤海匠人有高超的雕刻技艺。

　　幢室放置于八角形石托上，石托厚 22~23 厘米，从其整体造型看似乎是一座亭榭建筑的台基。刻出上下二层台，上层台高 3.5 厘米，其下高 13.5 厘米为出檐，再下收回，高 5.5 厘米。石托比幢室大，对角线为 1.81 米。同幢室柱衔接处刻出长方形凹槽，长 22 厘米、宽 10 厘米、深 8 厘米。幢室柱呈有角方形，厚 20 厘米。柱底部即同石托相接处刻出略突出的础石，似伏盆，其下出略细的短榫置入石托凹槽内。石托的凹槽除有实用意义外，或还可象征"泄水"。

石托以下是莲花托，刻仰莲承托幢室，高 48~50 厘米。仰莲重叠 3 片花瓣，层层清晰，线条自然有力。莲花形象真切，饱满而有动感，犹如巨莲盛开之状。仰莲托下是幢身柱（中柱石），它上支仰莲幢室，下承覆莲幢基座。幢身柱为圆形，上下略细，中间微粗（略卷刹），直径约 96 厘米，高约 157 厘米。其下是莲花覆盘，亦刻 3 层花片（瓣），似盛开之巨莲覆置于幢基座上，厚约 30~40 厘米。

幢基为须弥座，束腰，用 8 块大型玄武岩雕凿而成；八角八面，两块对合成角面使用。高约 65 厘米，对角线约 2.40 米。其下铺设一层板石，厚约 12~14 厘米。须弥座束腰部分的每面中间刻有壶门，宽 70 厘米，高 28~30 厘米。幢基座下铺底石 10 余块，中间夹杂一些小石块。幢基座除用 8 块大石雕刻以外，中间放置一块巨石，正在幢身柱下。基座以下是幢底石，由 12 块较大的石头组成，铺成八角八面形，石厚 17~20 厘米。幢底石的对角线约为 2.74 米。

石灯幢是佛教雕刻艺术品，造型古朴典雅。从其结构和反映出的思想来看，浓重的虔诚敬佛意识明显。石灯幢大体由 12 节块组成，其中至少有 4 处是有莲花雕刻饰件的；而莲花是佛教的象征。国内各石窟寺、佛教寺院的石刻、壁画等多有莲花或莲花图案。渤海是崇重佛教的古代王国，而象征佛教的名物——莲花，也在它的佛教遗迹中保存下来。石灯幢有其自身特点，它兼具雕刻工艺和建筑艺术风格，使之有机地统一起来。无论从建筑还是雕刻艺术看，它都充分反映了古代中国传统的工艺技法。

从视觉规律与美学角度看，由于中间束腰，形象简单，更突出了上部复杂多变的形象，使观看者的视点主要集中到上部。同时，在比例处理上更有细腻之处。幢身柱位于上下两个较繁结构的中间部分，若拉长或缩短都不合乎比例；幢身柱上端与莲花托的接触部分大致处于石灯幢全高的二分之一处，正是人的视觉中心，是人们站在相应距离略自然扬首欣赏最习惯的起始点。

石灯幢在艺术手法上也有其独到之处，它是石雕艺术与建筑艺术融为一体的杰作。石灯幢既有明显的亭榭建筑特点（尤其是幢室以上），又具有塔刹建筑风格。仰莲托与覆莲座的技法是唐代一般的雕法，以突出形象的饱满线条为主，注意到体积的饱和与轮廓的清晰。即使是一个简单的柱子也应用这种手法，可以看到幢身柱略卷刹而使中部稳壮的体积更加突出，古希腊的柱式已采用这种办法，称之为收分。我国古人也注意到平直的柱子不能给人以饱满的感觉，故而中间加粗，这种体积感的处理无疑加强了整体量感。如果将石灯幢作为一个融合了石雕艺术技法的整体建筑的缩影，还应提到一个问题，即立体感和量感。石灯幢的主要雕件叠筑是由八面构成的，这种构成效果使人们从每个角度都能看到至少三个不同方向的平面。由于光线作用，每个不同方向平面中的雕刻更加充实了整体的立体效果。石灯幢在有些部分，如上部幢室仿木结构，木结构的斗拱、替木、阑额、檐椽等，都采取浮雕的形式，把真实的形象作了"压缩关系"，既保持了形象的真实又使整体简洁明快，毫无琐碎之感。总之，石灯幢是一件较为稀有而珍贵的渤海石雕艺术品，无论是在雕刻或建筑艺术方面，还是在结构处理的科学性方面都有较高水平。它结构复杂，层节较多，雕件较大，雕刻技术要求严格，一定是经过事先周密设计，动工时精心雕刻而成。

纵观石灯幢，结构匀称，布局合理，雕刻细腻，刀法娴熟，线条遒劲，浑厚古朴，典雅别致，巍然壮观。玄武岩石质较坚硬而微脆，又多气孔，表面粗糙不整，这又增加了精工细雕的难度。表明渤海匠人已掌握了难度较大的雕刻技艺，反映了渤海石雕艺术的进步和成就。石灯幢出现于盛唐文化发展繁荣之世，有人认为它是唐代风格和文化的典型代表，并为之雕刻技艺工巧而赞叹。石灯幢在一定程度上反映了盛唐文化的有机组成部分"海东文化"的一个侧面。[①]

石狮。狮子和佛教关系密切，《大智变论》中将佛比作人中狮子，佛经中将释迦牟尼讲经比作狮子吼。西汉时张骞通西域，狮子等形象传入中国。随着佛教的传播，狮子成为寺院、宫廷、陵墓等建筑中的重要装饰。渤海石狮，出土三尊，敦化六顶山贞惠公主墓出土两尊。其中之一，高64厘米，昂首眦目，张口卷舌，前肢伸撑立于胸前，后肢屈曲，蹲踞于花岗岩石座之上，颈�}卷曲，民间艺术家以朴拙洗练的刀法，把为主人守墓的石狮塑成浑健有力、昂扬雄壮的艺术形象。从造型和刀法看，其和唐乾陵（唐高宗武则天墓，在陕西乾县）的大石狮相似，只是大小不同，表现出浓郁的盛唐风格。

石狮子头。在上京的宫殿址出土了许多石狮子头。它们鼻端翘起，双目圆睁，有的紧闭大嘴，有的牙齿咬合外露，神态凝重威猛，刀法粗犷（见图

---

① 朱国忱、朱威：《关于渤海石灯幢》，《东北史地》2006年第2期。

6-11）。

石佛像。黑龙江宁安渤海镇兴隆寺（南大庙）内的石雕佛像，是渤海现存的最大佛像。这尊大石佛与石灯幢同在一处，堪称渤海雕刻艺术的代表。石佛到清初仍然存在。流人张贲游览上京城遗址后写了一篇《东京记》，对此石佛有详细的记载："城南有古寺，镂石为大佛，高丈有六尺，风雨侵蚀，苔藓斑然，而法相庄严，镂凿工巧。"石佛的镂刻技术令人惊叹。张贲写诗赞之曰："古佛高寻丈，危岩依石城。发增苔藓绿，珠共雪霜明。趺坐终无恙，低眉尚有情。圆澄方说法，早晚自东迎。"稍早的方拱乾也咏此佛曰："金刹忽开南市陌，毗卢百尺嶙峋碧。莲花刀削大华峰，想象庄严如满月。"大石佛"历万劫之岁年，阅千秋之风雨"，仍"神缥缈而如在"[1]，大概是雕得太传神了吧。"佛面虽有风雨侵蚀，过之者尚稽首焉。"[2] 后来，石佛的头不知怎么脱落了。流人张坦公"琢而小之"，高度由"丈有六尺"（5 米左右）变成 3.35 米，其中像身 2.45 米、座 0.9 米，但仍保持了石佛体态丰腴、表情慈祥的原貌。石佛身披袈裟，趺坐于莲台之上，脸部已毁损，两臂屈曲，左手置于右腿之上，右手前置，似在说法（见图 6-12）。此石佛与洛阳龙门奉先寺

图 6-11　渤海上京城遗址出土的石狮子头

资料来源：李陈奇、赵哲夫：《海曲华风——渤海上京城文物精华》。

图 6-12　宁安渤海镇南大庙大石佛

资料来源：李陈奇、赵哲夫：《海曲华风——渤海上京城文物精华》。

---

① 李兴盛：《东京古佛沧桑录》，《黑龙江文物丛刊》1984 年第 3 期。

② 张缙彦：《宁古塔山水记》，黑龙江人民出版社，1984，第 11 页。

（创建于唐咸亨三年，即 672 年）内的卢舍那佛风格相近。[①]

　　有些石雕佛像都是高浮雕造像，在八连城遗址出土的石佛像面带和蔼的微笑，身体各部位的比例匀称，衣服上的皱褶十分清楚。这和在山东青州出土的北朝石雕造像、成都万佛寺南朝石雕造像风格比较接近，表明渤海人的石雕艺术也受到中原南北朝石雕风格的影响。

　　石碑。贞惠公主墓碑和贞孝公主墓碑碑文内容是研究渤海史的重要史料。同时，碑本身也是渤海人创作的石刻艺术品。贞惠公主墓碑正面面积 0.441 平方米，上有 21 行，725 字。碑文周边有云纹和蔓草纹。字和花纹皆阴刻。贞孝公主墓碑正面面积 0.609 平方米，上有 728 字，周边有装饰用的二道线，亦阴刻。能在这样小的碑面上工书正楷，清清楚楚地刻上这么多字，周边还有花纹，说明渤海人的石刻技艺已经相当熟练了。

图 6-13　吉林省和龙市高产寺庙的泥塑佛像头

资料来源：李陈奇、赵哲夫：《海曲华风——渤海上京城文物精华》。

（二）泥塑、陶塑等其他雕塑艺术

　　除石刻外，渤海的泥塑、陶塑技艺也有相当水平。

　　上京龙泉府遗址各寺庙址附近发现数量较多的渤海时期佛造像，不同质地的佛像中泥佛像出土的较少，而且比较珍贵。出土的泥塑佛像，都系以草泥塑胎，外涂细泥，再加粉刷，有的还有贴金的痕迹。这些泥像虽已破损，但能看出佛像身上是雕有装饰品的，有莲花、珠纹、云纹、忍冬纹、树叶状纹和花瓣状纹，这显示了渤海泥塑技艺之高。20 世纪 70 年代，两件泥佛像发现于上京城内的寺庙遗址附近，现收藏于黑龙江省博物馆。坐式泥佛像，形态优美，面相清

---

①　　王承礼：《中国东北的渤海国与东北亚》，第 360 页。

秀，庄严典雅，衣纹线条流畅。佛像盘腿坐在莲花座上，背饰佛光，到下端佛光连接于莲花座，正面明显露出3瓣花纹。佛像通高7.8厘米。另一件在上京城内白庙子出土。佛像形体与面相庄严生动，头带佛冠，五官端正，大耳，合眼闭嘴，隆鼻，面带微笑。身披袈裟，溜肩，胸部平直，原来双手可能合在胸前，佛像背面饰有佛光，下端佛光连接于佛托上。佛像已被破坏，残高8.2厘米。除此之外，吉林省高产寺庙出土的泥塑佛像头，"面相丰满，鼻梁略高，唇微外翻。表情温雅恬静，神态端庄自如"[①]（见图6-13）。这些佛像无疑是渤海国时期佛教文化中的艺术品，它们出自勤劳智慧的渤海匠师之手，亦代表着唐代渤海地区雕塑工艺，是承袭我国唐中期以后雕塑艺术的表现手法。[②]

　　吉林省和龙市渤海贵族墓地出土的三彩男女陶俑，"女俑复原4件。头部不施釉，余施绿黄釉。先以素土烧出坯胎，再以高岭土制作出外表细部。面部为白色瓷土胎，眼、眉、发等施黑彩，头绳施红彩。发中分，耳鬓处发辫折叠后在中部系一红绳。身与面微左倾，脸颊有两个浅浅的小酒窝。双手拱于胸前。身着男装，长衫圆领，腰系带，铊尾在左后腰处下垂。足蹬勾头履，踏低矮圆形台座。通高36、底座直径14.5厘米"[③]（见图6-14）；男俑"复原1件。施釉、制作工艺同女俑。俑身前倾，双手拱于胸前，作毕恭毕敬状。头戴幞头，身穿圆领长衫，腰系带，铊尾在左后腰处下垂。足蹬靴，踏低矮圆形台座。俑高33.5、底座直径12.5厘米"[④]（见图6-15）。

　　这些出土的三彩男俑头戴幞头，足蹬皮靴，一身唐装；三彩女俑的发式、勾头履、服饰与唐代宫廷中的侍女装束别无二致，从人物形象、衣着服饰和使用功能上与唐代贵族墓地出土的陶俑如出一辙，让人感觉仿佛是中原内地的产物。从渤海三彩器物出土的实际情况看，这些三彩陶俑与其他渤海三彩器物一样，是渤海自己烧制的艺术品。

　　陶制佛像在上京龙泉府遗址及其附近出土非常多。据说仅在日本东京大学

①　何明：《吉林和龙高产渤海寺庙址》，《北方文物》1985年第4期。

②　王世杰：《渤海上京城发现的泥佛像》，《北方文物》2009年第2期。

③　吉林省文物考古研究所、延边朝鲜族自治州文物管理委员会办公室：《吉林和龙市龙海渤海王室墓葬发掘简报》，《考古》2009年第6期。

④　吉林省文物考古研究所、延边朝鲜族自治州文物管理委员会办公室：《吉林和龙市龙海渤海王室墓葬发掘简报》，《考古》2009年第6期。

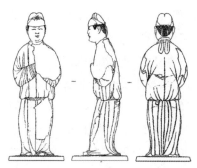 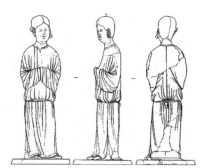

图 6-14　吉林省和龙市龙海渤海王室
墓葬出土的三彩男陶俑线图

图 6-15　吉林省和龙市龙海渤海王室
墓葬出土的三彩女陶俑线图

资料来源：吉林省文物考古研究所等：《吉林和龙市龙海渤海王室墓葬发掘简报》，《考古》2009 年第 6 期。

文学部就藏有 20 世纪 30 年代日本在渤海上京城考古发掘的陶佛像近千件，可见当时渤海国上京佛教的盛行。这些陶佛多为千佛，完整的较少，多为残件。有相光和背光之分，佛结跏趺坐于莲座上，高髻大耳，胸部平直，慈眉善目，庄重而不失威严（见图 6-16）。衣纹简单舒朗，线条稀疏，显示了渤海工匠的佛像雕塑审美水平。

图 6-16　渤海上京地区佛寺遗址出土的陶佛像

资料来源：李陈奇、赵哲夫：《海曲华风——渤海上京城文物精华》。

渤海人还掌握了高超的浮雕技术。在俄罗斯滨海地区契尔良基诺 2 号村落址出土了一块陶器残片，上面有一个浮雕的鹿的形象，鹿正跳跃，栩栩如生，简直呼之欲出（见图 6-17）。契尔良基诺离当时渤海中心地区很远，尚有如此传神的作品，足见这一技术是较普遍的。

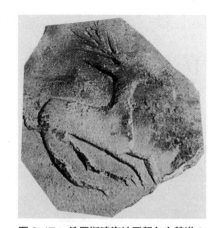

图 6-17 俄罗斯滨海地区契尔良基诺 2 号村落址的浮雕鹿纹陶器残片

资料来源：吉林省文物考古研究所等编著《俄罗斯滨海边疆区渤海文物集粹》。

第七章

节庆与娱乐

渤海人的节庆活动主要以中原地区的节庆为主。渤海王廷在"元旦"（春节）、端午节和冬至等节日时会举行朝会及展开庆祝活动。遇有其他重大活动及国王、佛祖诞辰等也均有不同形式的庆祝，如举行册封典礼时"赦"其境内，"贺丰收"。渤海人的娱乐活动丰富，且具有鲜明的民族特点。渤海各族人民素以能歌善舞、体魄强壮而载诸史册，建国后又受到周邻各方面的影响，特别是与中原地区文化交流的不断扩大，其音乐、舞蹈和百戏、体育等方面远比此前更加丰富多彩。

第一节 节日

渤海国诸族的先民早就不同程度地具有了物候星象知识和使用历法的经历。渤海国境内的辽东地区的汉人自然不必赘述，秽貊系的各族自两汉以来，也以"晓候星宿，预知年岁丰约"[①]而载于史册。就连靺鞨人也知道了四时节令，所谓"其父母春夏死，立埋之……若秋冬死，以其尸饵貂"[②]，可见渤海建国前，渤海的主体民族靺鞨族在生产和生活实践中，已经知晓季节冷暖的周期变化，这是靺鞨人使用物候历的一证。中国是世界上编制和应用物候历最早的国家，3000年前的《夏小正》一书，即为记载物候、气象、天象、农事、政事的物候历。二十四节气和七十二候也是物候历，从北魏开始七十二候被列入

---

① 《后汉书》卷85《东夷传》。

② 杜佑：《通典》卷186《边防二》。

国家历法。我国较早出现物候历与我国农业发展历史悠久息息相关。为了不误农时，人们很早就利用物候知识安排生产了，因此我国物候历的出现是比较早的。营州一带的靺鞨人与汉人接触较早，完全可能较早就使用了中原的历法指导农事。历法的使用，使渤海人逐步开始了农业生活，也相应地与中原汉人有了相同的民俗节庆。节日的安排与历法的使用息息相关，这是渤海人使用中原历法的见证。

一　端午节

《契丹国志》卷 27 载，每年端午节，辽宫廷必令渤海厨子制作艾糕和大黄汤，可知渤海也过端午节。又由渤海曾向唐朝派出"进奉端午使"可知，当时已有了过端午节的习俗和庆祝活动。鉴于《辽史·礼志六》载："五月重五日，午时，采艾叶和绵著衣，七事以奉天子，北南臣僚各赐三事，君臣宴乐，渤海膳夫进艾糕。以五彩丝为索缠臂，谓之'合欢结'。又以彩丝宛转为人形簪之，谓之'长命缕'。"《日本三代实录》卷 43，元庆七年五月五日条载，裴颋访日时，日皇于五月五日"别敕赐大使以下、录事以上续命缕"，则可以推论渤海人和当时的中原人一样，在端午节时不但有采艾蒿、吃艾糕的风俗；而且也以五月为毒月、五月五日为恶日，把艾蒿插在房门上，系合欢结于手臂，戴"长命缕"（也称续命缕，即五色丝线），以避免兵器伤害和疾病侵袭。

二　元旦

从渤海王廷不断派人去中原"贺正"及"贺正表"中有"三阳应律，载肇于岁华；万寿称觞，欣逢于元会"之句可知，渤海人至少已有了"元旦"（春节）、冬至等年节的观念，届时会举行朝会及展开庆祝活动。

三　其他节日

如果考虑到唐朝有人日（二月七日）、上元（元夜、灯节）、寒食（每年冬至后一百〇五、六天）、清明（寒食后一二天）、七夕（七月七日乞巧节）、中元（七月十五日盂兰盆节、鬼节）、中秋（八月十五日）、重阳（九月九日）、除夕诸节，则渤海大体上也存在这类季节性节日。渤海人笃信佛教，在渤海的上京、东京等地，至今保存有很多的渤海佛寺遗址，遗址中金、铜、石雕、泥塑、陶制的佛教造像、舍利函等均有大量出土。遇有其他重大活动及国王、佛祖诞辰等，也均有不同形式的庆祝和纪念活动，如举行册封典礼时"赦其境内""贺丰收"等。

第二节　娱乐体育

渤海各族先民以能歌善舞、体魄强壮而载诸史册。渤海建国后又受到了周邻各方面的影响，特别是与中原地区文化交流的不断扩大，使其文艺体育活动更加丰富多彩。

一　渤海乐

以粟末靺鞨为主体、融合其他民族的渤海国，在建国前一直以靺鞨舞为其特有的传统乐舞，这是其风俗习惯延续流传的结果。"渤海建国后，已制新乐。大兴三年，已珍蒙聘日本，奏渤海乐是也。"[1]

（一）史料中有关渤海乐的记载

关于渤海乐的记载首见于日本六国史的第二部——《续日本纪》。740年正月丁巳，"天皇御中宫阁门。已珍蒙等奏本国乐，赐帛绵各有差"[2]。已珍蒙，渤海文王时任云麾将军，739年出使日本时任渤海使副使。740年日本圣武天皇赐宴"中宫阁门"，已珍蒙等为天皇奏"本国乐"，这里的"本国"是指渤海，"本国乐"只能是渤海乐。[3]《续日本纪》卷十七中明确记载，749年十二月丁亥，在日本天皇等行幸东大寺的法会上，曾"作大唐、渤海、吴乐，五节田舞、久米舞"。显然，渤海乐曾与唐乐、吴乐一样，作为传入日本的主要音乐在重要

---

[1]　金毓黻：《渤海国志长编》卷16《族俗考》。

[2]　《续日本纪》卷13。

[3]　刘晓东：《"渤海乐"性质的文献学考察》，《北方文物》2011年第2期。

场合演奏。

中国正史中关于渤海乐的记载较晚。新旧《唐书》中并没有提及渤海乐，至《金史》《宋史》等史书中才出现关于渤海乐的记载。如《金史·世纪》中记载："金之先，出靺鞨氏……粟末靺鞨保东牟山，后为渤海，称王，传十余世。有文字、礼乐、官府、制度。"可见，渤海国在音乐方面非但不是空白，而且还有成熟的礼乐制度，否则难以流传，只是在中国正史中出现很晚，相关记载也很少。正如唐晏于《渤海国志·礼乐志》中论曰："至其教坊乐人，至明昌、大定间，犹有存者，知渤海之重乐府正同于唐室……"

（二）渤海音乐的曲目

金毓黻先生在《渤海国志长编·余录》中曾引《歌午品目·异域乐》中的一段话："渤海乐传于何时，舞乐要录中载之所谓延喜六年七月二十八日相扑拨出舞目录太平舞以渤海乐为答舞是也。案：今无所谓渤海，惟绫切中有一名大靺鞨及新靺鞨者，未详何者为渤海乐，尚待考证。"即 906 年，渤海乐作为太平舞的答舞在日本相扑节上演出。《歌午品目·异域乐》中指出，绫切中有曲名《大靺鞨》和《新靺鞨》，但没有说明哪首是渤海乐，尚待考证。金毓黻先生对其进行了考证："此即金史乐志所载之渤海乐也。"[1]在《续日本纪》之后的日本文献中，与渤海乐乃至与渤海乐有关的《大靺鞨》《新靺鞨》等曲目的相关记载也一直有所延续。[2]

《倭名类聚抄·音乐部》卷十："新靺鞨，靺鞨，二音未曷，蕃人出北土，见唐韵。"《倭名类聚抄》是日本平安时代承平年间（794~1192）源顺应勤子内亲王的要求所编纂，是日本最早的百科全书。

12 世纪成书的《舞乐要录》记载，延长六年（928）的相扑节上演出了若干种乐舞，有"新鸟苏、绫切、皇仁、渤海乐、纳苏利、狛犬"，此后渤海乐不复见于史籍。对此，有研究者指出可能是"新靺鞨"取代了"渤海乐"，也有可能"新靺鞨"就是渤海乐。[3]

1233 年成书、现存最早的综合性乐书《教训抄》中记载："新靺鞨别装束舞小曲。""此曲或书云，靺鞨芋田人名也。出北土靺鞨国名也，或曰件舞出彼

---

① 金毓黻：《渤海国志长编》卷 30《余录》。
② 刘晓东：《"渤海乐"性质的文献学考察》，《北方文物》2011 年第 2 期。
③ 马一虹：《古代日本对靺鞨的认识》，《北方文物》2004 年第 3 期。

国。"①成书于17世纪末的《乐家录·本邦乐》卷三十一条中记载："新靺鞨者，靺鞨国之曲也。舞者自彼国来于中华，为礼拜舞踏之体云云。"②

　　成书于明治时期（1868~1911）的日本史书《大日本史》，记载了神武天皇即位至南北朝终结的日本历史。此书《礼乐志》卷十四中对于大靺鞨、新靺鞨以及渤海乐都有记载："阿夜岐理，又称绫切舞，一名爱妓女（妓一作嗜），又大靺鞨，中曲，十八拍，舞者四人，常装束，假面，垂缨冠，古著帽子，或鸟冑，舞后绝。"这些别称中，以"绫切"一名最为常见，常作为答舞出现于书中。《大日本史·礼乐志》卷十四记载："新靺鞨，此乐出于靺鞨，故名，盖自高丽传之，小曲，唐拍子十六拍，白河帝庆法胜寺，敕藤原俊刚作舞，舞者王一人，紫袍，大史二人赤衣，小史六人绀袍。"这段记载明确指出新靺鞨出于靺鞨。两段文字详细说明了新靺鞨的舞者人数及服饰样式。

　　由上述史料可知，渤海乐是在日本的法会、相扑节等重大节日上表演的乐舞，而《大靺鞨》和《新靺鞨》则是渤海乐传入日本的曲目名称。

　　1171年，日本音乐家藤原师长所著的《仁智要录》中收录有《新靺鞨》一曲，叶栋、金建民教授认为，"《新靺鞨》作为渤海乐传入日本。1088年正月17日和1136年10月15日，《新靺鞨》作为右方乐在日本宫廷中演出。1201年正月23日，在天皇朝觐行幸时演出的舞乐中也有此曲。《乐家录》将《新靺鞨》列入番舞小曲。《新靺鞨》的曲式结构短小而规整；曲调坚定有力，旋律音阶是以三音列为核心的五声音阶，这正是现在的满族民间音乐的显著特点"③。

　　目前所掌握的第一手资料中，只有《大靺鞨》《新靺鞨》被学术界普遍认为是渤海乐的曲目。也有许多学者认为，除此二者之外，还有几首可能是渤海乐。日本学者田边尚雄在《大东亚的音乐》中将《退宿德》、《进宿德》与《新靺鞨》、《大靺鞨》一起列入渤海乐。④辻善之助也在《日本文化史》中说："现

---

① 　《教训抄》五，载东京续群书完成会主编《续群书类丛》第19辑上，1983，第264~265页；转引自马一虹《古代日本对靺鞨的认识》，《北方文物》2004年第3期。

② 　日本古典全集刊行会主编《日本古典全集》，1935；转引自马一虹《古代日本对靺鞨的认识》，《北方文物》2004年第3期。

③ 　叶栋、金建民：《〈仁智要录·高丽曲〉解译与考释——兼论古代朝鲜和外族的音乐文化交流》，《音乐艺术–上海音乐学院学报》1990年第3期。

④ 　叶栋、金建民：《〈仁智要录·高丽曲〉解译与考释——兼论古代朝鲜和外族的音乐文化交流》，《音乐艺术–上海音乐学院学报》1990年第3期。

存的舞乐中，大鞁鞨、新鞁鞨、新乌苏、古乌苏、进走秃、退走秃、敷手、贵德、昆仑八仙、地久，这些舞乐被认为是从渤海传来的。"①

（三）渤海的佛教音乐

渤海盛行佛教，从目前的考古发掘资料来看，渤海遗址中常见寺庙，并出土有各种佛像及舍利函等佛教相关器物，同时伴有铁风铎出土。风铎也就是风铃，是古代寺庙、塔的檐下所悬的一种风动体鸣乐器，大风吹动铎舌碰击铎体而发音。宋代陈旸《乐书·俗部》中记载："后周世宗朝，长孙绍远初为太常，广造乐器，无不克谐，惟黄钟不调，居尝患之，后因闻浮图氏三层上鸣铎，声雅，洽宫调，取而配奏之，果谐韵矣。"

佛教音乐是佛教用以阐明佛理、弘扬佛法的佛事音乐，也可指世人创作的歌颂佛教的音乐。佛乐是将佛理与音律相结合的一种音乐，通过音乐这一美妙的载体将佛的教化广为宣扬。佛乐通常庄严清净，蕴含慈悲之情，使人听后起欢喜之心，动善意之念。佛乐可分为经咒类的"梵呗乐"和参禅悟道类的"禅乐"。梵呗是中国佛教音乐的原声，源于印度声明学。梵，是印度语"清净"的意思；呗是印度语"呗匿"的略称，意为赞颂或歌咏。梵呗，亦称赞呗、梵乐、梵音、念唱、佛曲、佛乐等，是佛教徒（即出家人或住持）举行宗教仪式时在佛菩萨前歌诵、供养、止断、赞叹的颂歌。后世梵呗是鱼山梵呗的简称，泛指传统的佛教音乐。禅乐，是中国禅宗文化的重要组成部分，是在达摩祖师将佛教禅宗"直指人心，见性成佛"的大乘佛教理念传入中国后，古代乐师将古代禅师在日常生活中所证得的人生哲理而创作的诗歌进行谱曲演唱而形成的一种古乐。佛乐的表演形式一般为吟诵、吟唱，其所用的乐器通常为钟、鼓、铃、磬、铛、木鱼等。这些乐器虽然没有见于渤海遗址，但根据佛教在渤海的发展程度以及渤海国的众多佛教遗迹来看，这些乐器也应该曾经存在。渤海国存在过佛教音乐。

（四）渤海音乐对辽宋金的影响

渤海乐虽因政权灭亡而结束了它的辉煌时代，但渤海乐并未完全消亡，而是随着渤海遗民散入他朝，并或多或少地有所变化，且在史籍中开始出现。

---

① 王承礼：《中国东北的渤海国与东北亚》，第357页。

辽金时期渤海乐成为宫廷礼乐的组成部分。东丹国人皇王曾"进玉笛"[①]于契丹太宗,金毓黻先生曾考证:"东丹国甘露五年十月,王进玉笛于契丹太宗。盖渤海旧疆出玉,故以制笛。太平御览谓挹娄出青玉。契丹国志谓女真土产玉,此皆可以制笛者。"玉笛是乐器,人皇王以渤海旧疆之玉制成乐器进献于契丹太宗,足见渤海乐对契丹有所影响。

渤海灭亡后历经二百年,至女真族兴起的金代仍传有渤海乐,渤海乐对金的影响不可谓不深。据《金史·乐志》记载,金朝宫廷礼乐"有散乐。有渤海乐。有本国旧音"。这里"渤海乐"是以靺鞨族传统乐的身份与女真"本国旧音"并列而出现的,表明了女真人对其靺鞨族源的身份认同。金章宗泰和初年,由于太常工人数少,"即以渤海、汉人教坊及大兴府乐人兼习以备用"[②]。金代宫廷专门设立渤海教坊,与汉人教坊及大兴府并列,学习太常雅乐方面的演奏以备用,足见渤海乐在金代的特殊地位,渤海教坊在金代宫廷音乐机构中也发挥了不可替代的作用。渤海国音乐制度的完善使渤海乐被放在与女真"本国旧音"相同的民族传统音乐的地位上,并得以在金代流传。

相较于辽金的沿用和流传,渤海乐在宋的发展可谓步履维艰。宋孝宗淳熙十二年(1185),"禁习渤海乐"[③]。宋孝宗是南宋时期的第二位皇帝,"即位之初,锐志恢复,符离邂逅失利,重违高宗之命,不轻出师,又值金世宗之立,金国平治,无衅可乘,然易表称书,改臣称侄,减去岁币,以定邻好,金人易宋之心,至是亦寝异于前日矣"[④]。1162年孝宗即位,立志恢复北宋的强大,在南宋创造了"乾淳之治",此时正值有"小尧舜"之称的金世宗在位,北宋为金所灭,金为女真所建,宋金两国嫌隙已久,统治阶层不愿看到女真人喜欢的渤海乐在宋朝流行,这也是人之常情,因此宋孝宗朝发布"禁习渤海乐"的诏令是可以理解的。同时这也说明渤海乐于南宋早期就已在宫廷音乐中出现了。[⑤]

宋虽禁习渤海乐,但在宋理宗绍定三年(1230)时,中国史书中出现了渤海乐器的相关记载,"渤海琴,沉滞抑郁。腔调含糊,失之太浊。故闻其声者,性情荡于内,手足乱于外"[⑥],这是我国史料中第一次明确地提到渤海乐器的名

① 　《辽史》卷3《太宗本纪上》。
② 　《金史》卷39《乐志上》。
③ 　《宋史》卷35《孝宗本纪三》。
④ 　《宋史》卷35《孝宗本纪三》。
⑤ 　刘晓东:《"渤海乐"性质的文献学考察》,《北方文物》2011年第2期。
⑥ 　《宋史》卷131《乐志六》。

称。虽是贬义，却可以让我们知道渤海有渤海琴这一种乐器，同时也让我们了解到南宋宫廷对渤海乐性质的认识是清楚的，即一直把渤海乐放在靺鞨、女真传统音乐的角度来看待。

二 舞蹈

在隋代，渤海人的先世靺鞨人的舞蹈就给隋文帝留下了深刻的印象。隋开皇初年，靺鞨人遣使来朝，文帝设宴招待。席间，使节及其随从跳起舞来，其舞"曲折多战斗之容"。文帝见了，感慨地对左右的人说："天地间乃有此物，常作用兵意，何其甚也。"[1] 可见，渤海传统舞蹈的特点是"曲折多战斗之容"。

渤海国灭亡以后，宋人出使契丹，在渤海人聚居的柳河馆见到了渤海遗民载歌载舞的情景。"渤海俗，每岁时聚会作乐，先命善歌善舞者数辈前行，士女相随，更相唱和，回旋宛转，号曰'踏锤'。"[2] 这虽然是渤海亡国后的情景，但它既是"渤海俗"，则必然是从渤海国存在时沿袭下来的一种歌舞。

有学者认为，"踏锤"即是"踏歌"。踏歌是对以脚踏地为节、载歌载舞的群众性自娱自乐歌舞活动的一种通称。其动作简单、即兴歌舞、娱乐性较强，参加人数可多可少，连手而歌，一边踏足舞蹈，一边应和传唱，很是热闹。考察踏歌，它是一种非常古老的群众性自娱自乐歌舞活动，在北方草原地区出现得很早。在内蒙古阴山山脉西段的狼山岩画中有一幅四人列队舞蹈图，舞者勾肩搭背，连成一排，皆双腿微曲，做顿足踏地，连臂歌舞的形象。这一岩画内容正是北方游牧民族早期踏歌活动的真实反映。到了唐代，踏歌不仅在民间广泛盛行，朝廷中也经常举行踏歌表演，在各种节庆活动中踏歌更是不可缺少。又据学者考证，朝鲜半岛早在东汉时期就流行踏歌，[3] 而渤海又是在高句丽故地上建立的国家，国内居住着不少高句丽遗民，因此高句丽的歌舞形式势必会影响到渤海的音乐舞蹈。由此判断，渤海遗民的"踏锤"很有可能就是踏歌。至于渤海的"踏锤"到底是怎样一种舞蹈形式及具体的肢体动作，就目前而言，既没有相关史料的记载也没有更多考古材料的出土，很难知其本来面貌，只是靠推测而已。但至少有一点是明确的，即"踏锤"是渤海民间最广泛存在的舞

---

① 《隋书》卷 81《东夷传·靺鞨》。

② 叶隆礼：《契丹国志》卷 24，上海古籍出版社，1985，第 230 页。

③ 王永平：《从踏歌看唐代中外娱乐风俗》，《河北学刊》2010 年第 6 期。

蹈形式。

清初的宁古塔地区，"满洲有大宴会，主家男女，必更迭起舞，大率举一袖于额，反一袖于背，盘旋作势，曰莽势；中一人歌，众皆以空齐二字和之，谓之空齐"①。宁古塔地区正是渤海国的核心——上京，这种"莽势空齐舞"的动作姿势或与辽代渤海人的"踏鎚舞"相近，或许就是渤海舞的遗风。

740年，渤海文王大钦茂大兴四年（日本圣武天皇天平十二年），渤海使已珍蒙出使日本，3月2日，日本天皇御平城宫内的中宫阁门，已珍蒙等演奏渤海乐。这是文献对渤海乐的最早记载。之后，在日本仁明朝（833~850）的乐制大改革中，渤海乐被当作高句丽舞乐系统中的高丽乐，划入右方乐之中，"新靺鞨"就是其中之一。据日本学者酒寄雅志描述，这种"新靺鞨"舞蹈，"在舞台上，头戴缨脚左右平伸的唐冠、穿着红袍和绿袍的四名舞者，随着大鼓的音响，两手持笏在胸前，平稳地下拜，进而屈膝跪坐，并再拜。继而身体前倾，把笏放在舞台的地面上，左手伸向左前方，左臂搭在舞台地面的笏上，腰部下弯，两脚重合伸出，向右横卧。接着，右手划弧，屈膝跪坐，笏左放，右手伸向右前方，右臂搭在舞台地面的笏上，腰部下弯，两脚重合伸出，向左横卧。然后，再度右手划弧，重复同样动作。最后，起身而立，把笏插在腰部背后"。因此，"新靺鞨"是从渤海传来的舞乐，即所谓的渤海乐。②

渤海的舞蹈在很多方面受到了日本舞蹈的影响。唐代宗大历十二年（777），渤海"以日本舞女十一人献诸朝"③，这说明渤海有数量不少的日本舞女。渤日双方不但有政治经济方面的交流，音乐舞蹈方面的交流也很频繁，所以渤海的舞蹈可能受到了日本舞蹈的影响。

综上，渤海国的舞蹈至少包括三种：一为常作用兵意之"曲折多战斗之容"的靺鞨民族的传统武舞，二是载歌载舞、回旋宛转的民间舞蹈"踏鎚"，三是被称为"新靺鞨"的属于宫廷乐舞的渤海舞。

此外，渤海还引进了西域的胡旋舞，舞蹈者能站立于球上做各种旋转动作，如表演杂技一般。

---

① 《柳边纪略》卷3，收入杨宾等撰、周诚望等标注《龙江三纪》，第91页。
② 酒寄雅志：《跨越海洋的渤海乐》，李凤英译，刘晓东校，《北方文物》2010年第2期。
③ 《新唐书》卷219《北狄传》。

三 打马球 [①]

马球，也叫"击毬"或"打毬"，是一种骑在马背上用长柄球槌击球的运动。关于古代马球的起源，有人认为是在唐代由波斯（今伊朗）经阿拉伯传至吐蕃（今中国西藏地区）后，流行于长安地区的；也有人认为是古代中国人自己创造的，最早自春秋战国时期，至迟到汉魏时期已开始流行。关于这两种说法，至今没有定论。

其实，据著名诗人曹子建的《名都赋》中的"名都多妖女，京洛出少年……驰骋未能半，双兔过我前。揽弓捷鸣镝，长驱上南山，左挽因右发，一纵两禽连。……连翩击鞠壤，巧捷惟万端"诗句，可知曹魏时代的洛阳等地已有了打马球的活动。到了唐代，盛行于中原各地，深为上层社会人物酷爱。据记载，唐玄宗年轻时就是位出色的马球健将，宣宗皇帝李忱也是一位有名的马球能手。另据张建封的《酬韩校书愈打毬歌》知，当时的武将们往往以马球作为训练骑兵的重要科目，故军营中往往建有宽阔平坦的球场。长安、洛阳等地不时举行规模盛大的马球比赛，这一切不能不给朝唐的渤海人留下美好而强烈的印象。加之，渤海人世世代代"以驰骋为乐"，马上功夫过硬，故当这项活动经朝唐人员带回渤海地区后，迅速在上京等地流行开来，深为各阶层人士酷爱。据《辽史·逆臣传》载，至渤海末叶，马球运动已普及至边境地区，如一度叛逃至渤海的契丹贵族耶律辖底就"因毬马之会，与二子夺良马奔归国"。同书《萧孝忠传》又谓渤海灭亡多年后，犹在东京一带盛行马球之戏。上述文献记载证明了打马球这项运动在渤海社会中流传之广、影响之深。《金史·礼志》中入曾声称："击毬之戏，亦辽俗也，金因尚之。"实际上辽时的击毬之戏受到了渤海人的影响，确切地说，金人应是"因尚"渤海人之故俗。

关于渤海马球比赛的规则和要求，《金史·礼志八》详载曰："击球，各乘所常习马，持鞠（球）杖。杖长数尺，其端如偃月。分其众为两队，共争击一球。先于毬场南立双桓，置板，下开一孔为门，而加网为囊，能夺得鞠击入网囊者为胜。或曰：'两端对立二门，互相排击，各以出门为胜'。毬状小如拳，

---

① 魏国忠：《渤海马球考略》，《黑龙江文物丛刊》1983 年第 4 期。

以轻韧木枒其中而朱之。"文中所记虽为金时的"击毬之戏",却也反映了渤海时的旧俗。

822年春正月,日本嵯峨天皇写了一首名叫《早春观打球》的七言诗,全文如下:

> 芳春烟景早朝晴,使客乘时出前庭。
> 回杖飞空疑初月,奔球转地似流星,
> 左承右碍当门竞,群踏分行乱雷声,
> 大呼伐鼓催筹急,观者犹嫌都易成。

诗人以略带夸张而简练的诗句描绘了一场马球比赛的生动情景。诗中所谓的"使客",就是大名鼎鼎的渤海访日大使王文矩。此人三访日本,既是位出色的外交官员,也是个优秀的马球选手。在822年春的马球比赛中,他策马挥杖上场,并以高超的球艺获得了日本天皇的赞誉。史称这次"渤海国使王文矩等打马球"之际,嵯峨天皇特"赐绵二百屯为赌","所司奏乐,蕃客率舞,赐禄"[1],足见气氛之热烈。可见,渤海人不仅在国内各地时有"球马之会",进行比赛,而且还"远征"日本,参加了当地举行的"国际"比赛。渤海与日本选手之间的较量,充分显现了渤海马球运动达到的高超水平,同时又为增进中、日两国人民的友谊和了解做出了一定的贡献。

同当时的内地一样,马球作为一项对抗性强的竞技活动,还在渤海的军事训练方面发挥着作用。当时的所谓"位马之会",大都与增强"武事"进行军事训练有密切的关系。辽时,契丹统治者禁止居住在东京(今辽阳)一带的渤海遗民开展马球运动,正是畏惧渤海人以此项活动进行武事训练。

马球运动在渤海的出现和发展,不仅从一个侧面反映了当时渤海地区同中原内地及周邻如日本等方面进行频繁的文化交流,而且也说明渤海充分汲取了盛唐文明,社会内部逐渐"与华夏同风"。

渤海上京城遗址出土了一枚马球,这为马球运动在渤海的流传提供了有力的实物证据。这枚马球现藏于黑龙江省渤海上京遗址博物馆。马球表面呈淡黄

---

① 《日本后纪》卷30。

色，局部隐约有涂朱的痕迹，骨质。根
据材质和纹理推断，可能为象牙制作，
直径 6 厘米，重 200 克，表面分布有许
多不规则的击打痕迹，一侧可能因击打
而出现了平行于材质纹理的残缺（见图
7-1）。这枚马球的出现是目前已知时
代最早的马球实物，为中国马球史的研
究，特别是马球材质和类型的研究提供
了宝贵的实物资料。

图 7-1 渤海上京城遗址出土的象牙马球

资料来源：李陈奇、赴哲夫著《海曲华风——渤海上京城文物精华》。

四 骑射

善骑射是渤海各族先民的传统，到渤海时更成了人们的普遍爱好，无论
男女老少都喜欢骑马射箭，而宝马良弓尤为渤海人珍爱。史载北宋初年宋太宗
为优待前来投奔的渤海王族遗裔大鸾河，对殿前都校刘延翰说："鸾河，渤海
豪帅，束身归我，嘉其忠顺。夫夷落之俗，以驰骋为乐，候高秋戒候，当与骏
马数十匹，令出郊游猎，以遂其性。"[1] 即照顾到渤海人的旧俗，准其"出郊游
猎"。在我国东北和俄罗斯南滨海地区的渤海遗址中出土的一些骑马人佩饰，
更为这种习俗的盛行提供了物证。吉林省永吉县杨屯大海猛遗址出土的一件渤
海双人骑马铜饰，"为一马二人，通长 11.2 厘米、高 5.3 厘米。马颈和马尾较
长，各呈弧形，马身矮，马腿短，四腿外撇，马头下垂。双眼外凸，一骑马者
二人均作站立状，前为驭手，较高大，头戴帽，帽形侧视呈鸟飞翔状——帽顶
有一圆球象征马头，帽后有一后摆象征鸟翼。驭者身着紧身衣，双臂前伸。手
拉鬃毛……后面的骑马人较前者矮小"[2]。从铜饰极为别致的造型来分析，马既
不是普通的奔马，骑马人也绝非一般的驭者，而是正在表演的马和人，这或许
就是当时已出现了马术表演和比赛的物证吧。

黑龙江省博物馆也藏有一件骑马铜人，这件骑马铜人于 1977 年 10 月出土
于黑龙江省东宁县团结遗址。长 6 厘米、高 5 厘米，马的两前腿和尾尖处稍残。

① 《宋史》卷 491《渤海传》。
② 董学增：《渤海双人骑马佩饰》，《中国文物报》1990 年 1 月 25 日。

图 7-2　东宁团结遗址出土的骑马铜人

资料来源：黑龙江省博物馆馆藏文物。

马的耳朵耸立着，似在聆听主人的口令；双眼瞪视，鼻孔微张，神情严肃；低头引颈，四肢微微向前，臀部后坐，形如突然止步；马尾似剪刀，像被束成了结。马上人物头戴幞头，面部模糊，上身直立坐于鞍上，双臂上下伸展，像在操控着什么，双腿呈"工"字形紧紧夹住马腹（见图 7-2）。

此外，俄罗斯滨海边疆区契尔良基诺 5 号墓地出土有渤海时期的骑马铜人。日本东京大学也藏有渤海上京城遗址出土的骑马铜人（见图 7-3）。由此可见，渤海国时期，骑射运动是非常普及的运动，这也因此造就了渤海人的勇猛善战。

《东国通鉴》中载："天皇御重阁门，观射骑。召渤海使史都蒙等亦会射场，令五位以上进装马，及走马作田舞于舞台。蕃客亦奏本国之乐。事毕赐大使都蒙以下彩帛各有差。"史都蒙出使日本，骑射时"亦会射场"，而且事后还得到了赏赐，可见其平日骑射成习。《松漠纪闻·渤海》载："男子多智谋，骁勇出他国右，至有三人渤海当一虎之语。"《宋史》也说渤海人常常"以驰骋为乐"，弓马骑射成为渤海人的爱好和擅长本领。以骑射著称的渤海人，在征战与狩猎中如此，在日常生活中也以此为乐，习以成风。

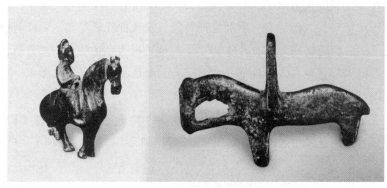

图 7-3　渤海上京城遗址出土的骑马铜人

资料来源：李陈奇、赵哲夫：《海曲华风——渤海上京城文物精华》。

五 百戏与游戏

百戏。《唐会要》载:"散乐,历代有之,其名不一,非部伍之声,俳优歌舞杂奏,总谓之百戏。"[①] 较著名者有"跳铃、掷剑、透梯、戏绳、缘竿、弄枕珠、大面、拨头、窟儡子及幻伎激水化鱼龙、秦王卷衣、鼠、夏育扛顶、巨象行乳、神龟负岳、桂树白雪、画地成川之类"。这一切虽未必都传入了渤海地区,但肯定有较大部分传入并流行起来。其中"窟儡子,亦云魁儡子,作偶人以戏",也称傀儡戏,即后世的木偶戏。这是一种用绳索在幕布牵动,牵制傀儡人表演歌舞并有音乐伴奏的演出。《旧唐书》记载渤海有"魁垒子,作偶人以戏,善歌舞",可见渤海曾有过木偶戏。

下棋。俄罗斯滨海地区渤海国房址或庭院遗迹中出土了大量棋子,如在克拉斯基诺城址共收集到 900 多枚棋子。在瓦室出土了砂岩岩片,在其光滑的表面上刻画着一大一小两个方格,大方格套着小方格,各角由斜线相连。这种棋盘的样式也可直接画在地面上,用较大的棋子在上面玩。就是现在也有人画这种棋盘下棋玩。

投壶。渤海时期,智力竞赛是人们所喜爱的游戏。投壶为古代宴会时的一种游戏。据《礼记·投壶篇》的记载,其法大体以盛酒的壶口为目标,用矢(箭)投入。矢有长短,距离可以远近,凡投者,人各四矢,以投中多少决胜负,负者罚饮酒。汉晋以后渐为士人所娴习,后传入东北,为高句丽人所好。渤海人自然也有条件继承此种游戏活动。

---

① 《唐会要》卷 33《雅乐下》。

第八章

宗教生活

宗教是人类历史上一种普遍的社会现象，是一种支配着人们日常生活的自然的和社会的外部力量。渤海国由于民族众多，社会发展又极不平衡，因此宗教信仰呈现多样性的特点。佛教、道教主要在以五京为主的腹心地区流行，而且是占统治地位的宗教，萨满教在边远地区依旧占据重要地位。

第一节　佛教生活

一　五京地区的佛教寺院

渤海国的佛教信仰主要盛行于五京地区。渤海国建国伊始，佛教已有了某种程度的传播和影响，旧国出现了"佛庐"及礼拜的活动。《敦化市文物》载，"位于红石乡的庙屯庙址，……长30米，宽14.4米"，从采集到的布纹瓦残片"与六顶山古墓群的砖瓦极其相似"的情况判断，应是渤海国初期的寺庙无疑。开元元年（713），渤海王子向唐玄宗提出"入市礼拜"的请求得到允许，并带回大量佛经和佛像。[1]文王之世是渤海佛教传播和发展的高峰期，迄今为止，在上京、中京和东京等地发现了大量的寺庙遗址。

据考古发掘，上京城内可确定的寺庙址或与之相关的遗址14处，城外可以确定的寺庙址2处，其规模宏大的寺院建筑堪称当时一流。上京城寺庙之多，

---

① 　金毓黻：《渤海国志长编》卷20《余录》。

僧徒之众可居渤海国之首。① 在上京城遗址出土了两套舍利函，数以千计的鎏金铜、铁、石及陶质的大小佛像，说明上京时期佛教在渤海国达到了空前鼎盛。

渤海国的佛寺建筑规模较大，形制复杂，营造工整。如上京城遗址东半城1号佛寺址，全寺"由主殿（佛殿）、左钟、右藏几个部分组成。主殿前有二阶，后有一阶，殿上有佛坛，周围有回廊；通往左钟右藏有廊道"，主殿及两侧的两个配殿的台基相连，"平面略成'凸'字形。整个台基自东至西的长度，在南部为 50.66 米，在北部为 23.68 米；自南至北的宽度，在中部为 20 米，在东部和西部为 9.23 米。……高出当时的地面 1.20 米"。"主殿的台基呈长方形，自东至西长 23.68 米，自南至北宽 20 米。在台基上共有大型础石 28 个，自南至北分为 5 排，各排的间距相同，都为 3.58 米左右"。主殿的屋顶"系单檐的'庑殿式'或'歇山式'"，"屋顶的铺瓦采用绿边灰心的'剪边'作法"②。正脊两端的鸱尾有的高近一米，上着釉彩，宝珠、兽头及一部分筒瓦则施绿釉，极为鲜丽，是一组富丽堂皇、工艺考究并深受唐代佛教建筑艺术风格影响的建筑群落。

在上京城遗址的"皇城前的第二列坊内有一座佛寺址，西邻朱雀大街。该佛寺是由主殿、穿廊和东、西二室三部分组成。三者的台基连为一体，平面略呈凸字形。台基土筑，周围以不同形状石块叠砌为壁。基部用长方形条石铺作'土衬石'，其上叠置'陡板石'。南面设东西二台阶，北面只正中有一台阶"③。在主殿台基上有大型础石 28 个，自南至北分作 5 排，第三排中间减 2 柱。础石的分布情况表明主殿应是面阔 5 间、进深 4 间的减柱造殿堂，各间的宽度、深度相等。遗址周围出土有釉陶鸱尾、兽头、板瓦、筒瓦、瓦当。殿堂内部为佛坛，土筑，呈"凹"字形，上置石座 9 个，原应有造像 9 尊。东西室在主殿两侧，通过穿廊与主殿相连，二室大小相等。这种主殿、配殿和回廊相结合的布局，在今西安市唐大雁塔西门楣石刻和今山西晋城古青莲寺唐宝历碑刻，以及敦煌第 148、172 号等盛唐洞窟壁画中可见到。

中京西古城及附近地区，今吉林省和龙、安图、龙井、汪清等地，已经确认的寺庙址有 14 处，主要有高产寺庙址、军民桥寺庙址、龙海寺庙址、东

① 朱国忱、朱威：《渤海遗迹》，第 118~122 页。
② 中国社会科学院考古研究所编《六顶山与渤海镇》，中国大百科全书出版社，1997，第 77~79 页。
③ 谭英杰、孙秀仁、赵虹光、干志耿：《黑龙江区域考古学》，第 71 页。

南沟寺庙址、神仙洞寺庙址、大东沟寺庙址、傅家沟寺庙址、舞鹤寺庙址、碱场寺庙址、东清寺庙址、仲坪寺庙址、骆驼山寺庙址、新田寺庙址、红石寺庙址。

　　东京龙原府旧址及附近地区，即今吉林省珲春一带，已发现和确认的寺庙址有 7 处，主要有八边城东南寺庙址、马滴达寺庙址、杨木林子寺庙址等。敦化县红石乡发现 1 处寺庙址，即庙屯寺庙址。[①] 俄罗斯滨海地区寺庙址有 5 处，即马蹄山寺庙址、杏山寺庙址、克拉斯基诺寺庙址、鲍里索夫卡寺庙址[②]、科尔萨科夫卡寺庙址[③]。寺庙综合体主体建筑——"金堂"、瓦构墙体建筑遗迹、院落围墙、水井和瓦窑，这些都显示了渤海佛寺建筑之盛。

　　渤海国的佛寺址总体特征与中原唐王朝是一致的，但也有其自身的特色。渤海佛寺大量使用加工了的玄武岩作为建筑材料，这与当地火山喷发产生大量的玄武岩有关，具有明显的地域特征。[④] 佛教寺院址主要分布在渤海的大中城址及其附近或乡里的交通要道上。一般来说，分布于大中城市及其附近的佛教寺院，规模较大，寺院多以院落式建筑群的形式出现，寺院正殿大多是三开间以上的单体建筑。特别是位于上京城的一些佛寺址，不仅规模较大而且规格很高。如上京城遗址东半城 1 号佛寺址，佛殿规模较大，除宫城中的 1 号、2 号宫殿外，全城建筑无可与之相比者。大型佛寺主要分布在京、府等较大城址附近，既适应了广大民众礼佛祈福的一般需求，也满足了渤海上层贵族包括王族礼佛祈福时讲求排场、显示身份等级的特殊需要。分布于乡、里之间交通要道上的佛寺遗址多为单体建筑，并且规模较小，这类小型佛寺主要适应了乡、里民众礼佛祈福的一般需求。

二　佛教造像

　　渤海国境内佛教造像被广泛发现，据不完全统计，有 1000 余件。其特征、风格与中原地区相似，如上京等地发现的各种材质的佛像、菩萨像，无论是相

----

① 卢伟:《渤海国佛教遗迹发掘及其佛教的传布考》,《牡丹江师范学院学报》2010 年第 5 期。
② B.E. 麦德维杰夫:《俄罗斯滨海地区渤海寺庙址》,全仁学译,《历史与考古信息·东北亚》2007 年第 2 期。
③ 文明大:《科尔萨科夫卡佛教寺院址的发掘》,赵俊杰译,《历史与考古信息·东北亚》2008 年第 2 期。
④ 胡秀杰、刘晓东:《渤海佛教遗迹的发现与研究》,《北方文物》2004 年第 2 期。

貌、体态还是衣饰以及神情等，都具有鲜明的唐代风韵。佛像或菩萨像以面相丰圆、体态略肥的居多，也有些面相清瘦、体态轻盈，前者明显反映了盛唐的风格和特点，后者则多为盛唐以前的风格。上京城遗址东半城 1 号佛寺内，佛坛石座上的 9 个塑像"应系一佛、二僧、二菩萨、二童子、二力士"，其配置及数量均与洛阳龙门石窟唐代奉先寺的情况相类。

渤海出土的这些佛像有大有小，有各种材质和类型。诸如有铜、铁、陶、石和铜胎鎏金等质料的，在姿态上有坐像、立像，有身后带背光的，有通体各部位着染墨、赫绿、青等几种相应颜色的（见图8-1）。种类通常为佛像、菩萨像。有的佛像在下部安有插柄，便于

图8-1　上京城遗址出土的坐式鎏金铜佛、立式鎏金铜佛

资料来源：李陈奇、赵哲夫：《海曲华风——渤海上京城文物精华》。

固定位置；有的佛像背部有曾经黏着而后脱落的痕迹，表明这些小型佛像大多是作为寺庙内部墙壁上的千佛用的。渤海的佛像与大同云冈北魏龛佛和洛阳龙门唐代石窟内壁上的"千佛"，在体态、神情、服饰以及雕造技法等方面几乎一脉相承。

观世音菩萨像是目前所发现的众多渤海造像中唯一用黄金铸造的。该像出土于上京龙泉府内城的西南隅，现在藏于黑龙江省博物馆。像高 5 厘米，肩宽1.15 厘米，插座高 2 厘米，重49.3 克。头顶高发髻，双耳垂肩。面相方颐，表情安详凝重，高鼻鼓眼，闭嘴合目。上身裸胸，内穿僧祇支，左肩披袈裟式偏衫，左手提长穗净水瓶。右肩着帔帛，右手作兰花指式超肩扬起，腋腕下垂带帛。下身着竖褶裤，裙拖及足面。偏衫呈阶梯状凸棱斜衣纹。双足平直站立于莲蓬形插座上。脑后和双腿后留有背光注钉。整个像体向前弯曲，腹部前鼓。这件观世音菩萨像的面相、姿势、发型、服饰和所持物等特点均与南北朝晚期和隋唐早期观音菩萨像相似，并具有隋唐时期的同类佛像的风格，应属渤海早期佛教中的艺术珍品。它的发现，无疑对渤海佛教的起源及佛像铸造技术、艺术水平等方面的研究，具有相当重要的价值。

三 渤海王室和贵族的佛教生活

图8-2 长白灵光塔

资料来源：魏存成：《渤海考古》。

在渤海诸王中，文王是重视和积极倡导佛教的第一人，这可以从他的尊号中得到证明，贞惠和贞孝二公主的墓志都记载了他的尊号是"大兴宝历孝感金轮圣法大王"。按金轮与圣法都是佛教用语，"金轮圣法，语见《俱金轮十二》，金轮为转轮圣王所感得七宝之一，此轮宝有金、银、铜、铁四种，有金轮之转轮圣王称金轮王，轮转所向随即归伏"①。其中金轮是金轮王的略称，圣法则是放之四海而皆准的至理和佛的教海，而所谓的转轮圣王据说就是"把世界统一起来实行统治的理想帝王形象"②。同时，贞孝公主墓的发掘也证实文王确和佛教结下了不解之缘。因为他的女儿贞孝公主之笃信佛教就恰恰同他的倡导存在着一定的渊源，而公主死后的葬制更为其崇尚佛教提供了证据。按靺鞨人"冢上作屋"即坟上修建住屋的传统，贞孝公主墓又在此传统墓葬形制的基础上增加了佛教文化色彩，即在墓上建塔取代普通的建筑物。无独有偶，珲春县境内的马滴达和长白县境内的灵光塔（见图8-2）也是墓顶建塔的实证。

渤海使臣在唐初与日本的交往中都从事佛教活动，可见其对佛教信仰的虔诚。日本平安时期整理的《经国集》诗集中，就保存有安倍吉人和岛田渚田记载渤海人礼佛的两首诗：

忽闻渤海客礼佛感而赋之

---

① 邹秀玉：《渤海贞孝公主墓志并序考释》（打印稿）。

② 宋基豪：《渤海佛教的发展过程及其特征》，李东原译，载杨志军主编《东北亚考古资料译文集·高句丽、渤海专号》，第211页。

安倍吉人

闻君今日化城游，真趣寥寥禅迹幽；
方丈竹庭维摩室，圆明松盖宝积球。
玄门非无又非有，顶礼消罪更消忧；
六念鸟鸣萧然处，三归人思几淹留。

和安领客感赋渤海客礼佛之作
岛田渚田

禅堂寂寂架海滨，远客时来访道真；
合掌焚香忘有漏，回心颂偈觉迷津。
法风冷冷疑迎晓，天蕚辉辉似入春；
随喜君之微妙意，犹是同见崛山人。①

　　在渤海国派赴日本的使臣中，王孝廉不仅顶礼拜佛，而且和日本的名僧弘法大师空海结下了深厚的友谊。日本访唐的僧人，有的取道渤海往来于日本和唐王朝之间，如水忠、戒融。至于日本僧灵仙和渤海僧贞素动人的友谊，更为后代所传颂。

　　由于渤海王室对佛教的推崇，佛教不仅在五京等发达地区的宗教领域中占优势，而且在政治上、社会上形成了强大的势力，某些上层僧侣还积极参与政治活动。如仁贞、贞素等人在渤日之间的交往中扮演了重要角色。其中仁贞曾作为外交使节的一员出访日本并被授以"从五位下"的官衔，且与日本的诗人多有交往，他的礼佛活动尤其给日本友人留下了深刻的印象，使当时的日本诗人安倍吉人留有一首七律《忽闻渤海客礼佛感而赋之》之作。贞素则穿梭于当时的唐中央王朝、渤海和日本列岛之间，与日本学问僧灵仙交谊甚深，曾受其所托将"一万粒舍利、新经两部、造敕五通等"②带入日本，最后为两地人民的世代友好贡献了宝贵的生命。同时，渤海僧侣或使节还把自己的佛教法器传入日本，并把金刚香炉一具"赠送给住在仁和寺且与渤海使臣有深交的宇多法皇"③。

①　王承礼：《中国东北的渤海国与东北亚》，第 344~345 页。
②　圆仁：《入唐求法巡礼行记》，第 130 页。
③　酒寄雅志：《渤海与日本的交流》，李东源译，载杨志军主编《东北亚考古资料译文集》第 4 辑，第 146 页。

第二节　道教生活

一　道教进入渤海国

道教是中国的传统宗教，在中国传统文化中扮演着重要的角色。因渤海国是唐朝的羁縻府州、藩属国，道教在渤海国的发展与传播有了重要契机。武德八年（625），唐高祖李渊下诏宣布三教中道教位列第一，儒教列第二，佛教排第三，道教的地位青云直上。贞观十一年（637），唐太宗李世民再次宣布尊奉道教。从这时直至唐玄宗李隆基时代，除武则天时代外，因为统治阶级的推崇，道教信仰充斥着"大都小邑"，名山幽谷之中道观几乎无处不在。东都洛阳的玄元皇帝庙，一派"山河扶绣户，日月近雕梁"的宏大气势。天台山、华山、王屋山、青城山、仙都山、泰山等各处遍布着道教的宫观，就连偏远的深山野谷也有道教的踪迹。道教赢得了上至天子、下至百姓的普遍信仰。[①]渤海建国之时，正值道教在唐朝的发展时期，而且高句丽故地早有道教传播，渤海受到道教的影响是一定的。

20 世纪 60 年代在渤海上京遗址宫城址附近发现了 1 件圆形铜饰，系用较薄的铜片制成，上部边缘刻有"城隍庙路北"字样，无疑是渤海时期的遗物。所谓"城隍庙为护城之庙，所供奉之神，是道家所传守护城池之神"[②]，当然，也就成了道教在渤海境内存在的重要物证。《渤海国志》载："高仲振……博极群书，尤深《易》《皇极经世》学。安贫自乐，不入城市，山野小人亦知敬之。尝与弟子张潜、王汝梅行山谷间，人望之翩然如仙。或曰，仲振尝遇异人，教以养生术。尝终日燕坐，骨节戛戛有声。所谈皆世外事，有叩之者，辄不复语云。"[③]高仲振的养生术、修行方式是道教形式之一。

---

①　徐庭云主编《中国社会通史·隋唐五代卷》，山西教育出版社，1996。

②　朱国忱、金太顺、李砚铁：《渤海故都》，第 183 页。

③　《渤海国志·子遗列传》，唐晏等撰，张中澍、王承礼点校《渤海国志三种》，人民出版社，1992，第 54 页；《金史·孝友列传》也有记载。

二　渤海道教信仰

综合各方面的情况判断，渤海的道教徒并不限于正式出家的道士、女冠，其俗家"弟子"的数量也不在少数。如商人出身的李光玄就是这样的一位居士。据 1977 年台湾新文丰出版公司出版的《正统道藏》第七册所收录的一本著者不明的问答体小册子——《金液还丹百问诀》一书所载："昔，李光玄者，渤海人也。""少孤……家积珠金巨万。""弱冠"即 20 岁左右时，乘船往来于登、莱、淮、浙之间，"后却过海"，"贸易巡历"，在新罗、渤海、日本之间进行海上贸易和周游。一次在从日本回国的途中巧遇一年已百岁的唐朝道士，因受到强烈影响，光玄从此醉心于长生不老之说及炼丹修仙之术，在返回故里后不再顾尘世间的繁华而重游沧海名山，遁迹云岛，拜访仙人达士，并潜心修炼十多年后，于 889 年 8 月 3 日，在嵩山会见了道士玄寿，相互间以问答的形式探讨了炼丹之术和求仙之道。也正是在这样的背景下，为使这些道理和秘法传布世间，以为更多的访求者所用，乃出现了《金液还丹百问诀》一书，其中的大半内容都是光玄与玄寿两人问答的记录。基于以上记载，有的学者推论该书的著者就是李光玄。[①]

韩国学者林三顺所著《根据贞惠、贞孝公主墓志铭看渤海人的道教的思维方式》中提出了有关渤海的道教问题，认为两位公主墓志铭中包含着道教思维方式的词句。[②] 林相先先生指出，渤海贞惠公主和贞孝公主墓志铭文中有与道教相关的内容，例如，两位公主墓碑文中对公主的出生、品性、夫妻关系和死亡等方面，利用道教用语进行了描述。[③]

渤海人受到了内地道教的直接影响，许多上层人士的名字就往往与道家的内涵相关联，诸如杨泰师、高兴福、王新福、壹万福、慕昌禄、高禄思、张仙寿、李元泰、马福山、多安寿、高英顺、高承祖、贺福延、高福成、高元固等，都提供了这方面的例证。不过，总体来看，由于道家教义的繁杂、深奥和

① 王勇：《关于渤海商人李光玄——兼及〈金液还丹百问诀〉为中心的史料介绍》，载日本《亚细亚游学》6（特集）《渤海和古代东亚细亚》，勉诚出版，1999，第 111~119 页。

② A.P. 阿尔捷米耶夫：《〈东亚的古代与中世纪史——渤海国建立 1300 年〉一书前言》，裴石译，载杨志军主编《东北亚考古资料译文集》第 6 辑，北方文物杂志社，2006，第 151 页。

③ 林相先：《试论渤海道教》，元辰文化社，1998。

戒律甚多，很难为普通群众所接受；加之炼丹修仙、画符念咒那一套，也难于为广大民众所适应，故在下层社会中的影响相对有限。

<h1 style="text-align:center">第三节　萨满教生活</h1>

一　渤海人承袭先人的萨满信仰

渤海时期，由于社会的进步和发展，萨满教的内容和形式尽管有了相应的变化，如崇拜的诸神可能出现了地位不等、尊卑不同的区分，但自然崇拜、祖先崇拜与图腾崇拜等多重内涵以及各种各样的祭祀活动和仪式等，大体都保留了下来。

作为萨满教祭祀的标志物——铜制马上骑士铸像（见图8-3），即最高太阳神的形象，在上京城遗址、黑龙江省东宁团结遗址、吉林市永吉县大海猛遗址和今滨海地区的乌苏里斯克附近砖厂都有发现，和"位于杏山寺庙址附近的

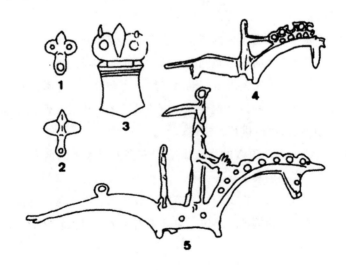

1、2. 十字形铜饰（杨屯）　3. 铜带扣（惠章）
4. 骑士铜像（沙伊金）　5. 双人驭马铜饰（杨屯）
图8-3　杨屯和沙伊金出土的铜骑士像

资料来源：Э.В. 沙弗库诺夫：《论渤海人的萨满教》。

渤海村落址中出土的陶质人像有直接的联系。该陶质人像高4厘米，采用的也是象征性——图式化的艺术制作手法"，俄罗斯学者的研究表明，它们和赛加城址出土的女真骑士铸像所展示的一样，"均是最高太阳神灵的形象"，"它们被广泛利用于萨满神秘的宗教仪式之中"，"据此可以断定，渤海的居民普遍信奉萨满教"[①]。

在滨海地区发现的陶马、骨龟以及各种动物的塑像也无疑与萨满教祭祀标志物有关，其中最有意义的是康士坦丁诺夫斯科耶1号村落址出土的骨质蜥蜴雕像（见图8-4）。雕像是用某种大型动物的管状骨雕刻而成，器通长10.4厘米，有一个不大的"蛇状"头，头部有一个系绳透孔，以便于将其垂挂于颈部或腰带上；其被用作弓形火镰合成部件显与对火的崇拜相关联，尤其是蜥蜴雕像"背部的9个圆坑证明了这件制品的宗教性质……其

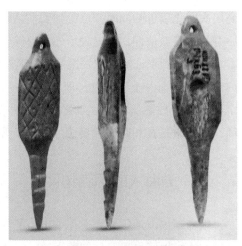

图8-4　骨质蜥蜴雕像

资料来源：吉林省文物考古研究所等编著《俄罗斯滨海边疆区渤海文物集粹》。

使命之一，是用作孕妇的避邪物"。众所周知，骨质的各种动物造型的坠饰是萨满装饰的必备品。用动物的指骨或趾骨，麝野猪、熊的獠牙和切牙制作的此类坠饰，大量发现于尼古拉耶夫斯克2号城址、新戈尔杰耶夫斯克耶村落址、康士坦丁诺夫斯科耶1号村落址等滨海地区的渤海遗存之中。这些器物与女真人、滨海地区及黑龙江沿岸现代民族的相应标志物具有直接的相似性，说明"渤海人的萨满教与渤海人直接后裔及其后世的萨满教存在直接的继承关系"[②]。作为靺鞨人固有的传统宗教，萨满教尽管随着渤海社会的逐渐唐化及佛教的进一步流传，其在渤海上层社会中的地位和影响已逐渐有所削弱与下降，但毕竟还继续在包括上京一带在内的广大地区得到传播，说明萨满教没有退出历史舞台。[③]

---

①　Э.В.沙弗库诺夫等：《渤海国及其俄罗斯远东部落》，宋玉彬译，第221~223页。

②　Э.В.沙弗库诺夫：《论渤海人的萨满教》，宋玉彬译，《东北亚历史与考古信息》1997年第2期。

③　Э.В.沙弗库诺夫：《论渤海人的萨满教》，宋玉彬译，《东北亚历史与考古信息》1997年第2期。

1974年发现了渤海时期的舍利函，函一共七层，内有六粒舍利子、佛珠和琥珀。琥珀被认为是能够镇杀鬼怪妖魔的神圣之物，渤海人把它当作圣物进行崇拜，所以才让它与佛宝舍利同函。"琥珀之所以能超出一般药物的范围而进入佛门，（人们）对其顶礼膜拜，是萨满教与佛教结合的产物"。渤海佛教里面掺杂萨满教成分也是符合宗教文化传播规律的，这表明渤海接受了唐文化向较高层次文化迈进的同时，也受到了本民族原有文化水平的制约。渤海既保持了原有的萨满教信仰，又吸收了外来的佛教文化，二者相伴出现，这在其他的考古发掘中得到了证实。在发掘俄罗斯滨海地区杏山寺的时候，学者发现："佛寺内部到处装饰着土著花纹，即与萨满教有关的花纹比比皆是，佛像和法器完全被置于俨如萨满教的气氛之中。这种情况表明当地的萨满教是多么根深蒂固，而佛教是在和萨满教妥协的基础上普及的。"[①]

二 渤海人的萨满物件

俄罗斯滨海地区渤海遗存中出土了各种萨满教遗物，说明滨海地区作为渤海国的边缘地区也普遍信仰萨满教。在此出土的骨器和角器中，有用动物骨头制作的辟邪物，共31件。在用野猪和熊的獠牙制成的辟邪物上，其根部有被钻透的直径为0.2~0.6厘米的悬挂孔，也有用马鹿骨头制成的悬挂物[②]（见图8-5）。其实，这些都是萨满信仰在百姓中的直接表现。

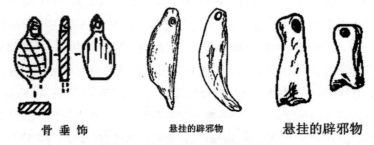

| 骨 垂 饰 | 悬挂的辟邪物 | 悬挂的辟邪物 |

图8-5 滨海边疆区出土的骨质配饰

资料来源：吉林省文物考古研究所等编著《俄罗斯滨海边疆区渤海文物集粹》。

---

① А.П. 奥克拉德尼科夫等：《西伯利亚远东考古学》第2卷《滨海地区篇》，河出书房新社，1982，中村嘉尔撰，王承礼译，译文刊于《学术研究丛刊》。

② Н.В. 列先科、В.Н. 鲍尔金：《滨海地区渤海遗存中的骨器和角器》，车霁虹译，载杨志军主编《东北亚考古资料译文集·渤海专号》，第139页。

滨海边疆区巴尔基赞斯克区尼古拉耶夫卡古城址出土了四个兽形塑像。1是公鸡的形象。用细腻的、微白色的黏土精心制作，其底座为圆形，直径 1.4 厘米，高 3.3 厘米。2 是用橙黄色黏土制作的、已经残损了的造型。躯干 4.6 厘米，喙钝，向内弯曲，尾部向上弯曲。3 是一种大型动物（可能是野猪）的造型。用橙黄色黏土制作，躯干粗壮，长 4.7 厘米，宽 2.5 厘米。4 是用略带黄色的加砂粗黏土制作的，大概是马的造型，头和尾部已残，腿被截断，长 4.9 厘米（见图 8-6）。这 4 个塑像与在黑龙江省哈尔滨市近郊古村的村落遗址中发现的用黏土制作的抽象动物造型相似。"这些塑像显然承担着宗教的责任，在萨满教祭祀仪式中成为神灵的所在。"① 显然，这些物件具有神秘性和萨满性。

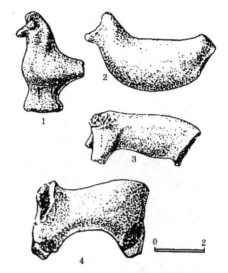

图 8-6　尼古拉耶夫卡古城址出土的 4 个兽形塑像

资料来源：吉林省文物考古研究所等编著《俄罗斯滨海边疆区渤海文物集粹》。

1979 年夏天，在俄罗斯滨海边疆地区基什涅夫卡镇附近，考古学家发现了一件断代为渤海时期的颅骨面型的石质器，其眼睛部位凿成两个空洞的大圆孔（见图 8-7）。"带有颅骨面孔造型的这件石质器器端，与不十分久远以前尚存在于那乃人中间的颅骨祭祀具有直接的联系，在那乃人眼里，颅骨是死者灵魂的贮存所。"② "从这件器物的形制和内涵看，当为一件石面具，但其形制略呈方形，并大于脸形，很可能与丧葬有关。"③ 生死问题是一切哲学和宗教所关注的核心，萨满教也对此做出了自己的阐释。萨满教认为，灵魂寄托于牙齿、头发、头骨中，头颅是灵魂的寄魂之所，给死者戴上面具正是基于护魂的目的，保护死者灵魂不受外界干扰，不受其他亡灵恶鬼的伤害，依托面具的帮助尽快

① H.B. 列申科：《滨海地区渤海遗址中的粘土制品》，裴石译，杨志军主编《东北亚考古资料译文集》第 4 辑，第 287 页。

② Э.B. 沙弗库诺夫：《基什涅夫卡镇出土的石质颅骨面孔器端》，宋玉彬译，《东北亚历史与考古信息》1997 年第 1 期。

③ 郭淑云：《北方丧葬面具与萨满教灵魂观念》，《北方文物》2005 年第 1 期。

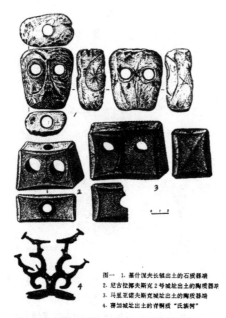

图 8-7　基什涅夫卡镇出土的石质器端

资料来源：Э.В. 沙弗库诺夫：《论渤海人的萨满教》。

图一　1. 基什涅夫长镇出土的石质器端
2. 尼古拉揶夫斯克 2 号城址出土的陶质器端
3. 玛里亚诺夫斯克城址出土的陶质器端
4. 赛加城址出土的青铜质"氏族树"

找到灵魂的归宿。"在北方的丧葬习俗中，表现出一种矛盾复杂的心态……其亲人既希望与死者保持联系，以得其庇佑，又千方百计与死者造成一种空间上的隔绝，使其亡魂迅速离去，不得回转，不能滋扰子孙。"[1] 所以面具多用于丧葬之中。一些学者在考证契丹族覆面的葬俗时指出，这一习俗与萨满教信仰有关，戴面具者为一部分具有特殊职业和特殊信仰的人，因为巫师从事的是一种神职工作，所以生前施行法术有一套特殊的法衣、法帽和法器。其死后就会用这种特殊的葬具。[2] 渤海时期的这个面具也具有同样作用。

基什涅夫卡镇出土的这件器端，在形制上与滨海地区渤海遗存出土的器端相似，它们都可能是某种宗教器物。"第一，器端背面见有的红色颜料痕迹，想必是模仿祭祀用血；第二，在基什涅夫卡器端、里亚诺夫斯克器端上有作为斜向十字形或两个交叉十字纹构成的花结纹形式的太阳标志，这是太阳、太阳之火、人间之火的表意符号……第三，几乎所有被列举的器端，仅仅是在正面眼眶的上部有明显的接近三角形轮廓的熏黑痕迹，这种情况表明，多半是往眼窝里放置了饱浸油脂的灯捻，在宗教活动时将其点燃。从眼窝里闪放出来的火光，和太阳标志一样，其使命是吓跑据说是在附近游荡的妖孽。"[3] 由于克拉斯基诺城址的颅骨器端出自佛教庙宇废墟之中，与其共出的有佛像、铃铛等佛教用品，所以推测，即使是信奉佛教的渤海人，仍然继续保持着对萨满教的忠

[1]　郭淑云：《原始活态文化——萨满教透视》，上海人民出版社，2001，第 193 页。

[2]　杜承武、陆思贤：《契丹女尸的网络与面具》，载内蒙古文物工作队、乌盟文物工作站编《契丹女尸》，内蒙古人民出版社，1985，第 107 页；杜晓帆：《契丹族葬俗中的面具、网络与萨满教的关系》，《民族研究》1987 年第 6 期。

[3]　Э.В. 沙弗库诺夫：《基什涅夫卡镇出土的石质颅骨面孔器端》，宋玉彬译，《东北亚历史与考古信息》1997 年第 1 期。

诚。^①用石头雕刻的基什涅夫卡颅骨面孔器端应属于仿制宗教颅骨。萨满教认为颅骨是灵魂的贮存所。仿颅骨器端背面是某种鸟的形象，即萨满教中常用的鸟神助手形象。人死后灵魂暂时离开肉体，飞往灵魂的王国，那里有巨大的氏族树，停留栖息之后，灵魂鸟会再降临人间，投胎成为新生儿重获生命。赛加古城出土了青铜铸造的、枝头栖落有鸟的氏族树的神器造型。基什涅夫卡器端背面刻有鸟头图像能够证明，当时颅骨面孔器端本身是有法力的神器，是非常"受人敬重的渤海萨满的灵魂贮存器，鸟发挥了死去萨满的灵魂与其活着的同族人之间联络媒介的角色"^②。

渤海人有戴金属腰带的情况，带有鸟首纹的铜带饰通常表达萨满式的思想意识。仅就带饰中的鸟首形纹饰而言，它反映的是萨满通神时借助的工具的形象。随葬铜带饰的死者的身份可能是萨满。^③

吉林省永吉县杨屯大海猛墓地和查里巴墓葬中都曾出土过类似萨满使用过的腰铃和具有神圣图案花纹的铜带銙（见图8-8）。在吉林省永吉县乌拉街乡杨屯大海猛遗址中，调查了40座墓葬，出土带具的为8座，其中两墓出土了铁带銙，其他出土的为青铜带銙。可惜的是，原报告没有一一记录每座墓

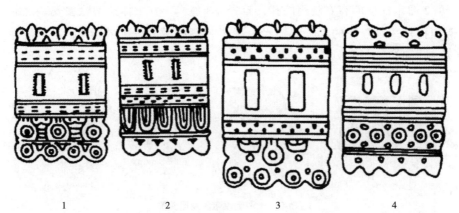

| 1 | 2 | 3 | 4 |

图8-8 带鸟首纹图案的靺鞨—女真系带饰（1、2 查里巴墓地 3、4 杨屯墓地）
资料来源：王培新：《靺鞨——女真系铜带饰及相关问题》，《北方文物》1997年第1期。

---

① Э.В.沙弗库诺夫：《基什涅夫卡镇出土的石质颅骨面孔器端》，宋玉彬译，《东北亚历史与考古信息》1997年第1期。

② Э.В.沙弗库诺夫：《基什涅夫卡镇出土的石质颅骨面孔器端》，宋玉彬译，《东北亚历史与考古信息》1997年第1期。

③ 王培新：《靺鞨——女真系铜带饰及相关问题》，《北方文物》1997年第1期。

葬的遗物。这些出土的带具，"几乎均为墓葬出土，还发现了类似和龙北大墓地那种佩戴在死者腰部的出土实例"，"出土青铜带銙的墓，其石室的规模要略小于出土铁带銙的墓"①。吉林市永吉县乌拉街乡查里巴墓葬之中的M31，是木椁墓，墓圹长 3.2 米，宽 1.5 米，深 50 厘米，墓底铺编织物。该墓墓主人为一成年女性，随葬品大约有 50 件，特别引人注目的是其右侧腰部发现了 17 件方形牌饰。②出土的铜带饰中有鸟首纹，猜测其墓主人应为萨满。

　　这类带銙在渤海的上京城遗址周围地区也有发现。一件铜质带銙表面生满了绿锈，边缘从正面向背后内折，截面观察呈竖立的"凹"字形，通体略呈扁长的心形，各边均由曲线构成弯曲的几何形，长 2.9 厘米、宽 1.8 厘米、厚 0.5 厘米。带銙正面布满图案，正中偏上部分为夸张的鹰眼和写意的鹰尾，左、下、右三面都装饰着灵芝样的瑞草。整个图案表现了雄鹰展翅翱翔、觅食的形象。其背面有两枚小铜钉，应为镶嵌皮带所用。此件带銙应该是萨满的法器之装饰，是萨满教流行于渤海的实物证明。这类鹰头图案装饰物，在渤海上京城西北虹鳟鱼场渤海国墓地也有出土。鹰头饰在虹鳟鱼场墓地出土较多，有银、铜两种材质，以 M2001：43 为例，该饰件长 3.6 厘米、宽 2.5 厘米，双眼直径 0.2 厘米，顶部有安装用的孔，直径 0.3 厘米。其整体造型除去安装用的柄和孔外，用夸张的双眼和尖喙表现了一只俯瞰的雄鹰的形象，十分传神（见图 8-9）。

图 8-9　渤海鹰纹带銙及鹰头饰

（1.渤海上京宫城采集 2.渤海上京城第 5 号宫殿出土 3.虹鳟鱼场渤海国墓地出土）
资料来源：李陈奇、赵哲夫：《海曲华风——渤海上京城文物精华》。

---

①　伊藤玄三：《渤海时代的带具》，杨晶译，载杨志军主编《东北亚考古资料译文集》第 6 辑，第 128、136 页。
②　伊藤玄三：《渤海时代的带具》，杨晶译，载杨志军主编《东北亚考古资料译文集》第 6 辑，第 131 页。

　　1960 年在渤海上京城遗址内，发现了一件童子骑鸟铜像，现藏于黑龙江省宁安市文物管理所。此铜像通高 3.5 厘米，头部宽 0.8 厘米，底部宽 2.2 厘米，保存较好。童子像正面为一童子的左侧面，童子的头转向左侧，故左侧面所见为完整的正面像。童子面如满月，垂髫发，发顶有一用来悬挂的环，已破损。其眉目细长，通额鼻，嘴部磨损较多，已不能看清原貌。围有护颈，颈部不外露。童子屈双膝骑于鸟背之上，其左手抚鸟颈，鸟的体形按比例计算比较大。背面为童子的右侧面，其脑后因磨损已经不能清晰地辨别发式，右手呈下垂状（见图 8-10）。此铜像系双面合范铸造而成，做工比较细致，对人物五官、手足及衣褶、鸟羽间隙都有刻画。[①] 此物出

图 8-10　童子骑鸟铜像
资料来源：李陈奇、赵哲夫：《海曲华风——渤海上京城文物精华》。

土于渤海国上京城遗址，故当时推断其为渤海国时期遗物。[②] 金代萨满教中有许多童子像，为人们佩戴祈福所用。故笔者倾向认为，此件应该也为体现渤海信仰萨满的物件之一。

————————

①　刘欣鑫：《渤海上京城发现的童子骑鸟铜像》，《北方文物》2007 年第 1 期。

②　王禹浪、树林娜：《黑龙江流域渤海国历史遗迹遗物初步研究》，《哈尔滨学院学报》2008 年第 9 期。

参考文献

中国古籍

《二十四史》，中华书局标点本，1975。

杜佑：《通典》，浙江古籍出版社，1988。

王溥：《唐会要》，中华书局，1955。

叶隆礼：《契丹国志》，上海古籍出版社，1985。

王溥：《五代会要》，江苏书局刻本。

王钦若等：《册府元龟》，中华书局影印本。

王应麟：《玉海》，浙江书局重刻本。

董诰：《全唐文》，中华书局，1983。

长孙无忌：《唐律疏议》，商务印书馆，1939。

洪皓：《松漠纪闻》，长白丛书本，吉林文史出版社，1986。

陈述辑校：《全辽文》，中华书局本，1982。

宇文懋昭：《大金国志》，台北广文书局，1957。

李有棠等：《辽史纪事本末》，中华书局本，1983。

傅乐焕：《辽史丛考》，中华书局，1984。

厉鄂《辽史拾遗》，商务印书馆，1936。

李有棠：《金史纪事本末》，中华书局，1980。

中国近现代著作

《渤海史译文集》，李东源译，黑龙江省社会科学院历史研究所，1986。

岑仲勉：《隋唐史》（上、下），中华书局，1982。

陈寅恪：《唐代政治史述论稿》上篇，上海古籍出版社，1982。

程妮娜：《东北史》（面向二十一世纪课程教材），吉林大学出版社，2001。

丁福保编《佛学大辞典》，文物出版社，1984。

董万仑：《东北史纲要》，黑龙江人民出版社，1987。

董万仑：《黑龙江古代道路交通史》，人民交通出版社，1988。

方学凤、郑永振：《渤海文化研究》，吉林人民出版社，2005。

干志耿、孙秀仁：《黑龙江古代民族史纲》，黑龙江人民出版社，1987。

干志耿：《探赜索引集》，吉林人民出版社，1993。

郭淑云：《原始活态文化——萨满教透视》，上海人民出版社，2001。

郭素美：《渤海国历史与文化》，黑龙江人民出版社，2002。

黑龙江省文物考古所、吉林大学考古学系编《河口与振兴——牡丹江莲花水库发掘报告》，科学出版社，2001。

黑龙江省文物考古研究所编著《渤海上京城》，文物出版社，2009。

黑龙江省文物考古研究所编著《宁安虹鳟鱼场》，文物出版社，2009。

吉林省考古研究所等编著《俄罗斯滨海边疆区渤海文物集粹》，文物出版社，2013。

吉林省文物考古研究所等编著《八连城》（2004~2009年度渤海国东京城址田野考古报告），文物出版社，2014。

吉林省文物考古研究所等编著《六顶山渤海墓葬》，文物出版社，2012。

吉林省文物考古研究所等编著《西古城》，文物出版社，2007。

金毓黻：《渤海国志长编》，社会科学战线杂志社，1980年翻印本。

金毓黻：《东北通史》上编，社会科学战线杂志社，1980年翻印本。

李德润、张志立主编《古民俗研究》，吉林文史出版社，1990。

李殿福、孙玉良：《渤海国》，文物出版社，1987。

李健才：《东北史地考略》（第三集），吉林文史出版社，2001。

李健才：《东北史地考略》（续集），吉林文史出版社，1995。

李健才：《东北史地考略》，吉林文史出版社，1986。

历史研究编辑部编《唐太宗与贞观之治论集》，陕西人民出版社，1982。

林幹编《突厥与回纥历史论文选集》，中华书局，1987。

刘晓东：《渤海文化研究——以考古发现为视角》，黑龙江人民出版社，2006。

刘子敏等：《东北亚"金三角"沿革开发史及其研究》，黑龙江朝鲜民族出版社，2000。

马兴国主编《中日关系研究的新思考》，辽宁大学出版社，1993。

宁安县文物管理所、渤海镇土台子大队：《黑龙江省宁安县出土的舍利函》，《文物资料丛刊》，文物出版社，2011。

齐红深主编《东北教育史》，辽宁大学出版社，1991。

沈任远：《隋唐政治制度》，台北商务印书馆，1976。

孙进己、孙海主编《高句丽渤海研究集成》，哈尔滨出版社，1994。

孙进己、冯永谦主编《东北历史地理》第二卷，黑龙江人民出版社，1989。

孙进己、郭守信主编《东北古史资料丛编》，辽沈书社，1989。

孙进己：《东北民族源流》，黑龙江人民出版社，1987。

孙淼：《夏商史稿》，文物出版社，1987。

孙秀仁等：《室韦史研究》，北方文物杂志社，1984。

孙玉良编著《渤海史料全编》，吉林文史出版社，1992。

谭其骧主编《中国历史地图集·释文汇编·东北卷》，中央民族学院出版社，1988。

谭英杰等：《黑龙江区域考古学》，中国社会科学出版社，1991。

唐宴、黄维翰、金毓黻：《渤海国志三种》，王承礼、张中澍点校，天津古籍出版社，1992。

唐长孺等：《汪篯隋唐史论稿》，中国社会科学出版社，1981。

唐长孺主编《隋唐五代史》，中国大百科全书出版社，1988。

陶增骈主编《东北民族教育史》，辽宁大学出版社，1994。

佟冬主编《中国东北史》（1~3卷），吉林文史出版社，1998。

王承礼、刘振华主编《渤海的历史与文化》，延边人民出版社，1991。

王承礼：《渤海简史》，黑龙江人民出版社，1984。

王承礼：《中国东北的渤海国与东北亚》，吉林文史出版社，2000。

王绵厚、李健才：《东北古代交通》，沈阳出版社，1990。

王绵厚：《东北古族古国古文化研究》（中卷），黑龙江教育出版社，2000。

王禹浪、王宏北编《高句丽渤海古城址研究汇编》，哈尔滨出版社，1994。

王锺翰主编《中国民族史》，中国社会科学出版社，1994。

魏存成：《渤海王室贵族墓葬》，《中国考古学会第3次年会论文集》，文物出版社，1981。

魏国忠、朱国忱、郝庆云等：《渤海国史》，中国社会科学出版社，2006。

吴廷璆主编《日本史》，南开大学出版社，1994。

吴文衔、张泰湘、魏国忠：《黑龙江古代简史》，北方文物杂志社，1987。

吴文衔主编《东北亚考古资料译文集·俄罗斯专号》，北方文物杂志社，1996年内部出版。

吴文衔主编《黑龙江考古民族资料译文集》第1辑，北方文物杂志社，1991。

武安隆：《遣唐使》，黑龙江人民出版社，1985。

徐庭云主编《中国社会通史·隋唐五代卷》，山西教育出版社，1996。

延边博物馆《延边文物简编》编写组编《延边文物简编》，延边人民出版社，1988。

杨保隆：《肃慎挹娄合考》，中国社会科学出版社，1989。

杨志军主编《东北亚考古资料译文集》第4辑，北方文物杂志社，2002年内部出版。

杨志军主编《东北亚考古资料译文集·俄罗斯、渤海专号》，北方文物杂志社，1998年内部出版。

杨志军主编《东北亚考古资料译文集·高句丽、渤海专号》，北方文物杂志社，2001年内部出版。

阴法鲁主编《中国古代文化史》，北京大学出版社，1991。

禹绍基主编《渤海国与东亚细亚》，辽宁大学出版社，1993。

张博泉、魏存成主编《东北古代民族·考古与疆域》，吉林大学出版社，1998。

张博泉：《东北地方史稿》，吉林大学出版社，1985。

张博泉：《中华一体的历史轨迹》，辽宁人民出版社，1995。

张博泉主编《东北历史名人传》，吉林文史出版社，1986。

张光直：《考古学专题六讲》，文物出版社，1986。

张向凌主编《黑龙江历史编年》（修订本），黑龙江人民出版社，1991。

赵虹光：《渤海上京城考古》，科学出版社，2012。

郑永振：《富居里一带的渤海遗迹》，香港亚洲出版社，2011。

郑永振主编《渤海史研究》（九），延边大学出版社，2002。

《中国北方民族关系史》编写组编《中国北方民族关系史》，中国社会科学出版社，1987。

中国大百科全书总编辑委员会《考古学》编辑委员会、中国大百科全书出版社编辑部编《中国大百科全书》（考古学卷），中国大百科全书出版社，1986。

中国大百科全书总编辑委员会《民族》编辑委员会、中国大百科全书出版社编辑部编《中国大百科全书》（民族卷），中国大百科全书出版社，1986。

中国社会科学院考古研究所编《六顶山与渤海镇——唐代渤海国的贵族墓地与都城遗址》，中国大百科全书出版社，1997。

朱国忱、魏国忠：《渤海史稿》，黑龙江文物编辑室，1984。

朱国忱、朱威：《渤海遗迹》，文物出版社，2002。

朱国忱等：《渤海故都》，黑龙江人民出版社，1996。

国外著作

金富轼编《三国史记》，广曹出版社铅字本。

郑麟趾编撰《高丽史》，朝鲜平壤影印三册本，1957。

一然编撰《三国遗事》，日本国书刊行会影印本，1974。

朝鲜民主主义人民共和国科学院历史研究所：《朝鲜通史》，1962年平壤版。

朝鲜社科院考古研究所编《朝鲜考古学概要》，李云铎译，黑龙江文物出版编辑室，1983年内部发行。

朝鲜社会科学院历史研究所：《朝鲜全史》第三、四、五卷，延边大学朝鲜问题研究所译，延边大学出版社，1988。

韩国文化管理局、文化财研究所编《朝鲜文化遗迹发掘概报》，包艳玲译，2011年内部资料。

宋基豪：《渤海政治史研究》，一潮阁，2000。

韩圭哲：《渤海对外关系史》，汉城新书苑图书出版，1994。

高句丽研究财团《渤海史资料集》（上、下），2004。

高句丽研究财团、朝鲜历史学会、俄罗斯远东国立技术大学：《古朝鲜、高句丽、渤海发表论文集》，高句丽研究财团，2004。

朝鲜遗迹遗物图鉴编纂委员会《渤海的遗迹与遗物》，首尔大学出版部，2002。

Э.В.沙弗库诺夫等：《渤海国及其俄罗斯远东部落》，宋玉彬译，东北师范大学出版社，1997。

俄罗斯科学院远东分院历史考古民族研究所等：《俄罗斯滨海州克拉斯基诺寺庙址发掘报告》，高句丽研究财团，2004。

俄罗斯科学院远东分院历史考古民族研究所等：《俄罗斯滨海州克拉斯基诺古城发掘报告》，高句丽研究财团，2007、2008。

В.И.博尔金：《克拉斯基诺城址渤海寺庙址发掘》，《西伯利亚、远东古代文化遗存考察》，新西伯利亚，1987。

Э.В.沙弗库诺夫：《马蹄山发掘》，《俄罗斯科学院远东分院院刊》1995年2期。

Е.И.格尔曼：《滨海地区佛教遗存出土的渤海瓦的演进》，《东北亚、中亚考古学与古生态学问题——国际学术研讨会资料》，新西伯利亚，2003。

В.И.博尔金：《滨海地区克拉斯基诺城址渤海佛教综合体的发掘概述——1994~1996年》，俄罗斯科学院西伯利亚分院考古与民族研究所出版社，2000。

В.И.博尔金：《克拉斯基诺城址四年"一体化"考察》，《俄罗斯科学院远东分院院刊》2001年3期。

Е.В.阿斯塔申科娃、В.И.博尔金：《克拉斯基诺城址瓦当的纹饰》，《俄罗斯与亚洲太平洋地区》2004年1期。

А.Л.伊夫里耶夫、В.И.博尔金：《克拉斯基诺城址考察与滨海地区渤海考古学研究》，《俄罗斯与亚洲太平洋地区》2006年3期。

圆仁：《入唐求法巡礼行记》，上海古籍出版社，1986。

上田雄、孙荣健：《日本渤海交涉史》，东京六兴出版，1990。

石井正敏：《日本渤海关系史的研究》，吉川弘文馆，2001。

坂本太郎：《日本史概说》，汪向荣等译，商务印书馆，1992。

滨田耕策：《渤海兴亡史》，吉川弘文馆，2000。

《东京城——渤海国上京龙泉府址的发掘调查》，载东亚考古学会编《东方考古学丛刊甲种第五典》，1939。

田村晃一：《与"日本道"相关的渤海遗迹地考古学调查》，平成11、12年度科学研究费补助金研究成果报告，2001。

川崎晃：《万叶时代的日本与渤海》，《无名的万叶集》，笠间书院，2005。

小岛芳孝：《渤海的金属生产》，大和书房，2005。

田村晃一：《关于渤海瓦当花纹的若干考察》，《青山史学》（19），青山学院大学研究室，2001。

鸟山喜一、藤田亮策：《间岛省古迹调查报告》，1942。

驹井和爱：《中国都城·渤海研究》，雄山阁出版，1977。

小岛芳孝：《渤海人的肖像》，许永杰译，《北方文物》1996年第4期。

谢弗：《唐代的外来文明》，吴玉贵译，中国社会科学出版社，1981。

渤海国大事纪年表

公元纪年	渤海纪年	唐及中原政权纪年	事件
698 年	高王大祚荣元年	则天女皇圣历元年	大祚荣自立为震国王，是为建国之始，遣使通于突厥
705 年	八年	中宗神龙元年	唐遣侍御史张行岌往招慰，大祚荣遣子门艺入侍。唐留门艺为宿卫
711 年	十四年	睿宗景云二年	遣使贡方物于唐
713 年	十六年	玄宗开元元年	唐遣摄鸿胪卿崔忻封大祚荣为左骁卫大将军、渤海郡王，统忽汗州，加授忽汗州都督，专称渤海。遣子朝唐，请就市交易，入寺礼拜。自是，每岁遣使朝唐献物，唐赐物
714 年	十七年	开元二年	遣六人至太学学习，门艺归
716 年	十九年	开元四年	遣大首领朝唐
718 年	二十一年	开元六年	遣述艺朝唐，唐授其怀化大将军、行左卫大将军、留唐宿卫
719 年	二十二年、武王仁安元年	开元七年	王薨，武艺立。唐追赠特进赐帛，遣使吊表，册子武艺袭王。武艺私改年号，斥大土宇
720 年	仁安二年	开元八年	唐册大都利为桂娄郡王。唐遣郎将张越至渤海，约讨契丹、奚，武艺闪烁其词
721 年	仁安三年	开元九年	遣味勃计朝唐，唐授其大将军。遣使突厥
722 年	仁安四年	开元十年	属部大拂涅如价、铁利大拂涅贾取利、铁利可娄计、使臣味勃计先后朝唐，唐赐物
723 年	仁安五年	开元十一年	属部黑水大酋长倪属利稽、越喜勃施计、拂涅朱施蒙、铁利倪属梨先后朝唐，唐授郎将，赐物
724 年	仁安六年	开元十二年	属部铁利涘池蒙、越喜奴布利、拂涅大首领鱼可蒙朝唐，唐授郎将。遣贺祚庆朝唐贺正。属部铁利再朝唐，唐授折冲。玄宗封禅，侍子同往

公元纪年	渤海纪年	唐及中原政权纪年	事件
725 年	仁安七年	开元十三年	遣乌借芝蒙贺唐正旦。遣铁利封阿利、越喜苪利施、黑水大首领乌素可蒙、拂涅薛利蒙、首领谒德、大昌勃先后朝唐，唐赐物
726 年	仁安八年	开元十四年	大都利行朝唐，留宿卫。遣子大义信朝唐。遣大门艺、任雅发兵击黑水靺鞨。大壹夏代门艺，门艺投唐。遣马文轨、葱勿雅朝唐，请诛门艺。唐不许，遣使来谕旨
727 年	仁安九年	开元十五年	米象朝唐。遣李尽彦朝唐，大昌勃价还。遣大宝方朝唐。遣高仁义、高斋德等聘于日本
728 年	仁安十年	开元十六年	首领菸夫须计朝唐。高斋德同日本遣使还国。大都行利卒于唐，唐赠其特进、兼鸿胪卿、护其归
729 年	仁安十一年	开元十七年	大胡雅朝唐，唐授其游击将军，留其宿卫。遣使献鲻鱼，唐赐帛。大琳艺朝唐，唐授其中郎将，留其宿卫。日本遣使还国
730 年	仁安十二年	开元十八年	王弟大郎雅、大拂涅兀异、智蒙朝唐、乌那利达先后朝唐献物
731 年	仁安十三年	开元十九年	遣使贺正，唐授将军赐物。大取珍等百二十人朝唐，唐授果毅，赐帛
732 年	仁安十四年	开元二十年	遣将张文休攻登州，杀刺史。引兵至马都山交战。唐盖福顺讨之
733 年	仁安十五年	开元二十一年	门艺讨王之军于幽州。新罗会唐兵侵南境，无功。遣人刺大门艺，未中。唐窜大郎雅等于岭南。遣大成庆朝唐，上表悔过。突厥使来，会攻奚、契丹，却之。遣大诚庆上表悔过，唐敕之
734 年	仁安十六年	开元二十二年	唐命新罗讨除渤海
735 年	仁安十七年	开元二十三年	遣大蕃朝唐，唐授舍人员外、赐帛。属部铁利、拂涅、越喜等朝唐献方物。唐敕大武艺
736 年	仁安十八年	开元二十四年	大首领多蒙固朝唐，唐授左武卫将军，赐物。敕书于王。属部越喜朝唐献方物
737 年	仁安十九年、文王大兴元年	开元二十五年	遣聿弃计朝唐，唐授折冲，赐帛。大拂涅兀异朝唐，唐授中郎将。大首领木智蒙朝唐。公伯计朝唐献鹰鹘。王薨，子钦茂嗣立
738 年	大兴二年	开元二十六年	唐遣使册封大钦茂袭王，赦其境内。遣使随唐册使入朝，请写汉书、三国志、晋书、三十六国春秋、唐礼，唐许之

续表

公元纪年	渤海纪年	唐及中原政权纪年	事件
739 年	大兴三年	开元二十七年	王弟大勖进朝唐，唐授左武卫大将军员外同正，赐物。拂涅靺鞨朝唐，献方物。遣胥要德、已珍蒙等聘于日本。遣臣受福子朝唐、唐赐物。
740 年	大兴四年	开元二十八年	遣使于唐。已珍蒙等同日本群臣向天皇贺新年，日赐物，赐官。越喜、铁利朝唐献物。日回访
741 年	大兴五年	开元二十九年	遣使阿利朝唐。越喜舍利、黑水阿布利稽朝唐献物
742 年	大兴六年	玄宗天宝元年	唐以安禄山为渤海经略使
743 年	大兴七年	天宝二年	王弟大蕃朝唐，唐授左领军卫员外大将军，留唐宿卫
746 年	大兴九年	天宝五载	遣使朝唐贺正。与日贸易
747 年	大兴十一年	天宝六载	遣使朝唐贺正，献物
749 年	大兴十三年	天宝八载	遣使献鹰于唐
750 年	大兴十四年	天宝九载	遣使献鹰于唐
752 年	大兴十六年	天宝十一载	遣慕施蒙聘于日本
753 年	大兴十七年	天宝十二载	遣使朝唐贺正。慕施蒙携国书归
754 年	大兴十八年	天宝十三载	遣使朝唐贺正
755 年	大兴十九年	天宝十四载	唐加王特进
756 年	大兴二十年	天宝十五载、肃宗至德元年	唐平卢留后徐归道遣判官张元涧来聘。刘正臣为渤海经略使。徙都上京
757 年	大兴二十一年	至德二年	唐平卢节度使王玄志遣将军王进义来聘
758 年	大兴二十二年	肃宗乾元元年	日本遣使来聘，遣杨承庆来聘
759 年	大兴二十三年	乾元二年	杨承庆同日本入唐使高元度来。又遣杨方庆同高元度入唐。遣高南申使日本，安置于太宰府
760 年	大兴二十四年	上元元年	日授高南申等官，赠物。同日本答聘使归
761 年	大兴二十五年	上元二年	日本遣使来聘
762 年	大兴二十六年	代宗宝应元年	唐诏以渤海为国，进封王为国王，加检校太尉。遣王新福聘于日本
763 年	大兴二十七年	代宗宝应二年、广德元年	王新福入日京，同日本答聘使来，贺年，赠物于日而归
764 年	大兴二十八年	广德二年	遣王诞朝唐
766 年	大兴三十年	代宗永泰，大历元年	唐加王司空兼太尉

续表

公元纪年	渤海纪年	唐及中原政权纪年	事件
767 年	大兴三十一年	大历二年	五遣使朝唐献物
768 年	大兴三十二年	大历三年	遣使朝唐献物
769 年	大兴三十三年	大历四年	遣使朝唐献物
771 年	大兴三十五年	大历六年	大规模访日，日允仅壹万福参朝贺仪式
772 年	大兴三十六年	大历七年	壹万福修改国书表文，日赠官物。两遣使朝唐献物
773 年	大兴三十七年	大历八年	五遣使朝唐。遣乌须弗聘日本。壹万福等同日本答聘始归。乌须弗还。大英俊"盗修龙衮"
774 年	大兴三十八年、宝历元年	大历九年	两遣使朝唐。唐放质子大英俊还国。王更年号为"宝历"
775 年	大兴三十九年、宝历二年	大历十年	四遣使朝唐
776 年	大兴四十年、宝历三年	大历十一年	遣使朝唐献物。王妃卒。遣史都蒙聘于日本
777 年	大兴四十一年、宝历四年	大历十二年	四遣使朝唐，并献日本舞女。史都蒙同日本聘使来。贞惠公主卒
778 年	大兴四十二年、宝历五年	大历十三年	遣使朝唐献物。遣张仙寿送日本聘使还国
779 年	大兴四十三年、宝历六年	大历十四年	张仙寿访日赠礼，参加日内射，携书信物归。遣高洋弼聘日本
780 年	大兴四十四年、宝历七年	德宗建中元年	遣使朝唐献物。高洋弼归
782 年	大兴四十六年、宝历九年	建中三年	遣使朝唐献物
785 年	大兴四十九年	贞元元年	徙都东京。王恢复"大兴"年号
786 年	大兴五十年	贞元二年	遣李元泰聘于日本
787 年	大兴五十一年	贞元三年	李元泰归
791 年	大兴五十五年	贞元七年	遣大常靖、大贞干先后朝唐
792 年	大兴五十六年	贞元八年	贞孝公主卒。遣杨吉福等朝唐
793 年	大兴五十七年	贞元九年	文王薨、族弟元义嗣立，国人杀之，立文王孙华玙，是为成王
794 年	大兴五十八年、成王中兴二年	贞元十年	还都上京。冬成王薨，大嵩璘嗣立。遣大清允朝唐，唐授左卫将军同正
795 年	康王正历元年	贞元十一年	王改元"正历"。唐遣内常侍殷志瞻册嵩璘为左骁卫大将军、渤海郡王，领忽汗州都督。遣吕定琳聘日本

公元纪年	渤海纪年	唐及中原政权纪年	事件
796年	正历二年	贞元十二年	都督密阿古等朝唐。遣吕定琳访日往来国书，同日本答聘使归
798年	正历四年	贞元十四年	唐进册王为国王。日本遣使来聘。遣大能信、茹富仇等朝唐。遣大昌泰聘日本
799年	正历五年	贞元十五年	大昌泰携国书访日，日取消六年一聘的限制
804年	正历十年	贞元二十年	遣使朝唐献物
805年	正历十一年	顺宗永贞元年	遣使朝唐献物，唐加授王为金紫光禄大夫，检校司徒
806年	正历十二年	宪宗元和元年	唐加王检校太尉，遣使朝唐献物
807年	正历十三年	元和二年	遣杨光信朝唐，逃还被执。遣使朝唐献物贺正
808年	定王永德元年	元和三年	遣使朝唐。王薨，大元瑜立，改元"永德"。唐遣使册大元瑜嗣王
809年	永德二年	元和四年	唐宪宗于麟德殿召见渤海使。遣高南容答聘于日本
810年	永德三年	元和五年	遣高才南、大延真先后朝唐。遣高多佛、高南容先后聘日本。高南容携日本国书归
811年	永德四年	元和六年	高南容等承日赐禄，参御前射箭赛，同日本答聘使归
812年	僖王朱雀元年	元和七年	唐于麟德殿召见渤海使赐官物。王薨。大言义立，改元朱雀
813年	朱雀二年	元和八年	遣使朝唐。唐遣内侍李重旻册大言义嗣王。辛文德等朝唐，唐赐锦彩
814年	朱雀三年	元和九年	遣高礼进等朝唐，献佛像，唐于麟德殿召见。遣王孝廉等聘日本。遣大孝真朝唐
815年	朱雀四年	元和十年	遣卯贞寿、大昌庆、大庭俊等先后朝唐。王孝廉同日本群臣共贺新年，日方授官，卒于日本
816年	朱雀五年	元和十一年	遣高宿满、大诚慎等朝唐。高景秀携日国书归
817年	简王太始元年	元和十二年	王薨，大明忠嗣王，改元"太始"
818年	宣王建兴元年	元和十三年	王薨，大仁秀立，改元"建兴"。遣李继常等朝唐告丧，唐册大仁秀嗣王。遣慕感德等聘日本
819年	建兴二年	元和十四年	慕感德等还。讨伐海北诸部，开大境宇。遣李承英聘日本
820年	建兴三年	元和十五年	遣李承英访日，日于丰乐院宴请，授官赐禄，持国书归。遣使先后朝唐二次。唐加王检校司空。唐穆宗于麟德殿赐使者宴
821年	建兴四年	穆宗长庆元年	遣大公则等朝唐。唐于麟德殿赐使者宴。遣王文矩聘日本

续表

公元纪年	渤海纪年	唐及中原政权纪年	事件
822 年	建兴五年	长庆二年	遣使朝唐,唐穆宗于麟德殿赐使者宴。王文矩归
823 年	建兴六年	长庆三年	遣大多英等朝唐。遣高贞泰等聘日本
824 年	建兴七年	长庆四年	遣大聪叡等朝唐,住长乐驿,唐授官职敕书。日退璋璿单独赠礼,高贞泰等归
825 年	建兴八年	敬宗宝历元年	遣使朝唐献物。遣高承祖聘日本
826 年	建兴九年	宝历二年	遣使朝唐。日授高承祖等官禄,携国书归。自是与日本约每十二年通聘一次
827 年	建兴十年	文宗太和元年	唐文宗于麟德殿赐使者宴。遣王文矩聘日本
828 年	建兴十一年	太和二年	王文矩归
829 年	建兴十二年	太和三年	唐文宗于麟德殿赐使者宴
830 年	建兴十三年	太和四年	遣使朝唐。王薨,大彝震立。遣使赴唐告哀
831 年	彝震咸和元年	太和五年	改元"咸和"。唐遣使册王孙彝震嗣王。遣使朝唐
832 年	咸和二年	太和六年	遣大明俊等朝唐。唐遣内侍王宗禹来,置左右神策军
833 年	咸和三年	太和七年	遣高宝英、大光晟先后朝唐。遣学士解楚卿、赵孝明、刘宝俊入唐太学。请将李居正、朱承朝、高寿海业成回国
835 年	咸和五年	太和九年	幽州节度、行军司马张建章来聘
836 年	咸和六年	开成元年	遣使朝唐。运熟铜至唐交易
837 年	咸和七年	开成二年	遣大明俊朝唐贺正,唐麟德殿宴请。学生六人至唐都留学
838 年	咸和八年	开成三年	遣使朝唐献物,唐赐锦彩、银器
839 年	咸和九年	开成四年	遣大延广朝唐
841 年	咸和十一年	武宗会昌元年	遣使朝唐献玛瑙柜、紫瓷盆。遣贺福延聘日本
842 年	咸和十二年	会昌二年	贺福延递交国书及信物,并携国书归
846 年	咸和十六年	会昌六年	遣使朝唐,唐于麟德殿赐物。遣王子大之萼朝唐
849 年	咸和十九年	大中三年	遣王文矩聘日本,日授其官位,观骑马射箭,携国书归
857 年	咸和二十七年	大中十一年	王薨,大虔晃立,遣使赴唐告哀
858 年	虔晃一年	大中十二年	唐册大虔晃嗣王,遣乌孝慎聘日本
859 年	虔晃二年	大中十三年	乌孝慎携国书归
861 年	虔晃四年	懿宗咸通二年	遣李居正聘日本。李居正归

续表

公元纪年	渤海纪年	唐及中原政权纪年	事件
871 年	虔晃十四年	咸通十二年	王薨，大玄锡立
873 年	玄锡二年	咸通十四年	遣崔宗佐、大陈润朝唐，误入日本萨摩藩甑岛郡
874 年	玄锡三年	咸通十五年	崔宗佐等归
876 年	玄锡五年	僖宗乾符三年	遣杨中远聘日本
877 年	玄锡六年	乾符四年	杨中远等归
882 年	玄锡十一年	中和二年	遣裴颋聘日本
883 年	玄锡十二年	中和三年	裴颋携国书信物归
891 年	玄锡二十年	昭宗大顺二年	遣王龟谋聘日本
892 年	玄锡二十一年	景福元年	王龟谋归
893 年	玄锡二十二年	景福二年	王薨，大玮瑎立，遣使告哀于唐
894 年	玄锡二十三年	乾宁元年	唐加册封。遣裴颋复聘日本
897 年	玮瑎三年	乾宁四年	遣大封裔朝唐
906 年	玮瑎十二年	哀帝天祐三年	遣乌炤度朝唐。王薨，大谞撰立
907 年	末王谞撰元年	梁太祖开平元年	遣大昭顺朝梁，贡渤海特产
908 年	谞撰二年	开平二年	遣崔礼光朝梁，梁授爵位赐金帛。遣裴璆聘日本，旋还
909 年	谞撰三年	开平三年	遣大诚谔朝梁
911 年	谞撰五年	乾化元年	遣使朝梁献物
912 年	谞撰六年	乾化二年	遣大光赞朝梁献物，梁赐银器等
915 年	谞撰九年	末帝贞明元年	契丹耶律辖底及其二子来奔，未几逸去
918 年	谞撰十二年	贞明四年	遣使贡于契丹
919 年	谞撰十三年	贞明五年	契丹掠国人，实辽阳。遣裴璆聘日本
920 年	谞撰十四年	贞明六年	裴璆归
921 年	谞撰十五年	龙德元年	属部达姑众攻新罗，败还。属部黑水投奔高丽
924 年	谞撰十八年	后唐庄宗同光二年	遣大禹谟、大元让先后朝后唐。攻契丹，杀其辽州刺史张秀实，并掠其民。再遣大元让朝后唐。契丹兵来攻
925 年	谞撰十九年	同光三年	遣裴璆朝唐。申德等投高丽。遣使聘于新罗。遣使朝契丹。契丹兵围扶余府
926 年	谞撰二十年	明宗天成元年	冒豆干等投高丽。遣大陈林朝唐。扶余府陷于契丹。上京被围，王出降。改渤海为东丹国。都迁临潢府。王弟率兵攻扶余城，不克。渤海国亡

注：此表参照金毓黻著《渤海国志长编·大事表》、魏存成著《渤海考古·渤海纪年表》和梁玉多著《渤海国编年史》等编辑而成。

后　记

　　《渤海人社会生活研究》是哈尔滨师范大学人文社科研究基金项目和2011年度黑龙江省哲学社会科学规划项目"渤海人的社会生活研究"的最终成果。该项目的研究工作是在我国著名渤海史研究专家魏国忠、刘晓东先生的亲自指导下进行的，课题组克服了资金严重不足的困难，怀着对渤海史研究的人生志趣，利用各种学术交流的机会请教、咨询相关问题，收集资料。课题组将研究任务与所承担的黑龙江省哲学社会科学重大委托项目和2012年度国家社科基金项目"渤海国历史文化大系"的研究任务统筹进行。2013年5月20~23日，课题组成员访问了吉林省考古研究所和实地考察了吉林省延吉地区的渤海遗存，收集了渤海国早期的历史文化的实物资料。在完成此两项任务之后，全力进行了渤海人社会生活研究工作。从研究时间上看，课题研究的时间较长，也正因如此，课题获得了充分的考古资料并得到国内同行专家的无私指导，从而保证了课题的成果质量。在此谨对给予该项目的研究工作以极大支持和帮助的领导及学界同人表示衷心感谢！

　　《渤海人社会生活研究》共8章，全书25万余字，图表60多个。以专题的形式作纵向表述，由浅入深地叙述渤海人社会生活事象的渊源、表象及与唐朝和中华文化的趋同性、"车书本一家"的局面，揭示渤海人社会生活变迁的特征是渐进式、主动型、全方位、根本性的变迁。在关注渤海上层社会生活的基础上，挖掘中外文献考古资料，尽量揭示靺鞨等民众的生活情况，从而展示渤海国的国情民风，政权建议的实质。书稿体例框架的拟定、学术理论与观点的定位、第一章和第二章、第五章及序言和后记的撰写以及全部书稿的修改定稿由东北大学中国满学研究院郝庆云完成，东北师范大学历史文化学院博士研究生周赫承担了书稿全文的校对、图片制作、大事纪年的编辑及第四章和第八章的初稿撰写工作。黑龙江省社会科学院历史研究所副所长梁玉多研究员负责第三章、第四章的撰写与定稿工作。黑龙江省博物馆历史部主任杨海鹏副研究员负责第六章和第七章撰写工作。

　　由于渤海人社会生活研究是渤海史研究领域的薄弱环节，加之课题组成员学识有限，资料不足，存在有些问题没有论述，如渤海人商品交换、医疗卫生；有些资料如石灯幢，由于问题的角度不同重复出现；现存资料引用不够准确等问题。另外，渤海人社会生活变迁的规律也论述得不够深入。恳请学界同人和读者批评指正，不吝赐教。

郝庆云

二〇一七年九月于哈尔滨

图书在版编目(CIP)数据

渤海人社会生活研究 / 郝庆云, 周赫著. -- 北京：
社会科学文献出版社, 2018.3
ISBN 978-7-5201-2025-8

Ⅰ.①渤…　Ⅱ.①郝…②周…　Ⅲ.①社会生活－史
料－黑龙江　Ⅳ.①K293.5

中国版本图书馆CIP数据核字（2017）第314769号

渤海人社会生活研究

著　　者 / 郝庆云　周　赫

出 版 人 / 谢寿光
责任编辑 / 梁艳玲　汪延平

出　　版 / 社会科学文献出版社　（010）59366560
　　　　　　地址：北京市北三环中路甲29号院华龙大厦　邮编：100029
　　　　　　网址：www.ssap.com.cn
发　　行 / 市场营销中心（010）59367081　59367018
印　　装 / 三河市东方印刷有限公司

规　　格 / 开　本：787mm×1092mm　1/16
　　　　　　印　张：14.75　字　数：257千字
版　　次 / 2018年3月第1版　2018年3月第1次印刷
书　　号 / ISBN 978-7-5201-2025-8
定　　价 / 98.00元